Biography of
Kong Xiangxi

孔祥熙
全传

王松 著

图书在版编目（CIP）数据

孔祥熙全传 / 王松著. -- 北京：团结出版社，2018.11

ISBN 978-7-5126-6226-1

Ⅰ．①孔⋯ Ⅱ．①王⋯ Ⅲ．①孔祥熙(1880-1967)－传记 Ⅳ．①K827=7

中国版本图书馆 CIP 数据核字(2018)第 077336 号

出　版：	团结出版社
	（北京市东城区东皇城根南街 84 号　邮编：100006）
电　话：	（010）65228880　65244790　（出版社）
	（010）65238766　85113874　65133603（发行部）
	（010）65133603　（邮购）
网　址：	http://www.tjpress.com
E-mail：	zb65244790@vip.163.com
	fx65133603@163.com（发行部邮购）
经　销：	全国新华书店
印　装：	三河市东方印刷有限公司
开　本：	170mm×240mm　　16 开
印　张：	21.75
字　数：	312 千字
印　数：	4045
版　次：	2018 年 11 月　第 1 版
印　次：	2018 年 11 月　第 1 次印刷
书　号：	978-7-5126-6226-1
定　价：	65.00 元

（版权所属，盗版必究）

CONTENTS · 目 录

1	孔子后裔的童年	1
2	谋刺慈禧	23
3	赴美求学	39
4	崭露头角	59
5	孔宋联姻	79
6	跻身政界	93
7	追随孙中山	109
8	斡旋蒋介石、汪精卫的纷争	117
9	撮合蒋宋婚事	127
10	蒋介石的橡皮图章	137
11	代理行政院院长	161
12	赴欧美访问	179
13	当家理财	197
14	宋蔼龄在抗战中	219
15	与日本的秘密"和谈"	233

16 与美国的关系	251
17 与各派系的关系	265
18 中饱私囊	281
19 孔宋家庭	297
20 日暮途穷	317
主要参考文献	335
后记	341

孔祥熙 全传

Biography of Kong Xiangxi

1

孔子后裔的童年

孔祥熙

在19世纪末20世纪初，山西太谷县有"中国的华尔街"之称。这里，票号林立，商贾成群。

孔祥熙是孔圣七十五世孙。其父孔繁慈为前清贡生，在太谷主持义盛源和三晋源。其母庞氏，是位出生于儒商家庭的大家闺秀。

少年孔祥熙时常与小伙伴们去太谷城捡煤渣，每次都弄得浑身污迹，蓬首垢面。

一天，孔祥熙郑重其事地向父亲提出，要去基督教会在太谷县城的"华美公学"读书，顿时引起轩然大波，孔氏家族失去了安宁。

太谷，坐落在太行山西麓的山西省。境内东南部地势高峻，山峦起伏，西北部地势平坦。受华北型高原气候影响，这里冬冷夏热，春旱秋涝。每当进入秋季，太谷便呈现出习习寒风刮得残叶横飞，霏霏细雨浇得积水遍地的凄凉景象。恶劣的自然环境加上半殖民地半封建的社会背景，太谷哪有那种"霜叶红于二月花"的佳秋胜景。

然而，1880年9月，时值仲秋的太谷却破例地未进入雨季，不但没有了往年那种秋风萧瑟、阴雨绵绵的天气，而且连日来晴空万里，祥云朵朵。山西巡抚曾国荃兴高采烈地向清廷奏报说：

"山西连年遭灾，晋南各郡人民大都外逃，去年夏天至今，风雨调和，流亡人员逐渐返回，筹备牛具籽种、开垦荒地。"

不寻常的自然天象，刺激了那些素爱猎奇的人，于是有人开始搜肠刮肚、牵强附会地杜撰出许多荒诞不经的传闻，莫衷一是。最后还是风水先生做了权威性的断言：大凡真龙天子托生，文臣武将现世，皆有祥兆吉象，看来太谷要出大人物了。

9月11日，是农历八月初七，离传统的中秋佳节还有8天。这一天对于一般的人家来说并无特别之处，然而对于世居县城西郊程家庄的孔氏家族而言，却是一个值得"炫耀"和"纪念"的日子。就在这一天，伴着一阵"噼里啪啦"的鞭炮声、一个小生命脱离母腹，"哇"地一声啼哭，降临人间。按照乾隆九年二月十七日乾隆皇帝赐给孔府的三十个字辈："希言公彦承宏闻贞尚衍兴毓传继广昭宪庆繁祥令德维垂佑钦绍念显扬"，年轻的父母给这个白白胖胖、啼声洪亮的新生男婴取了一个非常吉庆文雅的名字——孔祥熙，字庸之，号子渊，是为孔子第七十五代孙。

孔祥熙后来果真应验了风水先生的无聊断言，成了民国史上的风云人物，从此太谷孔家名声卓著。

太谷孔家，系出自山东曲阜小孔村，其先祖是中国的大思想家、教育家孔子。据孔氏家谱记载：明朝万历年间，孔子的第六十一代裔孙孔宏开，进士出身，被派往山西任职，曾经当过黎城、交城等地知县，后不幸病死在交城。孔宏开为官还算清正廉洁，平时积蓄不多，当他病逝后，遗妻及两个幼子竟然无以营葬，更凑不出旅费扶柩返回只有一省之隔的山东曲阜老家，其遗骸结果是由当地绅士基于召伯甘棠之恩，集资为之下葬的，这种结局在旧中国的官场是极为罕见的。孔宏开死后，遗妻被迫带着两个儿子落籍交城。

1644年，清兵入关攻占了北京城，建立了全国性的统治，清王朝代替了明王朝。由于受忠君思想影响，孔宏开夫人告诫儿孙忠于明室，在鞑虏统治下绝不去应试做官，孔子的子孙不能帮助异族奴役华夏。因此，尽管孔宏开的两个儿子都是满腹经纶的饱学之士，但却秉于母命一生不曾赴试，唯以经商谋生。次子孔闻俊经商有术，聚财有方，在发了一笔小财后，便由交城迁往太谷，落户程家庄，从此自成一系，直至1937年全国孔氏合族修谱时，才重新续上家谱，时已任国民党中央财政部部长的孔祥熙捐款2000元重建小孔村纸坊户祠堂。

程家庄，距太谷县城西门五里余，是个景致幽美的村庄，村风淳朴、村民秉性和善。全村一百多户人家，大都从事经商，自称"家家有钱、户户富裕"。虽说地处僻壤，但村中建筑却是雕梁画栋、华丽考究，其中九栋属于孔家世居。

沾上孔子的光，太谷孔家在当地算得上名门望族，但在孔祥熙走上官途之前却一直寂寂无名。因为，自孔宏开之后，太谷孔氏家族中很少有人应科考试、跻身官场。这倒不是孔家子弟才疏学浅、智力低下难以登科及第，而是不敢悖于祖训，落个不肖子孙的恶名。随着时光流逝，也有人跃跃欲试，但结局却很悲惨。相传，孔子第七十二代孙孔宪昌，少年有为，聪明过人，16岁应童子试荣获第一名。27岁那年准备参加乡试，因为与一位学问相当，字却比他写得好的同邑童生、"亚圣"孟子的后代孟洋争名次、分高低，便发奋图强、埋头苦练，书法功底见长。由于用功过度、元气大伤，考试时未能支持到终场，便口吐鲜血、扶病告退，数年寒窗苦读枉费。从此，他羞愧难当，痛心疾首，病情加重，卧床不起。临终前，他拉着9岁儿子孔庆麟的手，立下家法：

"读书所以致用，凡我子孙，但求读书明理，经邦济世，能这样便是孔家好子弟，千万不要再应科考试，重蹈我的覆辙，切记切记！"

孔祥熙旧宅大门

说完，含愤去世。于是孔家子弟

又一次跟科举和官场绝缘了。

孔宪昌的弟弟孔宪仁,牢记哥哥的临终遗嘱,另辟蹊径,投身商界。其时票号生意在山西方兴未艾,孔宪仁便创设"志诚信票号",当起了老板,开辟了孔家商业前程。

票号,是在清朝道光年间,为适应商品经济发展,晋帮商业资本与金融资本相结合形成的一种金融机构形式,相当于现代的银行。主要负责办理汇兑、存放款和代清政府汇解京饷和军协各饷,收存中央和各省官款,吸收官僚存款及给予借垫等业务。19世纪末到20世纪初,山西票号已发展到33家,分号400余处,并且远伸到了日本东京、神户、大阪,俄国的莫斯科、东南亚的泰国、新加坡等地,基本上垄断了全国的汇兑业务,执金融界牛耳。

当时,山西有两个最富裕的地方,一个是太谷、一个是祁县,人称金太谷、银祁县。其实太谷县城只不过是一座交通不便,人口寥寥,物产稀少,偏处内陆的小城,既不具备建立现代工业的条件,又不是商埠口岸,却票号林立,号称"中国的华尔街"。

孔祥熙旧宅前院

"志诚信票号"是太谷三家规模最大的票号之一。在孔宪仁的操持下,业务发达、利润猛增,家业庞大。但孔宪仁膝下无子,只好把事业交给长侄、孔宪昌之子孔庆麟继承。

孔庆麟,字瑞堂,是一位精明能干的事业家。在他苦心经营下,孔家票号生意越做越大。他在"志诚信票号"基础上,又开设了许多票号和分理机构,并兼做杂货生意。太谷有"义盛源票号";北京有"志一堂镖局""会通盛""会通远""义合昌";广州有"广茂兴";沈阳有"源泉溥"以及从别人手中买下的太谷"三晋源"。这些金融机构和商业单位,大都在国内的重要城市、港埠和国外的西贡等地城市设有分支行号。

那时候人们一般称商人为老板,只有对那些文化修养极高的儒商才称先生。孔庆麟知书达理,又热忱于修桥铺路、乐善好施,博得当地人和同行的尊重,都喊他"孔先生"。

孔先生不仅经商在行,教子也很得法。一年之中,他多在外地为生意事业奔忙,难得在家。为教导、勉励子女用功读书、做人处世,别出心裁地亲笔书写一副对联,悬挂在大厅,用作家规家训,全文是:

做几件学吃亏事以百世使用
留一点善念心田使儿孙永耕

横批"虚心味道"。为此,他一面聘请名师在家教授子女,一方面告诫子女不要应科考试,甚至立下家规,不许儿子娶官宦人家的千金小姐为媳妇,以免官府衙门习气凌侵门庭,保持俭朴家风。待孩子年岁稍长,学有所成时,孔庆麟便分派他们到各商业机构中任职,从最基层的工作开始,等到积累了一定的经验后,才能主持全局。

孔庆麟的五个儿子,个个天资不凡,事业上大都有所作为。但他们的下一代却人丁单薄,要么膝下无子,要么子女早夭。三儿子孔繁慈生有一子一女——孔祥熙与孔祥贞。

童年是人生中最难忘的时光,然而童年生活展现在每一个儿童面前,并非璀璨斑斓的一色世界。有的人童年生活无忧无虑、充满无限欢乐;有的人童年悲凉,从懂事的第一天开始就得承受生活的重压,幼小之时便泯灭了童心的天真。

孔祥熙的童年生活是幸福的。虽然此时近代银行业兴起后,票号生意开始冷淡,孔氏家族的家境虽不如从前富足了,但物质生活仍然比较丰裕。在父母的爱护下,孔祥熙享尽了童年乐趣。

父亲孔繁慈,字和亭,前清贡生,擅长文笔,写得一手好字。虽然身为旧式商人,先在北京义合昌任总文书,后奉父命回太谷主持义盛源和三晋源,但书生气十足,身为孔子七十四代孙,颇有孔子遗风。他平生最崇拜两个人:一个是古代"亚圣"孟子,他把"己所不欲勿施于人","己欲立而立于人,己欲达而达于人"作为座右铭,一天到晚挂在嘴上,用以训诫子女、教导学生、鞭策自己;一个是当时的维新志士康有为,在他看来时下列强入侵、清廷腐败,唯有革旧鼎新,古老华夏方有出头之日,因此非常推崇康有为等维新人士的改良主张,在太谷颇受地方开明人士的信任。

母亲姓庞,娘家在太谷东山底,是位出生于亦儒亦商家庭的大家闺秀。年轻时长得丰满合度、端庄秀美、说话含笑,在太谷称得上是个标致姑娘。她能背诵唐诗宋词及古代许多的诗歌、骈文,还写得一手娟秀的蝇头小楷。漂亮的外表就已十分可爱,加上能吟诗诵经更是人见人爱。于是提亲说媒的络绎不绝。有地方官员亲自出面为子择媳,有商贾人家托人攀亲,甚至还有胆大妄为的痴情汉,公开扬言许愿,说什么当年唐伯虎点秋香甘愿为奴,如今只要能与庞姑娘永结同心,就是倒插门也心甘。

到底庞姑娘兰心蕙质,慧眼识人,最终把绣球抛给了门当户对、才貌俱佳的孔家三公子,既不悖"父母之命、媒妁之言"古训陈习,又遂了姑娘的春心

孔祥熙在故乡太谷城内的宅院

凤愿。18岁是花一般的年龄,在喇叭锣鼓阵阵吹打声中,一顶花轿把如花似玉的庞姑娘抬到程家庄井儿院,与心上人拜堂成亲入洞房。

新婚宴尔,免不了卿卿我我,恩爱相加。一年后,夫妻俩欢天喜地收获了婚后第一颗硕果。孔祥熙的出世,给本来和睦的家庭又增添了新的欢乐。

在孔祥熙童年生活中,庞氏倾注了一个东方女性所有的慈母之爱。孔祥熙尚在襁褓之时,她就守坐在旁,边做针线活,边唱一段古老的摇篮曲或放下针线与儿子逗乐;当孔祥熙牙牙学语、初谙人事后,便常常娓娓动听地给他讲述一些内容充满天真、童趣又富于哲理的故事。她以此得到母爱的满足与陶醉,孩子则从中受到教益与启迪。通过这些古老的故事,孔祥熙熟悉了许许多多或平凡或传奇的历史人物;窥视到了人生旅途的曲折艰辛;知道了自然界中诸如冬天为什么下雪之类的奥秘。

孔祥熙3岁那年,家里又添了一个妹妹孔祥贞,母亲仍然没有放松对孔祥熙的管教。从4岁开始,庞氏便亲自为之启蒙并天天手把手地教他临摹练字。孔祥熙最早读的一本书是《三字经》,接下来便读《论语》。孔祥熙也很聪明伶俐,记忆力强。母亲教过的《三字经》《论语》等都能记住、有时还能即席背诵,畅通无阻。只是贪玩好动,练字时难以做到专心致志,书法不见长进,孔祥熙后来书法不佳与小时基础打得不牢不无关系。虽然没有少吃父亲的训斥与戒打，但贪玩好动的童性难以抑制。这样一来，说不定儿时就祸起萧墙，惹出一些麻烦事。

有一次，孔祥熙到处乱跑，一不小心摔了一跤，跌伤了额头，流了许多血。全家上下又气又急，便不分青红皂白地交口指责小丫头照顾不周。小丫头纵有满腹委屈也解释不清楚，唯有忍气吞声，只等东家打发回家。此时庞夫人仔细察看了儿子的伤口，见跌得不重，不会留下伤疤、影响容貌，认为不必再为难人家小丫头了，便萌发了仁慈之心，主动承担是自己的过失。这样，总算平息了一场不大不小的风波，保住了小丫头的饭碗。从此庞氏在孔家佣人中落得了一个好名声。

"红颜薄命"。尽管庞氏有一对可爱的儿女嗷嗷待哺，有一个恩爱弥深、前途无限的如意郎君和一个美满温馨的家庭，但在她大病之后死亡之神毫不客气地降临到她的头上，夺走了她美丽而短暂的生命。那年正是公元1886年，孔祥熙6岁，妹妹孔祥贞3岁。

顿失母爱的打击并未在孔祥熙童年的记忆里刻下一道深深的沟痕，也许是年龄太小，还难以理解生离死别的含义，但极有可能是由于他父亲孔繁慈一生矢志不再续娶，既当严父又做慈母，使他不曾尝到丧失母爱的感觉，一样地欢乐，一样地嬉戏。

庞氏的早逝，对孔祥熙父亲的打击却是非常大。过去夫妻天天耳鬓厮磨，夕夕同枕共眠，突然人去房空，独守孤灯，难免心灰意懒，日见憔悴。此时至爱亲朋和一些好心人接踵而至，苦口婆心地劝他再娶一门亲事。孔繁慈经过苦苦思索，婉言谢绝了众人的善意，决心不再续弦，以免影响家庭关系，他说："我已有一双儿女，不必再娶了。俗话说'六月的日头，继母的拳头'，与其将来因再娶而使家庭不安、孩子受虐，不如自己抚养子女为好！"

要孔繁慈再娶是没有指望了，但大家又不忍心看他天天精神恍惚，神情暗淡的样子，便又劝他是否考虑搬出井儿院老宅，到外边找个地方住下，不致触景伤情，见物思人而倍增伤感。孔繁慈觉得此话有理，便在办完妻子的丧事之后，毅然放弃商业生涯，携儿带女到距离县城西南十五里的南张村，设立一间私塾，过上了"客串消遣式"的乡村塾师生活，遂了"教学相长、诲人不倦"的夙昔志趣。开始时入学蒙童不多，只有八九名，后陆续增至30多名。孔祥熙也成了私塾里的一名学生，而且是一名年龄最小的学生。

蒙童生活虽说没有启蒙前那样无拘无束、自由自在，但同样是一个全新的充满乐趣的世界，强烈地吸引着孔祥熙。在私塾，没有因为他是塾师爱子和最小的蒙童而受到丝毫优待，背书、习字，一切均按照塾中规章从事。在父亲严格督导下，孔祥熙从6岁到10岁，寒窗苦读四载，很扎实地打下了传统文化的基础。他在古代贤哲留下的至理名言中，认为"不学诗无以言，不学礼无以立"最适用。所以在私塾期间，孔祥熙最感兴趣和下功夫最多的是钻研《诗经》《礼记》。乃至后来，他到教会学校念书后，每次放学回家还缠着父亲特别为他讲授一会儿《诗经》和《礼记》。

毋庸置疑，四年乡塾蒙童生活，奠定了他深厚的传统文化基础，却也发展了他固有的贪玩好戏的天性。只要一有机会，他就邀请、纠集同龄顽童，到村郊野外捉迷藏、做游戏。一些出身贫寒、家境困难的孩子，经常结伙去太谷城里捡煤渣作燃料，回村后少不了你一嘴我一嘴地讲些只有孩子们才感兴趣的见闻。孔祥熙听了心有所动，很想下次跟他们一道去，却又担心被父亲知道后挨罚。好奇的童心最终还是驱使他瞒着父亲与伙伴去太谷城捡过几次煤渣。每次都弄得浑身污迹，蓬头垢面。孔祥熙的行踪怎么能够瞒得了父亲锐利的眼睛？但孔繁慈没有打他、骂他、罚他的意思。从此，孔祥熙在父亲的默许下，正式地加入了这群蓬头垢面捡煤渣队伍。

正当孔祥熙做着荣登南张村孩子王宝座的美梦时，岂料祸从天降，一场大病几乎夺去了他幼小的生命。爱子如命的孔繁慈心急如焚，只好匆匆地结束自己迷恋的乡村塾师生涯，带着病中的孔祥熙返回故居程家庄井儿院，四下求医。

那是公元1889年的秋天,孔祥熙刚满9周岁不久的一天早晨,父亲孔繁慈发现儿子起床后,不像往日那样活蹦乱跳,一问才知他身体不适。吃过早饭,他请过了医生给儿子看病,一检查原来孔祥熙患了痄腮。痄腮其实是耳下腺发炎,它是当地一种常见的地方病,老百姓俗称为"虾蟆瘟"。经服药敷治,不几天就好了,孔祥熙又恢复了昔日天真活泼的模样。

不料,几天以后,孔祥熙的脖子上又生了疮。这次请了几位当地著名的中医师来看病,但吃药敷治概不管用,伤口继续溃烂蔓延,痒痛难忍。孔繁慈见儿子的病情日趋加重,久治不愈,心里十分着急,寝食不安。于是毅然地做出了一个使孔氏家族吓了一大跳的大胆决定:送孔祥熙到基督教会开设的仁术医院里去医治。

伴随鸦片战争的隆隆炮声,一批批身穿青衣长袍、胸戴十字架、高鼻子、蓝眼睛的外国人趋之若鹜,接踵而至。古老的东方乐土圣地,到处布满了这些自诩为"上帝的使者"的脚印。就在孔祥熙降生的第二年,一位年仅25岁富有冒险精神的美国人丁嘉立捷足先登,率先闯进山西传教。次年美国欧柏林神学院又派史蒂森、艾德武夫妇和凯地、田纳来山西协助他们的校友丁嘉立进行传教活动,创立了山西公理会。从此"表里山河"的黄土高坡上耸起了一座座青砖尖顶的建筑,一群龙的传人居然心诚悦服地接受了异教。几年后,离太原只有九十里的太谷小城,也兴建起了教堂,创办了教会学校和教会医院。

尽管外国传教士以兴办某些社会公益事业作掩护,但仍然处处碰壁。素有文明古国、礼仪之邦之称的中华儿女,自古只知道自己是龙的传人、炎黄子孙,根本不相信中国之外的地方还存在着一个高鼻子的上帝耶和华,更不承认自己是上帝的子孙。特别是中国的士大夫阶层一直奉儒家学说为正统,自然视洋教为异端邪说,对传教士采取如避鬼神的冷漠态度。于是,外国传教士能够接触的对象,只有极少数信奉洋教的人。

太谷孔家是"至圣先师"孔老夫子的后裔,世代书香,这就决定了孔家同外国传教士的隔膜。现在孔繁慈却要送自己的儿子去洋人开办的医院里治病，顿时引起轩然大波，族人和亲友纷纷指责孔繁慈这样做有违祖训，有失体统。孔繁慈只有孔祥熙这么一根独苗，一直视若掌上明珠，为了不至于遭受继母虐待，矢志不再续弦。现在儿子恶病缠身，只因为碍于体统而不能进近在咫尺的医院医治。想到这些不禁焦灼彷徨，心如刀割，眠食无心，便不顾众人的反对，执意坚持去教会医院。在群医束手，病情日重，孔父执意的情况下，反对者自知理亏，后来也不再横加干涉了，这样孔祥熙被送入了仁术医院。

仁术医院开设在县城南街，是一座设备较为先进的现代医院。刚开始创办时，由于中国人不相信西医西药，所以规模不大，医护人员很少，并且大都由教会人士兼任。主治大夫是一位被太谷居民称呼为高先生的美国人。

姓高的美国医生和其他医护人员，得知前来求医的孔祥熙是名门之后、财东独子，又是中国士大夫阶级的最高代表人物孔子的第七十五代裔孙时，欣喜若狂，认为也许从孔祥熙的身上能够打开与中国上层联系的缺口，开拓新的传教领域和天地。因此，对待孔熙格外地亲切和蔼，彬彬有礼。孔祥熙毕竟是个长期生活在封闭的环境中且不满10岁的孩子，刚开始接触这些金发碧眼的外国男女时，显得有些局促不安、浑身不自在。当洋医生给他做过初步诊断和处置后，要求他住院治疗时，他怎么也不肯答应。洋医生生怕吓跑了孔祥熙而断送了传教的美好前程，便不好强求，只得小心翼翼地征询孔祥熙的意见，请他每天上午到医院看一趟门诊。从此，孔祥熙的病情得以控制和好转。

孔祥熙每天一趟，接连去看了两个星期门诊，疮口不再溃烂化脓，四周开始长出嫩肉。乘孔祥熙庆幸自己病情日趋好转的机会，高医生很委婉地问他："你可不可以到我们医院里来住几天，这样，你的病就会很快地痊愈。"孔祥熙思索了一会儿，便点头答应下来了。

孔祥熙当时之所以答应住院，是出于两个方面的考虑：仁术医院设在太谷南街，距离西郊程家庄井儿院，足有6华里多路程，每天往返奔波，虽说都是轿马接送，但总感到不便，要是碰上刮风下雨，情形更为糟糕，这样对病情好转无益。更深的一层是，孔祥熙有意无意地被这些洋人那种免费施医、热心服务的外在行为所感化，思想观念开始发生变化，慢慢地不再畏怕洋人了，哪里知道在这些表面行为的背后深藏不露的动机呢？于是当高医生再次邀请他住院时，不但没有拒绝，反而感到盛情难却。

孔祥熙在仁术医院住院期间，教会方面在他身上做了许多"功课"，可谓费尽心机。医院里的每一个人，包括医生、护士、传教士和勤杂人员都急于与孔祥熙套近乎，争先恐后地为他做这做那。特别是那位一天到晚头戴白帽、身穿白大褂、长脸形、高鼻梁，看似恬静端雅的女护士，对孔祥熙格外热心地笼络。她不仅打针换药时动作轻柔、面带微笑，而且有空就拉着孔祥熙的小手，给他讲安徒生童话和《圣经》故事。不要小看10岁的孔祥熙这时还难以理喻基督教义中博大精深的真谛，但耶和华、安息日、复活节、十字架等支离破碎的人物、概念已经深深地镶入了孔祥熙的脑海之中，像磁石一般的吸引着孔祥熙去寻觅中国传统文化以外的新知识。

在外国医生护士的悉心照料和药物以及心理的多重作用下，入院一周后，孔祥熙的疮口平复如常，蹦跳欢笑地回到了程家庄井儿院。

当时送孔祥熙进教会医院，孔繁慈是在群医束手、走投无路的情况下，"病笃乱投医"，走的是一着死马当作活马医的险棋。现在看到儿子痊愈出院，健康如初，感激之情油然而生。他特意备了一份丰厚的礼品，带上儿子来到仁术医院表示酬谢。医院的医生、护士见他们的工作已经收到了预想的后果，都在暗中庆幸，哪里还在乎医药费和这份礼品。因此不仅婉言谢绝收取任何金钱和礼物的酬报，反而从此以后每隔一段时间轮流去看望孔祥熙，为他检查身体。孔祥熙也十分乐意与这些身体肥硕高大的成年男女交往，俨然成了他们的忘年之交。

太谷，是座古城，建县很早，名胜古迹很多。每逢礼拜，一些传教士便邀请孔祥熙参加他们的宗教活动，有时外出踏青、郊游野餐，或到地处县城西南的白塔、光化寺两处名胜凭吊游览，更多的时候是领着孔祥熙到教堂、医院、学校以及其他教会机构参观。

随着与外国人接触的增多和对教会机构的了解，孔祥熙直觉有一个神圣、整洁、真诚、友好、新奇而且有趣的天地展现在自己的眼前。基督教会的每一个机构、每一位传教人员都对这个10岁的中国男孩产生了无形的吸引力，他进而渴望成为他们之中的一员。

非凡的经历，往往会影响或改变一个人的命运。如果孔祥熙没有这段经历的话，可以毫不夸张地说，他也会继承父辈的衣钵，成为一个腰缠万贯的大富商。然而在有了这次经历之后，他不仅后来成了中国的首富，而且成为政治舞台上叱咤风云、呼风唤雨的人物。人们在追寻孔祥熙如何从旧式封建家庭脱颖而出、青云直上的发迹史时，不能不看到这一年是孔祥熙人生的转折点，恰恰又是这场大病提供了转折的契机，所以连孔祥熙本人后来也承认，这次生病住院可谓"因祸得福"。

光阴荏苒、岁月如梭，转眼间历史又翻开了新的一页。人们在经历了严寒的考验后迎来了1890年的春天。

初春，中国大地风和日丽，万物苏生。美丽的春色仍然难以掩饰和拂去堆积在人们脸上的愁云。列强侵略日炽、豆剖瓜分狂潮骤起，清廷懦弱而国人忧心如焚。

民族的危机、社稷的灾难，并没有引起太谷孔家这个古老家族的浮躁与不安，因孔繁慈上年秋天执意送子入教会医院求医惹出的风波，也随着孔祥熙病愈回家而早已平息。表面上，孔氏家族恢复了昔日大家庭和融平静的气氛。

时代在变迁。变法的呼声，维新的呐喊，犹如催春的鼓点响彻了山西这块多灾多难的黄土地，叩开了千家万户的门扉。太谷孔家不是生活在月球上，新思想与旧观念、科学与愚昧的矛盾冲突，宛如一股强大的潜流，时时拍击着孔祥熙的心灵。他凭着与外国人接触后耳闻目睹的直感，觉得中国之外还有一个更美好的世界，渐渐地对自己苦心学习的封建传统文化日益失望，脑海里骤然萌生了摒弃旧学、求取新知的念头。然而无论是父亲孔繁慈，还是家族中的任何一个人，都无法满足孔祥熙这一要求和渴望，唯一的办法是到洋人所办的教会学校去读书。

开春以后，孔祥熙从传教士口中打听到基督教会设在太谷县城的"华美公学"即将招收新生的消息，郑重其事地请求父亲准许他去华美公学读书。

"知子莫若父"。对一向相依为命的独生儿子孔祥熙的志向、秉性，还有谁比孔繁慈更为理解呢？孔祥熙得到父亲准允后非常高兴，一心只等报名开学。

岂料，此事一旦传开，就像平静如镜的水面投入了一块大石头，顿时引起轩然大波，孔氏家族失去了平静与和融。

首先站出来指责、阻止的是家族中的一些守旧人士。他们对孔繁慈支持儿子背弃祖宗之学、另求异说极为不满，人前人后议论纷纷，怨声载道。一位族中长者，自恃年高辈长，德高望重，叫去孔繁慈，劈头盖脸地责问：

"你们是不是孔门子孙？"不待孔繁慈辩解，接着又说：

"以玄圣的后裔，竟然降格以求，信奉洋教，这不仅是孔门的耻辱，而且更有失神明华胄的体面！小孩子不明事理，你怎么如此糊涂，可以答应他呢？"

对于长者的发难，孔繁慈不便撕破脸皮，硬性顶撞，只好逆来顺受地赔笑答道：

"您老人家有所不知，庸之进洋人学校，意在求取新知，并不是非信洋教不可。"

两方各执己见，最后不欢而散。

一波未平，一波又起。地方上一些抱残守缺的守旧绅士，借孔祥熙入学之事，四处煽风点火，大做文章，肆意攻击时下正在蓬勃兴起的维新变法潮流，诬蔑人心思变是世风日下，谩骂维新人士是"士林败类""名教罪人"，闹得满城风雨。好在孔繁慈有主见，一旦决定了的事，不论外间如何传说、劝阻乃至责怪、威逼，都能抱定决心，非坚持下去不可。

世界上的事情，就是如此。地方上的守旧绅士们无端反对孔祥熙入学，自知理不直、气不壮，只不过是借题发挥、指桑骂槐，发泄心中的怨气。如果孔繁慈的态度稍微委婉一点，他们就不打算一味地固执己见。现在，孔繁慈这种软硬不吃、屹然不为所动的态度，真正地激怒了这伙守旧派老爷们儿，致使风波越闹越大。

眼看时间一天一天地过去了，华美公学开学在即，孔祥熙入学之事悬而未决。他们不甘心就此败下阵来，于是使出新的花招，抬出孔家长者，联合起来进行反对。这次他们不再围攻孔繁慈，而是转移目标，为难孔祥熙，一定要他当众承诺："只在教会学校读书，不信奉洋教。"

殊不知，孔祥熙是一个比他父亲更倔，更难驯服的孩子。当族中长者将他叫到堂屋，逼他起誓时，他始终高昂着圆圆的小脑袋，眼睛向上，双唇紧闭，缄口不言。只气得长者脸色发紫，山羊胡子直颤抖。此刻，一些惯于折中的和事佬，怕事情弄得太僵，长者下不了台，便出面调和，息事宁人地对长者说：

"您老人家别生气，孩子既没有点头，也没有摇头，不就是表示同意了吗？"

长者一看孔家父子情形，知道反对是无济于事的，便只好顺水推舟、装模作样地训导几句后，长吁短叹地拂袖而去。

开学的那天终于盼到了。孔祥熙在父亲的陪同下兴高采烈地到华美公学去报到。一路上父子俩回首往事，谈笑风生，庆幸这得之不易的成功和胜利。父亲叮嘱儿子用功读书，儿子表示定不负父望。

华美公学，设立在太谷县城，由美国基督教会创办，其宗旨是培养为教会服务的知识分子，通过他们联系中国上层社会。学校的条件很好，历年毕业人数却不多，主要原因是一般人不信任洋人，不了解西方文明，因此招收学生非常困难。在校生大多为贫穷人家的失学儿童，费用由校方供给。

教会学校在传播宗教信仰同时，也讲授一些现代科学文化知识。学校教员，除了聘请有一定旧学根底的刘凤池先生一人教授四书五经，以迎合中国封建传统、点缀门庭外，一概由美国传教士担任。课程仿效外国学校，设有天文、地理、数学、物理、化学、哲学、体育及《圣经》摘要等，提倡德智体三育兼顾。尤其是体育活动，如打球、赛跑、跳高、翻杠等，学生感到很新颖。此外，每天早晨要做一次礼拜，每星期三有一次祈祷讲经会。

每周一次的祈祷讲经会，是孔祥熙最感兴趣，也是他最能引为自豪的一门课程。因为，担任这门课程的美国传教士，教学方法灵活，允许并引导学生发言、辩论，所以对孔祥熙很有吸引力。别小看孔祥熙才是个十来岁的毛头孩子，却是一位颇爱抛头露面、好出风头之徒。这也难怪孔祥熙，一来由于家族门第和环境关系影响，自视高人一头；二来读过五年私塾，儒学基础扎实，对人世已有一定的见解和基本立场，他理解基督教义，不是盲目听从老师的讲解，喜欢与儒学进行比较予以揣摸，往往有不同凡响之举和惊人之语，出尽了风头。所以每次他都当仁不让，抢着发言。

当年一些在华美公学读书的同学，都把孔祥熙当成崇拜的偶像，想方设法地接近孔祥熙，希冀从这位曾经驳倒老师的学友身上，汲取一点智慧与胆量。有一次，主讲老师讲述完上帝创造天地，照自己之像造人，世上一切事物都操诸上帝之手的教理后，叫同学提问、发言。孔祥熙又是第一个举手，请准发言后，便从容不迫地问：

"老师，传授科学浅说的老师讲一切风云雷雨，都是自然现象，这话对吗？"

讲经的老师不假思索地回答：

"当然是对的！"

"那么"，孔祥熙以辩难的口吻再问：

"既然风云雷雨都是自然现象，那么为什么你又说，世间一切事物都操诸上帝之手呢？"

孔祥熙此言一出，四座皆惊。一贯滔滔不绝、口若悬河的讲经老师，想不到他会提出这样的问题，竟变得吞吞吐吐、难圆其说。

孔祥熙几经曲折最终入学的成功，实际上是教会和学校当局传教事业的胜利。因此，尽管孔祥熙在校期间不能算是个安分守己、循规蹈矩的好学生，但一直得到中外老师们的钟爱，五年后，仍以"品学兼优"的优秀成绩毕业。

就在孔祥熙为进入"华美公学"而历经风波之际，远在南方上海的"华美印书馆"里却是一派喜气洋洋的景象。

1889年7月15日，青年传教士、"华美印书馆"主人宋耀如和妻子倪桂珍，满怀喜悦地迎来了第一个孩子的呱呱坠地，为她取名为"蔼龄"。有人分析说这是"和蔼可亲"的意思。

童少年时代，宋蔼龄在上海接受的是完全正规的西式教育，并受到系统的宗教生活的熏陶，民主精神和独立意识比较浓厚，很少有"三从四德"之类的封建传统影响。从小她就是一个任性调皮的小姑娘，性格外露，不喜欢循规蹈矩。例如烹调、刺绣是当时女孩子需要学会的两种女红活计，倪桂珍像中国的其他母亲一样，也要求女儿精通这些技能。宋太太除了自己亲自向蔼龄讲授小甜姜饼、圣诞蛋糕、烤鸡等美式烹调技术外，还花钱雇请一位刺绣师傅教女儿练习刺绣。这位师傅是个受过教育识文断字的寡妇。汉语里的"女红活计"一词听起来像"女叫花子"的音。宋蔼龄对静坐半天才绣出一条边的光景感到沉闷无聊，就利用这个双关语大做文章。

过了一段时间，这个师傅才发现为什么她的学生在叫她的时候，笑个不停。她马上去宋太太那儿告状。倪桂珍感到蔼龄严重违犯了一个中国少女的礼节，为此曾严厉地训斥过蔼龄。宋耀如则不以为然。他提醒妻子，既然花几美元就能买到最好的刺绣，那

在美国神学院就读的宋嘉树

么用这种精工细活去损害孩子们的眼睛就完全没有必要,眼睛最好用于阅读,比方说,小女孩们就该如此。这样,宋蔼龄的刺绣活就免除了。

宋蔼龄就是在这种民主精神很浓的家庭氛围中长大,启迪宋蔼龄民主意识的第一位启蒙老师自然是她的父亲宋耀如。宋耀如,又叫宋嘉树,老朋友见面时都习惯叫他查理宋。他祖籍山西,1866年出生在海南岛文昌县一个小商家庭,本姓韩、小名阿虎,1875年9岁时过继给在美国波士顿开设茶丝商店的舅父(婶婶宋氏之弟)作义子,改姓宋,随即同舅父前往美国学做生意。1875年初,宋耀如为了满足求知欲望,逃出茶丝店,爬上了一艘从波士顿开往北卡罗来纳州的汽船"考尔法克斯号"。船长查理·琼斯雇佣宋耀如干了一段时间的杂役后,又将宋交给了他在威明顿的一个好朋友、第五号南大街卫理公会教堂的佩奇·里考德牧师。1880年11月7日,宋耀如接受洗礼、皈依了基督教。因他感戴查理·琼斯船长知遇之恩,便以"查理·琼斯·宋"为教名。1881年4月,宋耀如在当地富商卡尔将军的资助下,作为杜克大学圣一三学院"特别预备生"注了册。一年后转学到田纳西州纳什维尔市的万德毕尔特大学神学院。1886年1月,刚刚从神学院毕业的宋耀如便作为传教士,被派回上海,在由林乐知博士负责的上海卫理公会布道团任神职。

1887年,宋耀如与明代著名科学家、《农政全书》的编著者徐光启的后裔、浙江余姚人倪桂珍,在上海南

倪桂珍,有着一双大脚,受过西式教育,能在钢琴上弹奏出美妙的乐曲,这样的女子,在一百多年前的中国简直是凤毛麟角

方卫理公会教士里德主持下完婚。此后,他一面传教,一面从事实业活动,1889年创办了"华美印书馆",大量印刷中文《圣经》。

不寻常的生活经历锤炼了宋耀如坚强的意志和民主作风,他不像中国其他家庭中的家长那样,在子女的心目中永远是一种威严的形象,而是完全采用民主的精神给予子女以亲切的关怀和教育。宋蔼龄作为家中的长女,与父亲的感情很深,性格志趣十分投机。宋耀如喜欢唱歌,嗓音纯美洪亮,对美国音乐很熟悉。宋蔼龄不仅继承了父亲的音乐天赋,而且也酷爱唱歌,很小的时候就向父亲学唱中外歌曲,父女俩常在暑期的夜晚引吭欢歌。宋耀如爱好骑自行车,蔼龄10岁生日那天,他将托人从美国订购的一辆自行车作为生日礼物送给蔼龄。从此以后,父女俩又常常一块骑车外出兜风。每当他们骑车到南京路尽端的外滩时,宋蔼龄总要绕着站在那里的外国交通警察一圈又一圈地转,仿佛是向这些外国人示威似的。

宋蔼龄很早就受到了良好的新式教育,5岁前,宋耀如曾多次带着宋蔼龄参加过教堂的礼拜式。教堂里的唱歌班由马克谛耶学校16岁上下的女孩组成。这个班的美妙的歌声把宋蔼龄迷住了。从那时起,宋蔼龄就一心一意地向往着这个似乎是天堂的马克谛耶学校。当宋蔼龄吵着要上学时,倪桂珍说,大女儿太小,还不能在世界上独立起步。但是,宋耀如却郑重其事地领着女儿去见马克谛耶女子学校的校长海伦·理查森小姐。马克谛耶女子学校,建于1892年,是一所专为外国小姐和上流社会开设的学校。海伦校长在办公室会见了宋氏父女,并用英语询问宋蔼龄是否真的想上学。宋蔼龄熟练地用英语作了肯定回答,她说,她想上学胜过一切。于是海伦小姐破格同意她暂做一名寄宿生试读一个时期。

从马克谛耶女子学校回来,宋蔼龄非常兴奋,整整花了一个星期做着各种准备工作。开学那天,宋耀如提着装满衣物的皮箱陪送宋蔼龄前往学校寄读。当父女俩在海伦小姐的书房里分手时,小蔼龄再也把握不住感情的缰绳,紧紧地搂住父亲的脖子纵情地大哭起来。后来她向美国朋友项美丽回忆这段往事时说，她怎么也记不清父亲是如何设法脱身的。

由于学校没有适合宋蔼龄学习的班级，海伦·理查森小姐便单独教了她两年。宋蔼龄稍大些后虽然能跟班学习了，但与同班同学比起来仍然是最小的，因此在学校里她碰到了不少困难。一是桌子太高，她的脚总是碰不着地，上完课下来，双腿常常因悬得太久而麻木；二是胳膊太短，够不着饭桌中央的饭菜，吃得又慢，有时就难免要饿着肚子上课；三是每当夜深人静，她独自一人躺在宿舍的被窝里时，才感到格外地孤独与害怕。然而宋蔼龄终于克服了这些困难，顽强地坚持下来，直至毕业。当她的两个妹妹庆龄、美龄，分别于1900年和1904年初进入马克谛耶学校念书时，宋蔼龄却已是老资格的学生，俨然成了小妹们的忠实"监护人"。

宋蔼龄兴趣广泛，业余生活是丰富充实的。阅读、讲演、办报是她业余生活的三大支柱。

宋蔼龄很小的时候就爱缠着宋耀如，听他讲故事。宋耀如是个很会讲故事的人。他讲的故事细致入微，使故事富于戏剧性和幽默感。他给宋蔼龄和她的弟妹们讲过无数的故事，其中有许多是关于他在美国多年的经历。上学后，宋蔼龄就开始自己阅读父亲从美国购来的大量儿童读物。通过父亲讲述的一个个活生生的故事和那些儿童读物，宋蔼龄简直觉得自己好像到过地球另一边的美国，萌发了去美国留学的念头。

1898年，宋蔼龄与父亲别出心裁地编了一份《上海儿童报》。这是一份英文打字小报，文章都由孩子自己写。在这块孩子们最自由的创作天地里，宋蔼龄用手中那支幼稚的笔真实地记述了她童年和少年时代的所见所思。开始时打字的任务主要由父亲来完成，后来渐渐由蔼龄担任，庆龄、美龄稍大后也学着做些工作。这份家庭小报一直到宋蔼龄两个最小的弟弟——子良、子安进入上海圣约翰附中时才停刊。宋蔼龄和她的弟妹们就是在这种创造性自立活动中受到教育和锻炼。

讲演是宋蔼龄喜欢的一项活动。6岁时，这个刚刚上了一年学的小学生就开

宋氏家族 1917 年合影。第一排：宋子安，第二排（左起）宋霭龄、宋子文、宋庆龄，第三排（左起）宋耀如、倪桂珍，第四排（左起）宋子良、宋美龄

始练习讲演。每年假期，宋家总要召开一两次小型的家庭讲演会，给宋霭龄提供练习讲演的机会，满足孩子的好奇心。有时宋耀如也学着孩子的口吻去参加讲演，逗得孩子们哈哈大笑。

一位宋霭龄在马克谛耶学校的校友后来回忆说，宋霭龄举止娴雅，在她那样年纪的孩子中，颇有些泰然自若的风度。

孔祥熙

Biography of Kong Xiangxi

全传

2

谋刺慈禧

在"华美公学"毕业不久,孔祥熙冲破阻力,走进了直隶通州潞河学院的大门。

由于孔祥熙屡屡做出在学校当局看来是十分出格的事情,潞河学院就他的品行问题,专门召开会议,形成三条决议。

受孙中山成立兴中会的影响,孔祥熙在太谷成立了文友会,并遥尊孙中山领导的兴中会为总会。

孔祥熙和李进芳多次密谋,双双潜入京城,待机行刺慈禧。

他们找到机会了吗?

孔祥熙在"华美公学"度过了五年光阴,由一个乳臭未干的幼稚学童,脱落成为一位气宇不凡,相貌堂堂的英俊少年。

孔祥熙完全没有其他同学拿到毕业文凭时的那种兴奋与狂热。因为他深知毕业证书意味着五年的含辛茹苦,更意味着从此将失去学校的庇护,各自寻找自我的归宿和前程。在他的心中虽然早已埋下了理想的种子,打算继续读书深造,但因故迟迟难下决心。暑期以来,他一直处于彷徨、徘徊的感情旋涡之中。这时,"上帝"把一位"使者"送到孔祥熙跟前。

夏日里骄阳似火,热浪灼人。天天泡在书房里、足不出户的孔祥熙,因为心中有事,更是感觉到燥热难忍,看书如同嚼蜡。

"吱"的一声,家里的伙计推门而入,在他的身后站着一个身高体胖、笑容可掬的外国人。孔祥熙立即放下书卷迎上前去,拉着来人的手,亲切地叫了一声:"Teacher Wei!"(魏老师!)

这位不速之客,是华美公学的老师,名叫魏禄义,也是一名传教人员。孔祥熙在校期间,魏禄义为了笼络人心,对他显得格外关心,孔祥熙有什么话也愿意跟魏先生讲。魏禄义知道孔祥熙有心继续深造又苦于一时找不到合适的学校而烦恼的情况后，决心帮助孔祥熙实现升学的理想，便利用工作和私人关系四处打听，终于找到了一所合适的学校——直隶（河北）通州的"潞河学院"，这也是一所美国教会学校，学校环境和师资都很理想。魏禄义是专程来征求孔祥熙意见的。他对孔祥熙说：

"如果你愿意进潞河学院，我可以负责为你代办入学手续。"

见孔祥熙一副欲言又止的样子，魏禄义猜测到他是怕家里不放心，于是接着又自告奋勇地表示：

"要是你的家中不放心，路上不方便，我愿意亲自送你入学。"

"父母在，不远游"。前些日子还在为没有继续读书的机会而苦恼不已的孔祥熙，当机会终于来到，昔日的理想即将成为现实时，他却又重新陷入苦恼之中。如今，真的要撇下父亲和幺妹，独自到千里之外的异地他乡求学，孔祥熙的确有些于心不忍，依依不舍。他知道在家里唯有深明大义的父亲理解自己的志向，最关心自己的前途，只要提出要求，父亲会欣然应允的。然而家族中其他成员会赞成吗？如果反对的话，父亲能抵得住压力不改变初衷吗？回想起五年前进入华美公学时的情景，孔祥熙只感到前途未卜，关山重重。

果然不出所料。孔繁慈很爽快地答应了儿子的要求，同意送他到外面去继续读书。族中父老则极力加以阻挠，群起而攻之。

一位老长辈怒不可抑地来找孔繁慈，一见面就加以呵斥：

"祥熙在本地教会学校念了五年的书。退一步说，就算让他去散心游玩吧，也未尝不可。现在，你居然叫一个十五六岁的小孩子，给洋人带到通州去上学。'父母在，不远游'，老祖宗早有明训，你让这么点大的孩子离乡背井，千里远行，究竟是何居心？难道将来洋人要把祥熙漂洋过海地带到外国，我们也可以准许吗？"

孔繁慈向长老们反复陈词，强调说时代进步，潮流也在发展。他还以在朝的王公大臣和一些名士为例，说明倡新学、练新兵、念新学校大有裨益。他自认为，孔祥熙有远大的志向和不凡的抱负，做长辈的应该加以鼓励，而不必加以阻挠。

孔繁慈的脾气，族人也都十分清楚，一拗起来，天王老子都说不动，拉不回。长者听了他的一席话，知道说服不了孔繁慈。于是，他回去召集大伙私下合计，决定使出更厉害的一招——釜底抽薪，派人去找"洋鬼子"魏禄义算账。

孔家在太谷的地位、权势是很高的，一旦真的激怒了，动起真格的，他们是不会把这些自恃有清廷撑腰的外国毛子放在眼皮底下的。孔家派去的人警告魏禄义：

"孔祥熙的门第和家世你总知道，你用邪门左道，把他们父子迷得晕头转向的，念了五年华美公学，居然还要带他上通州。你这种行为等于拐带玄圣裔孙，别说孔氏家族、地方官府不许可，就是奏报朝廷晓得了，也要治你的罪！"

面对如此严厉的责难，魏禄义感到有些心虚和害怕。只好推说孔祥熙进潞河学院之事完全是孔祥熙和他的父亲的意见，请孔氏家族的人去同孔祥熙父子讨论。

但是，孔家派去的人还是向魏禄义发出了警告："倘若你拐带孔祥熙离开太谷一步，太谷官府和地方，都不容你这样胡作非为。对不住，不论发生任何事情，一概由你负责。"

话说得这么坚决，魏禄义岂敢掉以轻心。联系近来各地教友时有被杀的传闻，他并不以为来人是虚张声势、危言耸听，因而准备放弃带孔祥熙去通州的念头。

孔家父老这下子以为能够阻止孔祥熙外出求学了，欢喜得很。殊不知，族中父老绝情的行为更加激怒了孔繁慈，也更加坚定了送子上学的决心。

孔繁慈岂是等闲之辈，他风尘仆仆赶往县城去见魏禄义，义正词严地说：

"魏先生，我决计把我的儿子交付给你，就像交到上帝的手中一样。无论你带到哪里，我都十分放心。"

"孔先生……"

魏禄义左右为难，很想说点什么，又不知从何说起。

孔繁慈不等他说下去，马上又说：

"有一件事，我必须请你留意，祥熙虽然聪明颖悟，根底不差，不过他好奇心大，言行易失之于放肆。我要请先生转告学校当局，对他务必严格管教，不可稍存姑息，否则的话，他的学业便不易精良。我今天和你约定，只要祥熙来日学业有成，我一定叫他永远不忘你的爱护栽培之恩，叫他事你如父！至于太谷地方上和我族中诸人的反对，你可置之不理，而且只管放心，我自有应付的法子，断乎不会使你为难。"

言之恳切、情之真诚，魏禄义还能说什么呢？他只好喃喃地说："好的，孔先生的吩咐，我一切照办。"

五年后魏禄义来不及看到孔祥熙学有所成，就与五位教友一道葬身于轰轰烈烈的义和团运动洪流之中。孔祥熙往后学业有为、官运亨通，倒也没有忘记关键时刻帮他一把的外国传教士。虽说已无法实践他父亲当时的承诺，但他总是尽可能地亲近魏禄义的家人，赴美时都得去探访一次魏太太。1934年，他凭借手中的大权，从美国把年迈的魏太太接到太谷，依依膝下，盘桓达一年之久，总算尽了一点义务，了却了一桩心事。

如果说孔祥熙当年到华美公学读书，是受外国传教士的影响产生的一种自发的无意识行为的话。现在，孔繁慈父子却是有意要靠在外国教会的码头上，把它当成避风的港湾，只待来日风调雨顺时扬帆起锚。

孔祥熙父子又胜利地冲破了世俗的偏见和外界的阻力，能够按照自己的意志和选择，去做自己喜欢做的事情。待孔祥熙收拾停当，魏禄义陪同他起程去通州。

那天，孔繁慈拉着儿子的手，送了一程又一程，路上千叮咛万嘱咐。实在不能再送了，孔繁慈便爬上高处，目送渐渐远去的儿子直至他的身影从视线中消失。

山西太谷与直隶通州，虽然只有一省之隔，千里之程，却是两个迥然不同的天地。

通州地处运河之滨、平通铁路起点，是京城通往南方各省的交通枢纽。清季同治年前，各省漕粮解缴京师，都是先由水路运抵通州集中后，再改由陆路解送京城。

潞河学院，创办于清朝同治六年（公元1867年）。因得邻近京城，位居水陆要冲之便，这里不仅消息灵通、敏感，而且传播极为迅速。孔祥熙在潞河学院读书期间，耳闻目睹了许许多多关于清廷腐败黑暗、西方列强霸道横行的恶迹，开始萌生出朴素的爱国的民族主义情绪，颇有一股子当代青年人那种"天生我材必有用"的责任感和狂热劲，曾经做了几件如今看来极为平凡，但在当时仍不失为大胆的"革命行动"。

表现之一，抨击时政朝廷。在潞河学院任教的外国老师，除了教书之外，传教才是他们真正的事业。他们一方面把学生作为传教的对象，一方面又利用学生热心宗教的盲目激情，把他们当作讲经传道的帮手。在所有学生中，孔祥熙是各位老师竞相延揽的宠儿。因为，只要孔祥熙往讲经台上一站，其"宣传价值"就无法估量，所以每当轮到孔祥熙讲经布道时，外国传教士便眉飞色舞，得意扬扬地吹嘘：

"列位请看，这位皈依基督教的孔祥熙君，便是大成至圣先师孔子的第七十五代裔孙、山西太谷……"

面对传教士的肉麻介绍，孔祥熙既没有表示出特殊的兴趣，也无所谓特殊的反感，而是巧妙地利用自己的"宣传价值"。他在讲经会上，常常抨击朝政、疾呼变革，其情绪之慷慨，言词之激烈，大有一吐胸中牢骚而后快之势：

"现在的政治，祸国殃民，腐败不堪！王公亲贵执政，昧于事理，愚蠢万分！倘若再不革新变法、彻底改造，我们炎黄子孙、来日何以自处？地大物博之中华，又将何以立国？"

在豺狼当道的年代里，像孔祥熙这种犯上作乱的言论，一旦怪罪下来，会招致杀身之祸。每当孔祥熙大发豪言，痛斥朝廷之时，站立一旁的传教士也难免大惊失色，急忙阻挠孔祥熙继续下去，只有将讲经会草草收场。事后他们埋怨孔祥熙冒失、莽撞，跟他说：

"贵国正处于专制制度之下，你怎么可以如此抨击政府和权贵呢？你不怕惹事，我们怕受牵连呀！"

孔祥熙听后却耸耸肩膀，若无其事地回答：

"老师，你叫我别往下说，我不是已经听从了你的劝告，停止了讲演吗？"

渐渐地外国传教士都把邀请孔祥熙外出传道视为畏途了。在潞河学院里，女传教士麦美德曾劝说孔祥熙在"传经布道"时，不要涉及朝政。他们进行过一次对话：

麦美德："你在外面所讲的话我都听见了，我以为这种行为很不好。宣传圣道，只可以讲解《圣经》，绝不许涉及朝政，更不得任意批评朝廷官吏。"

孔祥熙："但是，那些话如鲠在喉，不吐不快！往往不知不觉地便冲出口来，你又叫我怎么办呢？"

麦美德："孩子啊，你应该比我更明白，你生长在一个不自由的国度，你必须为你自身的安危着想。我懂得你'不吐不快'的心情，但是，今后万一有话非说不可，你也得稍微技巧一点，隐讳一些，最好是笼统地讲些道理，不要引证朝廷所作所为的种种事实。你应该时时刻刻记住，我们登台演说，原意是为主作证，我们不需要批评政治，也无须跟谁作对。"

孔祥熙听后，连声称是。但是，不久他又不时露出了愤世嫉俗的反清言行。传教士们也无人敢带他外出宣传所谓的圣道了。

表现之二，擅改作文题，大谈救国宏论。孔祥熙凭着自己的特殊身份和经历，还往往别出心裁，做出一些令老师气愤难忍的事来。例如1898年冬季期终考试中，国文老师在黑板上出了一篇作文题——"石蜡大义灭亲"。碰巧老师讲《春秋》这一章时，孔祥熙缺课，对内容全然无知，不知从何下笔。孔祥熙又不愿国文一科交白卷。想了一会儿，他决定将老师的题目更改，自己命了一个《振兴教育为富国强兵之基础》的题目，洋洋洒洒地写了一大篇。

教国文的是一位非常迂腐的中国先生，对孔圣人之后的孔祥熙极为看重，抱有希望。阅卷时，他看到孔祥熙这一份觉得非常奇怪，怎么通篇找不到大义灭亲的字句呢？抬头一看题目却别具一格，分明不是自己所出。于是十分恼火，红笔一挥，打了一个×。结果，孔祥熙的国文成绩得了零分。

表现之三，带头发起要求男女平等运动。孔祥熙步入青年后，对于男女之间的秘密难免怦然心动，憧憬遐思，有着同少年维特一样的奇特烦恼。然而潞河学院虽为教会学校，绝大多数老师又来自西洋，但入乡随俗。学校当局对于男女关系防范十分严密。比如在教堂做礼拜，不但男女分座，中间还要拉上一道布帘子，遮住双方视线。孔祥熙对此不满，要求取消那道间隔。有一次在教室里，孔祥熙突然发难，面对大庭广众、诘问外国老师：

"老师，你们常常跟我们讲自由、平等、博爱的道理，可是我发现本校有一件极不平等、极不自由的事，那就是我们每天都可以看到老师和师母们在花前月下，卿卿我我，又或并肩携手，在风景名胜之地遨游。像这样幸福快乐，为什么我们便不能享受？"

那位外国老师做梦也想不到孔祥熙会提出这样棘手的问题，思想上毫无准备，一时瞠目结舌。

同学们都在下面暗暗发笑，等待老师的回答。

半晌，老师才答道：

"你们年纪还小，认识太浅薄，此刻是没有资格享受这种幸福快乐的。等到你们大学毕业，或许还差不多。不过，以你们的政体和社会习俗而论，恐怕大学毕业了也不容许你们这样！我告诉你吧，孔祥熙，西洋人所享有的自由平等，你们一时绝谈不到，你们只能享有基督徒所讲的平等自由，那是心灵的享受，而不是形体物质的享有！"

这番话，大大地刺痛了孔祥熙的自尊心。但是，孔祥熙自忖绝不能仅以精神上的平等自由为满足，他对形体物质上的平等自由充满着渴望。他希望能早日推翻专制政权，铲除封建思想。

由于孔祥熙屡屡做出在学校当局看来是出格的事情，1899年，潞河学院当局就他的品行问题郑重其事地召开专题会议进行讨论，形成三条决议：

一、孔祥熙虽然聪明伶俐、惹人喜爱，但言行激烈，长此下去，诚恐发生意外。

二、等他年龄大些，学问充实，阅历丰富以后，可能不再会有轻举妄动之事发生。

三、不过，以他的种种行为而论，最好送他到美国读书，因为唯有美国的国情，方可容忍他的行为。

学校当局专题讨论学生品行问题，虽然有点煞有介事、小题大做，但也并非头一遭，一般学生并不会当成什么，更何况三点结论对孔祥熙很有利。然而，一直自视为外国传教士的宠儿、天之骄子的孔祥熙，认为是给人当头泼了一盆冷水，所以大受打击，痛彻反省。孔祥熙觉得单凭个人热情，采取锋芒毕露的行为、东奔西突，不仅无济于事，反而树敌过多，招致四方攻击。从此以后，年轻的孔祥熙汲取教训，改变性格，表面上接受学校的决议埋头用功读书，并深钻数学，暗中却联络要好同学成立组织，从事反清活动。

中日甲午战争后，中国面临着被世界列强肢解和瓜分的严重危机。在帝国主义列强的眼中，中国只不过是一个奄奄一息的"泥足巨人"，它们似饿狼一般，争先恐后地扑了上来，残暴地撕裂这个巨人的肢体，贪婪地吞噬这个巨人的血肉……

西方列强铁蹄践踏之处，必然有一帮披着宗教外衣的"十字军"开到那里。他们在广袤的中国大地上，肆无忌惮地设立教区，广建教堂，侵夺权益，搜集情报，散布殖民主义思想毒素。有些教堂甚至非法组织武装力量，拥有武器；有些外国传教士纠集加入基督教（天主教）的土豪劣绅、地痞流氓之类的坏人，欺压百姓，干涉地方行政，为非作歹，为所欲为。腐败的清政府不但不敢出面制止，反而极力包庇迁就，封官晋爵。如德国天主教传教士安治泰等，被清政府赏以二品顶戴以上的高衔，凌驾于督抚之上，成了地方上的"太上皇"。

"我君可欺，而我民不可欺；我官可玩，而我民不可玩。"有识之士的呐喊，唤醒了沉睡中的东方雄狮，各地反帝群众运动此起彼伏，连绵不断，终于汇合成为反帝爱国的滚滚洪流，1899年，义和团农民运动爆发了。

义和团将斗争的主要锋芒直接指向外国侵略者，打出了"保清灭洋"的旗帜，使得一些清朝地方官员不得不采取安抚政策；义和团依靠万众一心、同仇敌忾的勇气，使得不少外国侵略者望而生畏，四处逃窜。义和团带有文化落后、闭塞的农村中固有的许多迷信色彩。他们"请"了诸如洪钧老祖、骊山老母、关羽、张飞、黄三太、黄天霸、孙行者、猪八戒之类五花八门的"神"，助威壮胆，利用画符、念咒等"法术"，自称能练成"神拳"，刀枪不入。所有这些，虽然不可避免地带有旧中国农民阶级的历史局限性，但是毕竟给外国侵略者以沉重打击，其势不可阻挡。

山西是义和团运动发展比较迅速、斗争比较激烈的地区。1900年5月，太原到处出现义和团的揭帖，义和团运动日甚一日。6月27日，义和团群众在东夹巷教堂前示威时，教堂洋人武装竟然开枪射击，打死群众4人，伤1人，愤怒的群众当即烧毁了教堂。山西巡抚毓贤因头年任山东巡抚时帝国主义以其镇压义和团不力，迫使清政府将他一度革职查办，迁怒于外国帝国主义分子，于7月9日戎服督兵至太原太平巷客馆，将迁居到这里的44名外国人以及当地的7名教民"一起擒获，立即正法"。在毓贤的影响下，太谷的群众也积极行动起来，抓获了几个长期横行霸道、鱼肉乡里的外国传教士，不久将其处死。这些事件史称"山西教案"。

京津地区义和团运动犹如汹涌澎湃的洪流，奔腾咆哮，潞河学院就像一叶处于惊涛骇浪之巅的扁舟，随时都有颠覆的危险，外国教师纷纷潜逃，已经无法上课。孔祥熙于1900年6月经保定、石家庄、寿阳、太原、榆次回太谷老家。

途经榆次，孔祥熙登门拜访了任榆次知县的五叔孔繁杏。在孔家诸多长辈中，与孔祥熙感情最深的当然是他父亲孔繁慈，与孔祥熙最谈得拢的就算这位小叔了。因为在孔家人眼中，叔侄都是悖违祖训的叛逆者，一个应科考试，走上官场，一个背叛家教、皈依基督。相同的经历，是叔侄引起共鸣的话题。

"酒逢知己千杯少"，几杯酒下肚，叔侄似乎都忘记了长幼尊卑，话匣子一打开就一发不可收拾。孔祥熙将其准备回太谷营救几位教会人士的打算和盘端出，听完这席话，吓得孔繁杏的酒劲已醒了八九分。孔繁杏出于对孔祥熙自身安全的考虑，劝其不应浮躁盲动，徒逞一时之气。然而年轻气盛的孔祥熙根本听不进这番劝告，叔侄俩争执得面红耳赤。一气之下，孔繁杏将孔祥熙"软禁"于榆次县衙里，不许其回太谷惹是生非。

有一天，孔繁杏外出办案。孔祥熙趁人不备，偷偷地溜出榆次县衙门，回到太谷家中。到家后，他汲取在榆次的教训，不敢告诉家里什么，只是向父亲要了一笔钱。他暗中通过熟人关系，用钱买通了看守，两次看望了被拘禁的9名外国传教士，并且帮助其中3人越狱逃亡。

世上没有不透风的墙，孔祥熙的行动再诡秘，也终究逃不过群众雪亮的眼睛。太谷义和团民众得知孔祥熙放走传教士的行为后，个个怒不可遏，义愤填膺，纷纷来到孔宅找孔祥熙算账。

孔家在太谷房多地多，家大业大，平时就有不少土豪劣绅巴结。在这节骨眼上，那些土豪们帮着孔祥熙东躲西藏，孔家也不惜破费千金，拿出不少钱收买前来抓人的义和团群众，总算躲过了几天。但整天在太谷躲躲藏藏终究不是长远之计，躲过了初一，躲不过十五，危急关头，孔祥熙的父亲求救于孔繁杏。

这天，孔繁杏借口回老家搬运器物，带着一批人马，鸣锣开道，浩浩荡荡回到太谷。他们将大木柜底部打了几个通气孔，然后把孔祥熙藏在木柜中，由一大群衙役抬上骡车。孔祥熙就这样从义和团群众的眼皮底下溜走了。

8月下旬，北京和天津已被八国联军攻占，侵略者在北京明火执仗洗劫了3天，文明古都面目全非。侵略军头子、德酋瓦德西无法掩饰八国联军的滔天罪行，供认"中国此次所受损及抢劫之损失，其详数将永远不能查出，但为数必极重大无疑"。

侵略者在京津一带大肆烧杀抢掠的同时，还纠集兵力，准备进犯山西。由于各地人民群众的抵抗，侵略者自感兵力不足，才不得不放弃攻占山西的侵略计划。此时，孔祥熙接到潞河学院发出的开学复课的通知。孔祥熙在山西也确实待不下去了，便收拾行装从榆次返回北京。

奇怪的是，孔祥熙到京后并没有回学校上课，而是穿梭于外国传教士之间，与"洋人"们频频地接触，先后会见了两位不同寻常的外国传教士。一个是叶守贞，叶是英国贵族，在中国从事传教活动30多年，精通中德法等国语言，此时正在八国联军总部担任要职。另一个是李提摩太，也是有名的英国传教士，在上海办有广学会，侨居中国多年，能说一口流利的中国话，当时正受李鸿章之邀请，帮助处理中外关系。

孔祥熙自恃有几年与"洋人"打交道的经验，认为在国家危亡关头该是自己出力和大显身手的时候了，便频繁地拜访两位传教士，乞求他们影响八国联军，停止对中国的进攻特别是对山西的进攻。孔祥熙跟他们说：

"'山西教案'，完全应由山西巡抚毓贤一人负责，与一般平民无关。"他又进一步解释说：

"教案之发生，纯因人民无知所致，为求永息教案，必须先开通民智，提倡科学及兴办新文明教育。"

孔祥熙这番话，闪烁其词、弦外有音。明明是外国传教士首先开枪，杀害我无辜平民，愤怒的群众不得不奋起反抗，由此造成的一切后果，理应由那些为非作歹的外国传教士自负，怎么能站在帝国主义侵略立场，为其开脱罪责，倒果为因地反诬是中国人民智力低下所致呢？孔祥熙不愧是教会学校培养出来的中国青年，他的言行博得了叶守贞和李提摩太的欢心与赞扬。

无论是孔祥熙与外国传教士的秘密接触，还是清政府议和大臣李鸿章与八国联军的正式议和，都是以牺牲中国人民利益为代价，以获取外国侵略者暂时欢愉和反动统治的苟延残喘。结果只能是一方面反帝爱国的义和团群众遭到大肆屠杀，枭首示众，另一方面一度惊慌失措的外国传教士又卷土重来，耀武扬威；活脱脱地勾画出一幅"反帝爱国有罪，侵略卖国有功"的凄凉画面。

八国联军侵华战争，在清政府不惜"量中华之物力，结与国之欢心"，赔款九亿八千多万两白银等条件下，鸣锣收兵。清政府庆幸这次战争帝国主义"不侵我主权，不割我土地"，"天朝上国"脸面得以保住，也以阿Q精神为标榜，战后搞起论功行赏来。

妥协卖国者的心，总是相通的。以割地赔款而著称的闻人李鸿章以为，八国联军之所以放弃进攻山西，是因为孔祥熙这位初出茅庐的后生晚辈，可以片言解纷，化干戈为玉帛。李鸿章便极力保荐，表示要邀孔祥熙出来"参办教案"，并封一个"帮办洋务"的官衔。然而孔祥熙拒绝了李鸿章的邀请，准备远走高飞赴美留学。

李鸿章不会明白孔祥熙的性格和处世哲学的。孔出面与外国传教士接触，劝其放弃武力进占山西的动机，并不是同情清政府的奄奄一息的命运，而是希望通过帝国主义的影响实现个人野心，在外国侵略者和山西乡亲面前树立起良好印象。否则，就不好理解孔祥熙不久后谋刺慈禧的行为了。

谭嗣同等"六君子"尸骨未寒、壮志未酬。

社会上救亡图存、维新变法的声声呐喊，穿过厚厚的围墙，回荡在潞河学院校园。置身其间的孔祥熙，在知晓了学校当局就其管教问题开会讨论的原委后，并没有从此一蹶不振，保持沉默、爱国忧时的热情饱满如昔。不同的是他一改过去单枪匹马的莽撞行为，表面上变得沉默寡言，再不锋芒毕露，暗里却仍然在酝酿组织一个团体，联络更多的仁人志士参加爱国活动。

在潞河学院，与孔祥熙称得上亲如手足的好友，当推李进芳。

李进芳年龄比孔祥熙略大一点，也是一位爱国忧时的有识之士。他同孔祥熙同班同室，长期的朝夕相处，慢慢地成为一对情趣相投的知己。他们通过各种渠道，涉猎阅读了大量维新人士和革命志士的书籍、文章。如康有为的《新学伪经考》《孔子改制考》《大同书》；梁启超的《变法通义》《说群》，谭嗣同的《仁学》，严复翻译的《天演论》等，从中深受鼓舞、启发。饭后课余，两人常常促膝交谈、共读同研。特别是就寝之后，两人须得天南海北、中外古今地大侃一阵，当中少不了怀古叹今、借古讽今，发发牢骚、吐吐怨言，之后方可呼呼入睡，安然入梦。

孔祥熙依稀记得，在尚未进入潞河学院时，有人曾说过南方有一个反清勇士号称"洪秀全第二"，名叫孙文，联络在檀香山做工的华侨20多人，成立了一个叫兴中会的组织。此时，孔祥熙望文生义，猜想兴中会一定是反清救国的组织，很想依照孙文的办法组建一个类似兴中会的团体。

1899年，孔祥熙把这一打算告诉李进芳，两人一拍即合。他们先是设想写信与孙文联系，但又不知孙文现在何方。后来想去广东、香港等地联络、寻找组织，但路途遥远，学业荷重，实难成行。最后商定分头打听、遍收兴中会有关材料及消息。

"工夫不负有心人"，他们几经曲折，获悉兴中会的章程中有一条规定："四方有志之士，皆可就照章程随地立会，但需会员十五人以上。"孔祥熙、李进芳兴奋不已，如获至宝。于是，他们四处活动，暗中联络了十几位平时感情尚好，思想又比较开明的同学，自行成立组织，自诩为："兴中会通州分会"，对外则以文会友为掩饰，取名"文友会"。

文友会参加者都是一些手无寸铁、崇尚空谈、述而不作的教会学校学生，干不出什么惊天动地的事情来。事实上也基本未从事更多的实际活动，充其量只不过是每隔一阵子，大伙儿聚集一堂，高谈阔论，或抨击时政腐败，或埋怨时风旧俗俱在，或抒发志向和抱负，如此而已。

对这样一个组织，孔祥熙本人日后曾喋喋不休，自吹自擂。台湾当局出版的正史《中国国民党史稿》，也有些介绍：

"辛亥以前，山西革命运动虽在同盟会领导之下，然其内部运动，可分为文武两系。文系以孔祥熙、李岐山、景梅九、张士秀、续西峰诸同志为主，而以孔同志创办之铭贤学校为总机关。当戊戌政变时，孔同志适在通州潞河学院肄业，愤清政不满，闻总理在粤创办兴中会，即纠合同志李进芳等，组织'文友会'于校内，实为兴中会，以从事革命运动。其后，姚以介、温寿泉、阎锡山诸同志，由日本归国训练新军，遂以陆军学堂为机关，鼓吹革命，是为武系"。

平心而论，在那种万马齐喑的黑暗社会里，敢于秘密结社，并遥尊孙中山领导的革命团体兴中会为总会，其精神、其胆魄是值得称道。但仅以此就说"文友会"实质就是兴中会，两者相提并论，平分秋色，有点言过其实了。

首先，兴中会与"文友会"宗旨不同。"文友会"的宗旨是"铲除慈禧，恢复光绪的皇位"，会员们常在夜幕之中聚会，一次次地宣誓效忠光绪，绝不背叛皇上。兴中会的宗旨是"驱除鞑虏、恢复中华、创立合众政府"。一个是以反对慈禧太后、以固光绪皇位为宗旨的激进的保皇团体，一个是要推翻整个封建统治秩序、建立合众政府的资产阶级革命团体，两者孰高孰低，读者当会有自鉴之明。

其次，兴中会与"文友会"斗争方式不同。"文友会"是一个改良气氛浓厚的保皇团体。兴中会则从一成立，便把武装斗争作为活动的主要手段，不断地发动武装起义，决心用武力推翻清王朝的封建专制统治。

最后，兴中会与"文友会"的社会影响程度不同。兴中会是我国第一个资产阶级革命团体，在它的影响下，各地纷纷建立了许许多多革命组织，如华兴会、光复会、科学补习所等，成为发动革命的策源地和最早参加发起组织中国第一个资产阶级政党"中国同盟会"三大革命团体之一。"文友会"虽然是受兴中会影响而组织起来的，但其纲领宗旨、斗争策略、历史影响大不相同，并且又无组织联系，怎好武断地讲"文友会"就是兴中会呢？如果实在要加以公正评价的话，只能说"文友会"是一个受兴中会影响，由一批爱国忧时的具有改良主义思想的知识青年，自发地组成的以反对慈禧临政、维护光绪皇位的保皇团体。

"文友会"就其整体而言是属于一个保皇团体,他们之中的某些成员,由于一时冲动、心血来潮,也想做出一番惊天动地的壮举,结局却都是千篇一律:雷声大、雨点小、虎头蛇尾,不了了之。

孔祥熙、李进芳谋刺慈禧之举即是如此。

1901年,清朝政府签订了屈辱的《辛丑条约》。消息传出,爱国青年无不义愤填膺。孔祥熙和李进芳多次密谋,得出结论是:那拉氏(慈禧)不除,中国永无宁日。是年的一天,李进芳带着一个似乎十分完整的行刺计划来会见孔祥熙。他说他已和皇宫中的一个太监交了朋友,他要孔祥熙为他谋划的冒险行动提供经费。也就是贿赂这个太监让他进入皇宫,到了那里,他就能接近慈禧太后。他说,如果能办成这件事,他将利用某种方式谋杀她,但是最重要的事情是进入皇宫。

他俩又仔细地商议一番,准备待收买了太监后,寻机混进紫禁城,乘人不备,甩出一个炸弹,不愁慈禧不死。计划第一步,由孔祥熙到北京,以创办刊物名义,从孔家开的商店那里要几百两银子,作为活动经费。第二步,孔、李两人到紫禁城周围转悠,寻找那位熟识的太监,以这几百两银子为见面礼,让他里应外合,炸死慈禧。

孔、李双双潜入京城、待机行刺。孔祥熙很快筹齐了一笔数目可观的款子。

紫禁城,气势磅礴,风格绮丽,不愧为明清两代的皇宫。它占地72万多平方米,屋宇9000余间,周围有约3公里长的宫墙,四角矗立着威严的角楼。一条宽5米的护城河环绕四周,形成了一座森严壁垒的城墙。

面对如此威严的皇宫,孔祥熙、李进芳在学校里那副忧国忧民、慷慨陈词、定要"留取丹心照汗青"的"英雄"气概,一落千丈。他们装扮成游人,围着宫墙,小心谨慎地转了一圈又一圈,望着进进出出的满朝文武官员、太监宫娥,认真地辨认,就是不见那张要找的面孔。

可能是内心胆怯,也许是不抱希望,两人带着一肚子惆怅和失望,悄无声息地返回通州。孔祥熙继续做赴美前的准备。

孔祥熙 全传

Biography of Kong Xiangxi

3

赴美求学

孔祥熙想争取官费留学，他找到有一面之交的李鸿章。

孔祥熙毕业考试一举夺魁，被资送美国欧柏林大学留学。

孔祥熙乘海轮经日本赴美国。在横滨，孔祥熙随着观光上岸的人群离开了轮船，来到孙中山先生的寓所"中华街"。

他见到了孙中山先生吗？

孔祥熙从10岁进太谷仁术医院，11岁到15岁就读华美公学，16岁至20岁肄业潞河学院。十年寒窗，他一直怀着比对基督更为虔诚的态度，如饥似渴地吮吸着那些洋人在传经布道之暇传授的一点西方政治、经济、文化的知识。

早年在中国乡间社会的风土习俗中长大，又读过多年四书五经，对中国传统文化可谓略知一二的孔祥熙，从中西文明的比较中，深切地感到中国传统文化已成败落之势，只有打破旧文化闭关自守局面，吸收西方文化精华，中国才能新生自立。因此，同许多笃信"天生我材必有用"的知识青年一样，孔祥熙决计远涉重洋，希冀从西方资本主义国家那里寻求一剂救国救民的"良方"。

孔祥熙所处的清朝末年，正是灾难深重的祖国处于极度衰败腐朽、贫穷落后的黑暗年代，青年知识分子都把出洋留学作为最理想的出路和崇尚的一种时髦，不管你在外国出过多少洋相，学的什么专业，水平如何，只需跑一趟回来，就得刮目相看，身价骤然高出十倍，留学已经成了变相的洋科举。这种情形充分反映了19世纪末、20世纪初，生活在半殖民地半封建社会的旧中国知识青年的苦恼与彷徨。

但是留学和科举毕竟不同，封建时代有资格大做金榜题名美梦的大有人在，并且只待熬过十载寒窗，百纳青衫就会换成光彩夺目的紫袍。留学却不那么容易，做出洋留学美梦的人固然不少，最终能成行的却寥寥无几。因为留学需要大量的资本，到东洋最便宜，一年也得五六百两白银，留西洋就得五六千两。如果读了硕士再读博士，少则五六年，多则七八年，没有成千上万的白花花的银子支使，只好望洋兴叹了。

留学需要大量的经费，根据经费来源，留学生有官费、自费和西方国家资助的公派三类之分。19世纪六七十年代，清政府为了培养洋务人才，派留学生出洋，但当时社会上有地位、有权威的人不愿离开父母之邦客留异域，更不愿意自己掏腰包送子出洋。因此留学生大多为小康人家子弟，费用自然地全部得由官府负责，此为官费生。后来眼见留学归来的学生大都学有一技之长，官运亨通，官费留学逐渐地成了达官贵人垄断的一种专利和特权，用来培养自家子弟，扶植亲信势力。沾不了官府的光而又有钱的人家，要送子弟"出洋镀金"，只好忍痛割爱，自己掏腰包，这样就有了自费生。

除了政府遣派的官费生和自己家里出钱留学的自费生之外，还有一条既没有钱又靠不上权势的青年可以得到留学机会的路子，那就是各国列强拿钱出来资助中国青年，培养为其服务的驯服工具。一般采取通过公开招考选送，或由教会学校、宗教团体推荐的形式吸收一部分中国青年分送到国外各大学留学，享受助学金待遇，毕业后仍回中国充任神职，是为"公派"。

孔祥熙决计出洋留学，不是出自一时兴起冲动做出的可望不可即的非分之想，而是经过深思熟虑，有了十分把握之后才下定决心的。因为孔祥熙深深地知道自己特殊的身份和地位，无论是官费、自费还是公派选送，都有着一般人无法比拟的、得天独厚的条件。为了早日实现留学的愿望，他在毕业前夕便开始四处活动。

起初，孔祥熙想争取官费留学。要争取官费留学，必须得先拉拢巴结一位有权有势的朝廷命官做靠山才行。为此，他找到了在处理"山西教案"时有过一面之缘的李鸿章。

李鸿章靠镇压太平天国农民运动、兴办洋务起家，一直把握着清朝外交军

晚清军政重臣李鸿章

事大权，是清末最大的实力派人物。在处理"山西教案"时，孔祥熙这位山西青年给李鸿章留下了极好的印象，早就有存心栽培、网罗为幕僚的想法。1900年，当孔祥熙因留学之事，求见李鸿章时，李不但立即破格召见孔祥熙，而且一老一少进行了长时间的交谈。

李鸿章要他留在国内，帮他办理公务，如果不愿为官，继续读书也行，不必远涉重洋，并责问：难道中国的书不够读吗？

孔祥熙想不到名扬海内外，标榜为学贯中西的洋务大臣，竟是如此迂腐，心中难免愤愤不平，但为了投靠李鸿章也只好压住火气，答道："倒不是我国的书不够读，学生只是想到外国去求些切合实用的学问。"

李鸿章有心要测试这位小青年，旋即问道："什么是切合实用的学问？"

孔祥熙答："窃以为富国强兵之术，都是切合实用的学问。为了获此学问，研究声光化电之学，显系当务之急。西人每谓：声光化电是发达实业之母，而发达实业又为富国强兵之基，——这些只不过是学生的一得之思，管窥之见，还请中堂大人有以教之。"

李鸿章听后，对孔说："你的见解，透辟得很！我们堂堂中华，泱泱大国，其所以被外人侵扰，疆土日蹙，利权外溢，多半是我们咎由自取。这咎便是我们不能富强安乐，跻于世界大国之林，跟他们并驾齐驱！你年纪小，居然能有此见识、有此抱负、有此眼光、有此志向；可见得你来日必定前程远大，光芒万丈。不过，老夫今天有句话要奉送给你：见闻宜广，学贵专一。"

那一天李鸿章正好有空，一时兴起，便海阔天空地大侃其周游列国，出使异域、饱赏世界旖旎风光的奇闻艳遇，当然隐去了前几年在日本马关被日本浪人所刺，败走麦城的细节。

最后，李鸿章答应孔祥熙出国留学，并命书吏备下一包银子，和盘托出，奉赠孔祥熙，以资学费。孔祥熙双手接过红包，感激涕零。待孔祥熙临走时，李鸿章为了减少孔日后办理护照的麻烦，予孔为"全权议和大臣一等肃毅伯随员"名义。后来，李鸿章还致电驻美公使伍秩庸，请对孔多方关照。

耐人寻味的是，李鸿章、孔祥熙各有心事，都想利用对方，但两人又都不明白自己已经被对方所利用。李鸿章只道孔祥熙出洋留学是想"学好文武艺、卖与帝王家"，以期将来报效朝廷，便以资助为诱饵，逼孔就范。哪知孔祥熙存有以李鸿章做靠山，出洋留学，待到羽翼丰满之时，推翻清王朝的异心。孔祥熙当然并不完全明白李鸿章极力网罗人才、企图挽救日益衰败、行将就木的清王朝的良苦用心。在他看来，李鸿章一言一行，都是用意深长的教诲，有如再生父母，一直铭刻心头。两人真可谓是机关算尽。可悲的是天不假年，这一次会见既是李、孔会见的第二次，也是最后的诀别。李鸿章未能等到远在大洋彼岸的学子回来为其效犬马之劳，于翌年11月7日病卒于寓所。十年后，李鸿章极力挽救的清王朝也在革命党人的隆隆炮声中寿终正寝。

再说，孔祥熙自从得到了李鸿章的许诺，像吃了一颗定心丸似的，整天喜露眉梢，一心准备参加毕业考试，只待文凭到手，立马远走高飞。

毕业考试成绩一公布，平时成绩并不十分拔尖的孔祥熙竟然技压群芳，一举夺魁。尽管同学中有不服之人，总感到事有蹊跷，但谁又敢出头找学校理论，谁又想得罪孔祥熙这个教会宠儿呢？

按照潞河学院院规，历届毕业生中最为优秀者，院方负责资送赴美进修。毕业考试第一名的孔祥熙和第二名费起鹤，作为应届最优秀学生被潞河学院推荐资送美国欧柏林大学留学。

真是喜从天降，锦上添花。孔祥熙如今是条条大路通罗马，已有两样出洋的资本，李鸿章的厚赠以及潞河学院愿意负责供给全部费用。

1901年秋，在等候办理出国手续期间，他特地告假一月，回山西太谷省亲，向父老乡亲辞行，他途经榆次，免不了晋谒了五叔孔繁杏，叔侄两人相见后的高兴劲自不必细表。回到太谷见到父亲孔繁慈，老人见爱子学有所成，出国深造在即，虽不忍孤儿远离膝下，但见儿子决心已下，成行在即，何况将来能够学成归国，出人头地，也就不加阻挡了。

但当孔祥熙去向族中长老、亲朋好友一一辞行时，反对声、惋惜声、责备声、挽留声不绝于耳。然而此时的孔祥熙绝非昔日那个偏居太谷一隅的样子，他已届弱冠之年、受过多年西式教育，见过大世面且有李鸿章资助出洋留学这张护身符，足以吓退任何反对声。等假期一到，孔祥熙便离开故里，返回潞河，等待起程。

起程的日子终于来到了。

1901年秋，孔祥熙和另一名中国青年费起鹤，作为潞河学院资送的最优秀应届毕业生，在美籍教师麦美德女士亲自陪同下，从天津塘沽起程，乘海轮经上海东航日本径赴美国。

生平第一次告别父母之邦，远渡重洋的孔祥熙，站在远洋巨轮甲板上，凝视着脚下滚滚奔流的海浪，依恋、惆怅、渴望、追求……交织混合成一种说不清的滋味，涌上心头。

八国联军的刀光剑影刚刚消逝，十一国的罪恶魔爪竟又惨无人道地撕扯着祖国那具遍体流血、伤痕累累的躯体。"天下兴亡，匹夫有责"，在祖国生死存亡关头，身为炎黄子孙，顶天立地的热血男儿，不但束手无策，无力解同胞于倒悬，使国家再振雄威，反而要远离故土投身异邦。孔祥熙尽管知道自己离不开脚下这块热土，还要回到祖国的身边，但此时此刻离开中国，他仍然认定是一种临阵脱逃的不光彩行径，感到十分内疚，并不断地自责，总算还有点自知之明和有颗一息尚存的中国心。

但孔祥熙毕竟是洋人一手培植起来的，对于长期以来帝国主义利用宗教作掩护，以办学校设医院等社会福利事业当幌子，加紧对中国进行军事侵略、经济掠夺、文化渗透、精神奴役的真实面看得并不清楚。在孔祥熙的思维逻辑中，中国由一个文明之邦变成今天这幅景象的全部责任，完全是清王朝腐败所致。他越是自责不应该此时出国，越是激起对清政府，对叶赫那拉氏女人的憎恨。

为了消磨时光，解除旅途劳顿，发泄心中的不快，孔祥熙和同船青年谈天说地，抨击时政腐败，大骂慈禧昏庸。孔祥熙也从中听到了许多在国内鲜为人知的新消息。

你一言，我一语，不知不觉地到了深夜。孔祥熙躺在铺上，辗转反侧，难以入睡。他想了很多、很多，很远、很远，最后拿定主意，趁海轮停靠横滨时，上岸求见孙中山先生。

横滨在东京湾西侧，距离日本首都东京很近，是东京的外港。几十年前这里还是个小小的渔村，1854年美国的炮舰政策打开了日本闭关自守的铁门，1859年，这里便成了自由贸易港。但当时连一个像样的码头都没有。明治维新后，日本政府投入大量资金，动员征集人民填海筑港，陆续修筑了防波堤和客轮专用"大码头"以及外贸专用"新港码头"。1872年（明治五年）5月9日，日本第一条由东京品川至横滨铁路正式通车。四通八达的水陆交通，使横滨迅速繁荣起来，成为一座近代化大都市，1889年正式建市。

海轮稳稳地停靠在横滨湾大码头。侍者告诉旅客，轮船将在这里加油、加水、检修，8小时以后才能重新启航，旅客可以上岸观光。接着便如数家珍似地介绍了横滨自然风光和名胜古迹。

孔祥熙怀着热切的心情，随着上岸观光的人流离开了轮船。他央求途中结识的那位中年汉子代为引见孙中山先生。

他们穿过横滨市中区的伊势佐木町闹市地段，顾不得停下来坐在马路中间支上太阳伞的桌椅上小憩片刻，也顾不得欣赏这里鳞次栉比的商店、百货公司和精巧细致、琳琅满目的商品，混杂在那些身着和服、脚拖木屐，熙熙攘攘的来往人群中，从一号街到七号街，总算穿过了这"步行的天国"，来到了孙中山先生的寓所"中华街"。

"中华街"是华侨的集聚区，这里有广东、北京、上海、四川等风味的各种名菜和小吃店铺，置身"中华街"犹如仍然生活在中国一般，孔祥熙感到很亲切。可是，事不凑巧，待他们汗流浃背、匆匆地赶到孙中山先生客寓，一打听才知道孙先生已于数日前，搭船去了欧洲。

万里求见，失之交臂，孔祥熙不胜惆怅，怏怏地重新回到船上。因而在后来为时将近一月的漫长旅途中，孔祥熙的情绪一直不高。孔祥熙久仰孙中山的声名，在日本和美国几次想拜见孙中山，都失去了机会。直到1905年才在俄亥俄州同孙中山初次相晤，一见如故，都有相见恨晚之感。

远洋海轮自横滨重新起锚，继续航行，一月后抵达目的地——美国西部沿海城市旧金山。

旧金山风光宜人，华侨云集，唐人街闻名遐迩。第一次出国的孔祥熙很想在此地逗留数日，饱赏异国风光情调。

船靠岸了，美国海关和移民局官员照例上船检查，发现孔祥熙的行李铺盖乃至所持护照都列有"议和大臣"随员的官衔，甚为吃惊。因为在他们的心目中，中国的官员都是些身穿长袍马褂、顶戴花翎，见面作揖打躬，满口斯文，一副老态龙钟样子的人，哪有二十多岁，身着西装，足登皮鞋，蓄西洋分头，戴眼镜，操一口流利英语的翩翩少年能够当上"议和大臣"的呢？但又不敢怠慢，于是绕着圈子进行试探盘问。最后，还是麦美德女士出面解释，才使一场误会为之冰释。

这件事情本不为奇，纯属误会。一般人一笑了之，不会放在心上。一向心高气傲的孔祥熙受了这份窝囊气，甚为懊悔。一怒之下，撕掉了行李上的官衔，卷起铺盖，匆匆地离开了旧金山。

孔祥熙由麦美德女士陪同，由旧金山出发经西雅图，再赴中部俄亥俄州欧柏林大学。

欧柏林大学，据说是为纪念约翰·弗里逊列克·欧柏林而创设的。

欧柏林祖籍德国，公元1740年出生在法国，家境小康，18岁完成大学学业后专攻哲学，获博士学位，后又进宗教学院修习宗教方面课程，担任牧师，从事传教工作。他先在军队服务，不久即回到故乡史特拉斯堡传教，直至寿终正寝。欧柏林一生不以传播上帝福音为满足，矢志改造当地交通不便、文化落后、气候恶劣等自然条件，一年四季到处奔波，大声疾呼，要求教民捐钱捐物，贡献劳力，用以修筑道路，创设学校，开荒垦地，改良农业。若干年后，学校普遍设立，交通四通八达，荒地变成了良田，居民民智开启，生活大获改善。按孔祥熙的说法，欧柏林使史特拉斯堡"一变荒凉为繁荣、贫瘠为肥沃，气象维新，今非昔比"！

欧柏林这种所谓造福人群、服务大众的精神风靡欧美，人们纷纷仿效。在他病逝5年后的1830年，美国耶鲁大学一位教授和一位教会牧师，出资并出面主持募捐，在美国中部地区的俄亥俄州创设一所大学，命名为欧柏林大学，以标榜自己是欧柏林精神在美国的弘扬者、继承人。

事实上，欧柏林一生中从未到过俄亥俄州甚至在有生之年连做梦也不曾想到，在遥远的大西洋彼岸会建立一所用他的名字命名的大学。他更不会想到在他死去72年后的1907年，在更加遥远的东方，贫瘠荒凉的黄土高坡上，出现了一所以贯彻欧柏林精神为标榜的"铭贤学校"。孔祥熙口口声声地表明，创办铭贤学校的宗旨，是取法欧柏林。他说："铭贤学校不设在通州大邑，而设在太谷乡间，其旨趣完全取法于欧柏林大学。再往上溯其源流，那么，我的办学纯粹是效法欧柏林先生。"

孔祥熙从1901年到1904年，在欧柏林大学学习了四年，完成了大学本科学业，获学士学位。其间，孔祥熙还称得上是一个勤勉努力、用功读书的留学生。这倒不是孔祥熙具有特别超人的觉悟，而是客观环境、条件时刻在鞭策、催促着他，不得不为之努力。因为，孔祥熙要想赶上学习进程，必须连闯三关。

第一关是专业选择关。在留美期间,特别是初到美国时,孔祥熙仍有一颗大多数中国人都具有的朴素的忧国忧时之心。他一会儿想建设实业使祖国富强,一会儿又想从改造社会入手,使人民安居乐业。因此,孔祥熙一直处于心神不定的矛盾旋涡之中,这种矛盾心理给他在专业选择上带来了不稳定性。前两年,孔祥熙主攻自然科学,潜心钻研理化知识,希望在自然科学方面学有成就;后两年,他转移学习兴趣,改习社会科学,希望从美国社会制度中寻找到救国救民的"灵丹妙药"。专业选择上脚踏两只船、举棋不定的行为,导致孔祥熙在学业发展和进步上受到很大限制。为了跟上进度,他不努力能行吗?对于这一点,孔祥熙可算是"吃一堑,长一智",他后来在训导铭贤学生时,就痛彻自悔地说:

"一个人要学商便学商,想学工就学工,必须就个人志趣之所在,早早拿定主意,万万不可脚踏两只船,犹豫不决。脚踏两只船的结果,准定是跌到河里成了落汤鸡!"

第二关是语言关。虽然孔祥熙的英语在通州潞河学院已有一定的根底,在一般中国人看来,孔祥熙一口英语算得上颇为流利。但孔祥熙抵达的美国却是一个英语国度,教员讲课全部用英语,由于冷僻生硬的专业名词太多,国内打下的那点基础显得捉襟见肘,明显地不够用了。因此,孔祥熙唯恐成绩落在别人后面,而不得不付出数倍于同学的时间去补习英语,钻研课堂上尚未听懂的内容,有时连户外活动和节假日时间也得搭进去。工夫不负有心人,经过努力,孔祥熙的英语大有长进。

第三关是生活关。孔祥熙出生于封建家庭,后长期生活在美式教会学校,生活方式受美国的影响很深。然而,在孔祥熙初次踏上美国国土时,仍有一只羊羔被投放到一堆陌生羊群中的不适应感。他对美国生活的不适应感,不是常人所能理解到的,一个长期生活在落后贫穷国度里的人,来到文明程度发达国家后,由于反差太大而形成的那种固有的、自卑忧郁的失落感,同时带有一种故作高傲，盲目自傲的自负心理和情绪，表现为一种非常矛盾的情形：一边是大谈美国如何如何的不好，一边又自觉不自觉地接受着美国生活方式的熏陶，改变着原有的生活方式、生活习惯。这些我们可以从孔祥熙后来对留美生活的回忆里找到印证。如1907年，孔祥熙曾对铭贤师生回忆他徜徉纽约街头，触目所见都是些简陋而陈旧的房屋和川流不息的穿着并不考究的男男女女的感受。他说："六年前，我到美国的时候，我发现纽约的房屋建筑，普遍的不如太谷之华丽而坚固"。

孔祥熙为证明自己的判断，接着说："说纽约的建筑不如太谷，也许是不可思议的事，但事实的确如此。当我儿时，太谷一县资产在三百万两以上的富户有十三家之多，几层楼的大宅院，到处可见。"他还举例说太谷县城里有一家姓孙的大户，修建花园，竟用汉代的白玉铺砌地面，因而引起县里一名秀才借此勒索敲诈。姓孙的不理，秀才便向朝廷举发，说孙家的庭院规模超过皇宫，有谋逆造反之嫌。皇帝三次派遣官吏查办，孙家拿出大量金银财宝出来打点，回奏都称孙确为良民百姓，断无谋叛之举。皇帝仍然存疑，命人将姓孙的财主押解京城，过堂亲审。当时有位仗义之士向富翁如此这般地密授一计，皇帝问到花园地面用何物所砌时，财主假装呆头木脑地大声答道："都是些白石头子"。果然皇帝认定他是个土里土气，错把白玉当白石的傻子，便哈哈大笑，笑而了之。

孔祥熙这番纽约不如太谷的论调，并不是告诫学生不可崇洋媚外，却充分说明一方面当年的纽约在结束南北战争不久后，资本主义发展速度远不如现在一日千里；另一方面证明孔祥熙确确实实地存在着夜郎自大、故步自封的狭隘民族主义情调。

平心而论，太谷虽然算得上中国少有的几个富裕之乡，但毕竟没有多少近代工业、近代学校和发达的近代化交通设施，同工业化的纽约还是有差距的。

孔祥熙有他自己的看法、思维模式，也无须更多地去评头论足，更何况是面对一伙弟子所讲的话呢？他说美国纽约建筑不如太谷，但非常推崇美国人生活俭朴，爱干净整洁的良好卫生习惯。

美国给孔祥熙印象最深、影响最大的恐怕是美国人爱干净、勤洗澡这件事了。他常常对部属埋怨，中国人（孔祥熙也许忘了自己也是中国人）真是肮脏。洗脸只抹一把脸盘子，绝不抹洗脖子，清洁界限，泾渭分明，从不肯顺便也洗洗胳臂。他认为，究其原因，基于一个愚字，由愚生懒，由懒生不洁，而不洁之故端在不洗澡，竟有人一生一世只洗三五回澡的。所以，孔祥熙一生遂以洗澡为习惯，自从美国返归中国后，保持一周两至三浴，直至老死。

正是由于孔祥熙为过三关而花费了许多人不需花去的时间和精力，因此要想学习不落后于人，不得不时时提醒自己发奋努力，否则就会落伍掉队。

欧柏林大学毕业文凭到手了，细细想来，孔祥熙真正领悟了专业选择犹豫不决带来的后患。理化既不曾修完，社会科学亦不曾学好，两者平分秋色、半途而废，纵有一纸空文凭，回国又有何用处呢？于是，孔祥熙经教会批准，报考耶鲁大学研究院，继续留美，专修矿物。

1905年，深秋。

一列由康狄纳克州开往俄亥俄州的特别快车风驰电掣。孔祥熙坐在硬座车厢里一个靠窗的位置上，准备赶往俄亥俄州去拜谒孙中山先生。他时而将头伸出窗外，迎着呼呼扑面的风啸，沉思地凝视着一闪即逝的异国土地；时而侧转身子同身旁的美国旅伴轻声地交谈。

伴随着车轮滚滚不停的节奏，孔祥熙怀着忐忑不安的心绪，追忆着三次拜会孙中山三次不遇而返的曲折往事：

第一次就是在赴美途中路过日本横滨的那一次。

第二次和第三次都发生在美国欧柏林大学留学期间。他从美国报纸上看到孙中山到美游历的消息，先后两次兴冲冲地赶往拜见，两次又都失之交臂，败兴而归。一次是在纽约，一次是在芝加哥。

这次是孔祥熙第四次去拜会孙中山先生。已经考入耶鲁大学研究生院的孔祥熙，当听同学提起孙中山正途经俄亥俄州的克利扶兰时，闻讯大喜，顾不得完成导师布置的课题，丢下繁重的功课，心急火燎地登程赶赴克利扶兰。

"精诚所至、金石为开"。孔祥熙在心中默默地祈祷，但求不虚此行，如愿以偿地见到孙中山先生。

克利扶兰到了。

这是一座位于美国中北部的重要工业城市，1796年以城市筹建者——克利扶兰将军的名字命名。

孔祥熙在朋友的指点下，找到了孙中山先生下榻的寓所。在门前，他又犹豫了。他不知道孙中山先生会不会像前几次那样已经离去？会不会接待名不见经传的青年人？假如答应接见的话，又将是什么样的接待呢？

会晤孙中山先生不是自己长期的夙愿吗？难道在夙愿即将成为现实时能够畏缩不前，功亏一篑吗？孔祥熙经过激烈的思想斗争，最后抱着不到黄河心不死的信念，鼓足勇气，使劲按响了门铃。

门开了。迎接孔祥熙的是一位身材矮小但双目有神的中年人，他上前一步拉住孔祥熙的手，热情地作了自我介绍：我是孙中山，你有什么事需要我帮忙吗？边说边请客人进房详谈。

孔祥熙的种种疑虑和担心，统统烟消云散了，不仅有幸见到了心中的偶像孙中山先生，而且受到这般热情接待。

在离孙先生不远的一张沙发椅上，孔祥熙落座甫定，便又迫不及待地站了起来，激动地述说了自己生平经历和对中国时局的种种忧患以及对前途的苦恼，表达了追随孙中山从事反清革命的强烈愿望。

孙中山先生细心地倾听着孔祥熙的讲述，不时地点头或摇头。他深深地为孔祥熙这位出身于孔家，长期受西方宗教文化熏陶，现在又身居海外的游子，能有一颗如此滚烫的赤子之心所感动，两颗跳着的心发出了一阵阵共鸣。虽然此时他们还不曾料到日后会成为姻亲，但却深知互相俱已成为革命的同志、亲密的朋友了。

学生时代的宋蔼龄

他们在孙中山先生客厅里彻夜长谈，那一年，孙中山先生已步入中年，又是闻名中外的反清志士，孔祥熙只不过是个年仅20多岁、未曾走入社会的大门和从事过实际革命斗争的青年学生。因此，孔祥熙满怀虔诚、恭听中山先生阐发革命宗旨、民族大义、革命方略，介绍中国革命形势。

当孙中山先生谈到兴中会、华兴会、光复会等反清革命团体已经"合成大团"，成立了中国第一个资产阶级政党——中国同盟会，黄兴、宋教仁、陈天华、章炳麟、秋瑾等革命志士携手合作，革命风潮一日千里之时，孔祥熙不禁喜形于色，拍手称快。

孙中山先生又详细介绍了同盟会的章程、纲领和组织状况。接着，孙中山问孔祥熙有些什么打算。

孔祥熙脱口而出："提倡教育，振兴实业。"

孙中山听后，说孔祥熙其志可嘉，不过，既要提倡教育，又要振兴实业，这两项工作都是任重道远，责有攸归的。他告诫孔祥熙：

"不论兴办任何事情，都得从大处着眼，小处着手，尤须持之以恒，方始可以有所成就。至于革命工作，尤应自启迪民智开始，西北各省，风气开通较晚，启迪民智的革命基础，必须尽早建立"。

孔祥熙听了孙中山的这一番长谈，深受启迪，下决心追随孙中山先生。他向孙中山正式提出了加入兴中会的请求，孙中山很高兴地答应了孔祥熙的请求。

孔祥熙后来回忆会见孙中山时的情形说：

"听了总理的这一段训示，顿时便有了拨云雾而见青天的感觉，多年以来横亘胸中的一大矛盾，至此迎刃而解。总理的寥寥数语，能给我这么重大的启示，使我敬佩万分，所以，当时我便提出了追随革命、加盟同盟会的请求，而承蒙总理不弃，他欣然的立予应允。"

孔祥熙后来能够专心致志地念完耶鲁大学硕士研究生课程，回国时特意到日本考察教育，后又拒绝邮传部聘请，执意返回山西太谷老家创办铭贤学校，从事教育、开启民智、开通民风的行动，据他自己日后回忆，其最初的动机源于总理的这番指点，他曾对人说：

"从此自觉行有道、学有方，不像以往那样一味在暗中摸索，一言一行，骤然之间比较从前更为慎重，这一转机，对于我个人来说，实在是关系重大。"

1904年初夏，孔祥熙忙着复习功课，准备参加耶鲁大学研究生院硕士研究生入学考试。他此时做梦也不会想到，他未来的妻子——宋蔼龄已从上海出发，踏上了赴美求学的航程。

宋蔼龄在温馨和谐的家庭中不知不觉地长大了。1903年，她已是位13岁的窈窕少女。宋耀如发觉马克谛耶女子学校已难适应蔼龄学业，在征得女儿同意后，决定送蔼龄到美国继续接受教育。

宋耀如找到在上海传教的美国牧师，原万德毕尔特大学神学院的同窗好友步惠廉，请他帮助联系蔼龄的入学事宜。步惠廉在考察了宋蔼龄，确信她现已具备到美国留学的条件后，给乔治亚州梅肯市威斯里安学院院长贾奇·杜邦·格里写了一封推荐信，介绍了查理宋的身世及蔼龄的情况。

威斯里安学院院长格里与步惠廉是一对密友。1903年夏末，步惠廉收到了格里的回信。格里不仅表示可以让宋蔼龄作为预科生入学，而且热情邀请蔼龄住在他家里，等她适应环境之后再入学。正好步惠廉一家打算翌年回国度假，他们表示愿意陪送蔼龄从上海到美国的梅肯城。

预定赴美的日期是1904年5月28日。宋蔼龄开始计算出国的日子，前前后后忙个不停；宋家上下也在积极地为蔼龄赴美做着各项准备。宋耀如给蔼龄预订了一张太平洋邮轮公司"高丽"号轮船的船票，然后到葡萄牙领事馆，缴了一笔"特别费"给蔼龄买了一张葡萄牙护照。宋耀如接着将蔼龄从马克谛耶学校接回家，亲自教她课程，戏称"家庭留美预备学校"。每天上两三个小时的课，内容涉及美国政治、历史、地理及社会风俗人情等方面，其中用英语会话则是"预备学校"一项特别重要的教学活动。

宋耀如真不愧是位阅历丰富十分细心的父亲。为了帮助宋蔼龄对西方法律程序、诉讼这类法律知识有所了解，以便更好地适应美国的社会生活，他带着宋蔼龄两次参加上海工部局会审公廨开庭审理《苏报》案的旁听。宋耀如告诉女儿：虽说听外国人在中国的国土上行使司法权是中国人的耻辱，但它在形式上体现了西方国家的法律，可以由此长长见识。

1904年5月28日，等待已久的赴美留学历程在蔼龄的脚下开始了。行时，倪桂珍一夜都未合眼，虽然宋蔼龄是去留学，各方面又都做了妥善安排，但爱女毕竟还是一个不到15岁的小女孩呀！宋耀如怕大家啼啼哭哭影响蔼龄的情绪，事先关照不必合家到江边送行，就在家里道别，只由他一个人到码头去告别。

随着"呜"的一声汽笛，蔼龄强压住自己的感情，挥手与父亲告别，与祖国告别，开始了赴美的漫长航程。

宋蔼龄在学生时代，就是个聪明、大胆的女子，曾经当众质问过罗斯福总统

这次航行并不是一帆风顺。轮船在海上航行了三天，到达日本神户。第一次停靠就碰到了麻烦：原来船到神户的前一天，统舱里有个乘客患病身亡，船上的大夫诊断是死于急性肺病，但日本的检疫官员认为死者得了淋巴腺鼠疫。乘客和全体船员都被带上岸进行检疫和消毒，在盛满加入了大量药水的浴盆里浸泡。

"高丽"号客轮在神户港停检了10天后，才允许离开继续航行。这时偏巧步惠廉夫人病入膏肓，待船到横滨后立刻送往医院进行抢救，步惠廉一家再也无法陪同宋蔼龄继续航行了。宋蔼龄不愿耽误航期，要求继续独自前行。步惠廉最后只好把她托付给同船的一对南方卫理公会的教士夫妇，请求他们对她多加关照。

"高丽"号轮继续驶往檀香山和旧金山。宋蔼龄在船上感到很孤独，于是就下到舱里去找那对传教士夫妇，当她走近他们的客舱时，无意中听到那位太太说："离开了这些国家才真正宽下心来，我真讨厌那些肮脏的中国佬和可怕的日本人。我希望我们再也不会见到他们了。"于是宋蔼龄重又回到了自己的船舱，再也不愿接近那对轻视中国人的传教士夫妇。

幸运的是，一位从横滨上船的女传教士、年轻的兰曼小姐，对宋蔼龄表示了"诚挚的友谊"，她们互相结成了朋友，共同消磨掉沉闷的旅途时光。等到1904年7月1日"高丽"号最后抵达终点港口旧金山，宋蔼龄碰到新的麻烦时，兰曼小姐再次伸出了友谊之手。

"高丽"号在码头抛锚后，一位美国移民局官员上船验证，对宋蔼龄大声咆哮，说她的证件不合要求，要把她关进拘留所，等着办理驱逐出境的手续。

宋蔼龄后来既没有被拘留，也没有被送回中国，而是从停泊在港口的一艘船上转到另一艘船上。在度过了三周沉闷烦恼的时光，换过了4艘船之后，宋蔼龄最终被获准上岸。这些都要感谢兰曼小姐。她对移民局官员粗暴地对待一位东方少女非常气愤，发誓要同朋友待在一起，直至让她上岸进入美国为止。兰曼的坚决态度又使另一位移民局官员改变初衷，不赞成将宋蔼龄关进旧金山拘留所。兰曼又通过电话将宋蔼龄的遭遇告诉了克拉伦斯·里德博士。里德博士利用教会的渠道与华盛顿白宫进行了交涉，经过不懈的努力，美国政府批准了宋蔼龄在美国留学的申请。

1913年孔祥熙、宋蔼龄与孙中山的元配夫人卢慕贞的合影

宋蔼龄对吃尽风波之苦，几经曲折方能获准留下非常不满，美国移民局官员的粗暴对待更使她一直耿耿于怀。1905年冬，宋蔼龄的姨父温秉忠受清政府学部派遣，率数名海关官员赴美考察教育。他将宋蔼龄接到华盛顿，携她一同出席白宫的宴会，介绍她与美国总统西奥多·罗斯福认识。席间罗斯福与她攀谈，问这位中国少女对美国的印象如何时，宋蔼龄回答说：

"美国可以说是美极了，是一个美丽的国家。我在这里生活得很快乐，如果不是我初来美国时的痛苦记忆，我还会更快活。"接着宋蔼龄告诉美国总统她在旧金山移民局所受到的种种遭遇。并愤愤地说："我一直认为美国是一个自由之邦，可是你们的官员却把我这样一个14岁的姑娘拒之于国门之外。这同我们中国的待客之道太不同，这使我失望。"据说美国总统对此表示了歉意。第二天，美国报纸上登载了一条非常显眼的新闻："中国少女抗议美国政府的排华政策。"

再说宋蔼龄获准留美后，只在旧金山待了一两天。这时，步惠廉和他的4个儿子赶到了旧金山，而他的妻子却已在日本病逝。步惠廉履行诺言，和宋蔼龄从加利福尼亚乘火车，经过漫长的旅程于8月2日到达乔治亚州梅肯市的威斯

宋家三姐妹，均是美国威斯里安女子学院的学生

里安女子学院。对宋蔼龄的到来，新闻界表示了极大的兴趣，8月3日，当地的《电讯报》在显著位置报道了宋蔼龄的情况，称她是"来威斯里安学院念书的第一个中国姑娘"。

宋蔼龄在威斯里安女子学院安然地度过了5年学习生活。1909年春季，刚满19岁的宋蔼龄，便以品学兼优的形象从威斯里安学院毕业。在校期间，她"学习成绩出色，待人坦率友善，在音乐和表演方面，也很有才华，从而博得同班学友、全体老师和当地居民的喜爱"。"她是最受欢迎的女孩之一。"

毕业时班上的同学为宋蔼龄做了美好的预言："看这头版惊人的新闻！世界前所未闻的中国最伟大的改革。领袖的妻子是个真正的靠山和力量，由于她的远见，中国已大步前进。我们现在才理解，当威斯里安女子学院的一位教授称她为一个优秀的美国公民时，她为何感到奇耻大辱。"

1910年，宋蔼龄告别了同在威斯里安学院上学的两位妹妹，回到了上海家中。宋蔼龄并没有像同学们预言的那样成为"中国的第一夫人"，而是在5年后与一位在美国社交集会上有一面之交的中国留学生——孔祥熙结了婚。

孔祥熙 全传
Biography of Kong Xiangxi

4

崭露头角

孔祥熙回国后，依靠太谷地方绅士和基督教势力的支持，创办"铭贤学校"，担任山西中路民军总司令，组织"中美同盟会"。

他提出了两句口号：其一是"灌输新思想"；其二是"改革旧习惯"。

他时常身着崭新的制服，腰挂一把耀眼的指挥刀，带着几个人，在大街小巷巡视，煞有介事，好不风光！

1907年秋，孔祥熙回国。

在美国几年的学习，孔祥熙接触和掌握了许多科学文化知识。然而，这对孔祥熙来说，并不是最主要的收获。他的最主要的收获是，通过为美国欧柏林大学在中国建立分校，同美国的有关人士建立了较为密切的联系。也就是因为建立了这所学校，他开始在旧中国的政坛上崭露头角，引起军阀、政客们的重视。

1907年夏，当孔祥熙在耶鲁大学毕业之际，欧柏林大学中国同学会举办了一次欢送孔祥熙回国的小型会议。这时候，被义和团群众赶走的美国欧柏林大学的传教士们想卷土重来，并企图为那些被清朝官吏和义和团群众所处决的传教士建纪念堂，正在物色"合适的人选"。

一位美国传教士在这次会议上，试探性地说："孔祥熙先生，可不可以借您返乡之便，带一笔捐款，为那些被杀的传教士建立一座纪念堂？"

孔祥熙当即站起来说："您的意见很好，但建纪念堂和立碑垒石是死的纪念物。死的纪念物固然重要，然而，能够造就活的纪念物，岂不更好！什么是活的纪念物呢？那便是设立学校，造就人才，使庚子殉难教友的精神长存人间。"

不难看出，孔祥熙的这番话是他前几年同李提摩太讲的"人民无知"的谬论的继续。孔祥熙站在外国侵略者的立场上，认为山西人之所以杀传教士，就是因为他们"愚昧无知"，若受了西方的"教育"，有了西方的"文化"后，就不会再杀传教士了。

显然，这个"设立学校，造就人才，使庚子殉难教友的精神长存人间"的建议，比"建一座纪念馆"的想法，更符合西方一些人的需要。因而，立即被采纳了，且美国欧柏林大学要孔祥熙回国担任校长。

1907年秋，孔祥熙由美国返回山西太谷。起初，他利用太谷南街基督教公理会明道院办了所小学，后来又迁至太谷东关外杨家庄的孟氏花园内，增设中学。

孟氏花园北依象山，南傍凤山，原来就有楼台亭阁、假山水池、花木石桥，景色十分优雅。在此基础上，孔祥熙又雇了不少能工巧匠，精心建设，细心装修。他首先在花园中心，为美国制铝工业的大资本家、欧柏林大学毕业生查理·霍尔建立了一座沉思默坐的塑像。其原因是美国欧柏林大学从查理·霍尔的遗产中拿出了75万美元作为建校的基金。当然，建立这样一座美国资本家的塑像，对于像孔祥熙这样的一名美国留学生来说，也是炫耀自己身份的极好机会。这一点，孔祥熙是十分清楚的。

为了使洋先生们生活舒适，孔祥熙还在校园内建筑了中式和西式风格迥异的楼房，房内装有当时所罕见的暖气设备、抽水马桶、壁炉书橱等较为先进的设备，学校安装了发电机和自来水。楼房外，圆门走廊，曲径通幽，花亭座座，草坪绿茵。

经过一段时间的筹备，学校已初具规模。叫个什么校名呢？孔祥熙居然想出个"铭贤"的名字，说是为了纪念庚子年"为道殉难"的先贤。由于这所学校是欧柏林大学捐款办理，所以有些人又称这所学校是欧柏林大学在中国的纪念学校。英文名为Oberlin Shansi Memorial Shool或简称Oberlin in China。

孔祥熙亲自确定了铭贤学校的校徽。这个校徽采用Oberlin的第一个字母"O"，"铭贤"的校旗也是个"O"。"铭贤"的运动员穿的背心上，印着一个大大的"O"。当地群众见后,戏称铭贤学校为"圈儿学校",称该校的学生为"圈儿学校的学生"。

铭贤学校的最高管理机构是在美国欧柏林大学内的铭贤托事部,这个托事部是在美国政府备案,直接听命于美国政府。托事部的主席由欧柏林大学的校长或副校长充任,其成员大多数亦系该大学的教职员或校友。铭贤学校在国内的管理机构为校董会。孔祥熙任校长兼董事长。按铭贤学校校董会组织法,董事会内有铭贤学校毕业生代表3人,欧柏林大学毕业生代表3人,特约社会名流4人,连同孔祥熙共11人。但不管什么人做校董,均须以孔祥熙马首是瞻。

孔祥熙请了一些外国传教士担任铭贤学校的教师,这些外国传教士占全体教师的一半。欧柏林大学每三年选送一位毕业生或未毕业的未婚男性代表来"铭贤"担任教师职务,每人任期三年。后来,逐渐改为每年选派一男一女,每人任期两年,这样便同时有4人在"铭贤"学校任教。另外,还有12位美国人携带家眷长期住校办理校务。这些人年纪都较轻,谈不上有什么教学经验,大多数又不懂中国语言,只能讲授英语、音乐、体育课程。

就是这些平庸的传教士,却被孔祥熙视若珍宝。他大肆宣传,说这些传教士如何循循善诱,如何训练有素,因此吸引了不少崇美亲美的青年到铭贤就学。而这些传教士也广为交际,宣传宗教,教导歌舞,并对一些学生施以小恩小惠,更增加了对一些学生和家长的吸引力。

为了弥补外国传教士的不足,孔祥熙用高薪从山西省内外聘请了一些较有水平的中国教师。他自己也时常在"铭贤"讲授史地、体育和矿物,有时还为其他教师代课。

欧柏林大学授予孔祥熙法学博士学位时留影

孔祥熙还让其父孔繁慈讲授经史，本意是为了加强对"铭贤"的控制。不料，孔繁慈却为孔祥熙增加了一些烦恼。

事情是这样的。当时，"铭贤"学校所在地周围，许多人吸食鸦片，每当吸食者烟瘾发作时，涕泪交横，手足委顿不能举。一些久食鸦片者，肩耸项缩，颜色枯羸，奄奄一息。还有许多人嗜酒如命，"自称臣是酒中仙"，终日酩酊大醉。

这种恶习，对铭贤学校的教学活动产生了不良的影响。孔祥熙想革除这些腐朽恶习，便采取了一些措施。一天，他备了一桌酒席，请来村长和当地豪绅。席间，他力陈烟酒之害，终于获得了这位村长的支持。他和村长决定，把当地吸食鸦片的烟民分批送进村公所，都关起来，强迫戒食。他还规定，烟民之中凡是自家有钱的，伙食自备，没钱的，由他供给。几个月后，戒烟活动开始有了成效，烟民日渐减少。可是，孔祥熙之父孔繁慈对戒烟戒酒的活动并不理睬，他好酒成癖，每餐必斟，这怎不使孔祥熙感到心烦呢？孔祥熙先是暗中命厨役不为其父备酒，继而当面向父亲讲明缘故，请求父亲支持其戒烟戒酒的活动。孔繁慈心中虽然十分不悦，还是勉强答应了孔祥熙的请求。

在办学过程中，孔祥熙吸收了一些西方的现代教育方法，注意思想、智能、体育三者并重。

当时，许多学校不设体操课程。孔祥熙虽然对体操课程了解不多，但在美国学过步兵操典。于是，他依样画葫芦，用榆木自制了60余支步枪，又自备一把指挥刀。他将130多名学生分成两批，一批做徒手操，一批做假枪操。经过初步的训练，学生们能够走出较为整齐的步伐，能够做出较为一致的动作。虽然并不十分正规，但确实吸引了不少人来观看。

铭贤学校操练洋兵操的消息不翼而飞，不久就传到了太谷商会会长耳里。这个会长原先掌握了一支称为"商团"的武装，但是义和团运动兴起之后，"商团"中的不少恶棍望风逃匿，"商团"也濒于瓦解。在太谷商会会长的要求下，孔祥熙帮助商会对"商团"进行了训练。不久，太谷警察局也派人来约

孔祥熙创办的铭贤中学旧址"嘉桂科技楼"

请孔祥熙担任顾问。孔每月定时对太谷警察训话,宣传美国的治安管理办法,同时灌输他自己的一套说教。

山西太谷,在20世纪初是一个经济文化十分落后的小县城。土豪绅士们习惯于封建社会的生活秩序,他们恪守着祖训,在火车车厢里、在戏院里,即便是在电影院里,都是男女分坐,妻妾亦不例外,以免闲言碎语。在铭贤学校建校初期,太谷的土豪绅士们,看到那些洋先生们接吻拥抱,听到那些洋腔洋调,他们从心底里感到厌恶,认为洋先生是在传播异端邪说,学生没有学到正经知识,然而,这所学校又非同一般,它是由洋人们办的洋学校,校门上书写的"Oberlin in China"几个英文字,使当地的土豪绅士们无可奈何。

但是,一些人逐渐发现,这个学校里的西装革履的洋先生和穿长袍马褂的中国先生都声称,他们进行"英才"教育,要同天津南开中学和北京师大附中决一高低。学校里既讲孔子、孟子、墨子,也讲华盛顿、林肯和瓦特。

使这些土豪绅士们彻底改变看法的,是孔祥熙手中似乎永远也用不完的大把大把的美钞。看到那些印制精美的外国钞票,看到学校里耸立起的一座座新颖的楼房,吃着孔祥熙为他们准备的西式糕点,拿着孔祥熙送给他们的一份份厚礼，土豪绅士们对"铭贤"赞不绝口，对孔祥熙也佩服得五体投地。

通过创办"铭贤"学校，孔祥熙取得了美国欧柏林大学乃至某些政界人物的信赖和支持，同美国建立了直接的、紧密的联系。同时，其社会地位也逐步上升。孔祥熙同太谷商会、警察局以及许多头面人物混得极熟，相互间称兄道弟，他很快地影响和控制了太谷一带的地方武装，他时常身着崭新的制服，腰挂一把耀眼的指挥刀，带着几个人，在大街小巷神气活现地"巡视"。无论是"铭贤"学生还是商团、警察，见到他都必须立正敬礼。

后来，当孔祥熙身任南京国民政府要职后，"铭贤"则备受青睐。1929年7月，孔祥熙搞了一次建校二十一周年的纪念活动，还亲自为《铭贤学校二十一周年纪念刊》写序。他在序中说：

"盖铭贤者，实纪念前贤之学校也，命名之义，即在铭心不忘前贤也。"

"学生之在校及已毕业者，不下千余人，升学于国外大学更求深造，以及散之四方服务于社会国家者，亦所在多有。"

"教职员自四人增至八十人，学生自三十余人增至八百人，经费自八千元增至每年四万五千元。"

通过办铭贤学校，孔祥熙培植了一大批亲信，为日后控制南京国民政府的部分权力，打下了基础。

1911年10月10日，辛亥革命爆发。武昌首义的行动，直接影响了山西。10月29日凌晨，山西新军工营管带姚以价在狄村大操场集合500余名士兵宣布起义。经过顽强战斗，大批清军投降，太原起义宣告胜利。当天上午，太原起义主要领导人和山西同盟会人员及地方名流在省谘议局集会，推举阎锡山为山西军政府都督，决定采用黄帝纪元年号，悬挂八卦太极旗，称中华民国。

阎锡山是山西五台县人，1883年10月8日出生于一个地主兼商业高利贷者的家庭里。阎锡山比孔祥熙小3岁，但其当时的活动能力及影响力比孔祥熙却大得多。他16岁时到钱铺学商，把投机商人那套精打细算、唯利是图、投机经营、巧取豪夺的手段都学到了手。1902年山西武备学堂招生时，阎报名应试。初试时，他做了《韩信将兵多多益善论》的论文，口试时，他应答灵便，遂被录取。1904年，阎锡山被派往日本留学，第2年便在日本加入了同盟会的"铁血丈夫团"。在辛亥革命前夕，孔祥熙是"铭贤"学校的校长，而阎锡山呢，已担任了清军八十六标标统（相当于团长）。

尽管孔祥熙和阎锡山同处山西，又同是同盟会会员，但他们似乎一直没有联系。当阎锡山威风凛凛地坐在山西军政府都督的交椅上，沉湎于胜利的喜悦之中时，孔祥熙却对武昌首义、太原起义的情况不甚明了。孔祥熙仍然像寻常一样，办他的学校，讲他的"经史"，训练他的洋操。

然而，太原起义的爆发，又为孔祥熙施展他的"才干"提供了一次机遇。

这天，一位太谷的商人气喘吁吁地跑来，对孔祥熙说："先生，不好了，有一大批散兵直奔太谷而来。"旁边有人接着说："这批兵既不像革命党，又不像正规的清军，直扑太谷，是何用心？""恐怕是善者不来，来者不善吧！"在一片七嘴八舌声中，一位年纪稍大的人对孔祥熙说："请先生为民作主，速想退兵之计啊。"

这回孔祥熙真的被逼上梁山了。他想："在众目睽睽之下，要逃，已是不可能，要打，凭这几个民军，拿这几支破枪，显然不是对手。怎么办？只有先关闭城门，稳住阵脚，再作打算。"孔祥熙壮着胆子说："请父老兄弟们放心，那群乌合之众是不敢进犯太谷城的。"

这时，太谷的警察早已不见踪影，孔祥熙只得临时拼凑了一些商团团员和青年学生，将四个城门统统关闭，各要害地带也派了些人手持枪械加以把守。

部署停当，孔祥熙带了几个人，登上北门城楼。不一会儿，就看见大批的溃兵乱哄哄地向太谷走来。这批在太原被打散的清军散兵在太谷城下架起火炮，拉开阵式，摆出似乎要发动进攻的样子。一名军官高声叫嚷："城里的人听着，再不开城门，我就下令开炮！"

迫于无奈，孔祥熙只得硬着头皮站出来，他举起双手摇晃着说："请不要开炮，不要开炮，我是太谷民军的司令。有话好说，好说。"

他接着说："太谷已经光复，在下便是新推举的民军司令。诸君过境，本县军民无比欢迎，只不过太谷城小，难以歇马，尤其妇孺无知，不善招待，诚恐贻笑大方。在下想诸君一定是急于赶路，也不会在敝县停留。为诸君计，不如由敝县立刻筹出一笔盘费，聊代招待，就不知道诸君是否应允？"

"不行！"城下的军官指着孔祥熙骂开了，"你好大的胆子，我们赶路，你居然关闭城门，阻挡我军前进。劝你赶快开门，否则我一声令下，叫你和城门一起上西天。"

孔祥熙一看情形不妙，只得耍起骗术，他说："实不相瞒，太谷城内也有几门炮，而且这儿的城墙也还牢固。刚才我接到电话，太原府里正有第二批队伍在往太谷开进。兄弟还是劝诸君先拿一笔盘缠。"

那位军官走南闯北，并未被这番谎言所蒙骗。然而周围的士兵们却等得不耐烦了。他们认为太原可能真的派来追兵，太谷也无险可守，不能久留，于是乱哄哄地同孔祥熙讨价还价了一番。

"给多少？盘缠给多少？"

"一千两银子，在下可以立刻筹到。"

"少！少！少！"

"那就两千两吧！"

"这样吧。"下面的军官说："孔司令，你今天走马上任，弟兄们看你的面子，你赶快去凑三千两银子的盘缠，少一分一毫也不行。这三千两银子到了手，咱们马上绕城而过，绝不侵犯太谷的一草一木。"

孔祥熙已经没有其他的办法了，只有无可奈何地说："好吧，三千两就三千两。"说完，孔祥熙便慌慌张张地跑下城楼，同早已在下面等候的商会会长商议一番，由商会拼凑了三千两白银。

也许那批溃兵就是为了这些白花花的银子。他们看了看孔祥熙送来的银两，看到成色还不错，便扬了扬手，说了声："多谢了"，就带着三千两银子，绕城而过。

望着渐渐离去的兵马，太谷的商会会长和绅士们心底不知是个什么滋味。一方面，三千两白银瞬间就被这位"司令"拱手送人，确实像被挖去心头肉一样，使他们疼痛无比，他们怨恨孔祥熙无能，又是训练学生，又是训练警察，还编练了商团，到头来竟是银样镴枪头——中看不中用。另一方面，这批"丘八"毕竟没有进城，太谷避免了一场灾难，"朱门酒肉臭"的豪门大户的财产得以保全，他们又不得不感谢孔祥熙。

这次溃兵过境事件后，孔祥熙大肆宣传建立地方武装的重要性。在一些人的支持下，孔祥熙将太谷的警察、商团团员、铭贤学生集合起来，组成"太谷营务处"，孔祥熙自任"营务处"司令。这支队伍号称有1000余人，4门大炮，100余支步枪。

临时拼凑起的队伍，军心不稳，纪律松弛，没有什么战斗力。孔祥熙本应集中精力抓军事训练，抓内部建设。然而孔祥熙的心思并不在这上面。他首先想的是使自己耀武扬威。他请人制作了多套戎服，时常身着戎服在太谷城内活动。他有时红衣白裤，长靴齐膝，胸前数道缨穗；有时呢料军装，软皮套裤，胸前缀三五枚外国带回来的徽章。有人评论说，孔祥熙虽无战功，但在民军司令中衣着服饰最为讲究，这倒是事实。

在太谷的影响下，邻县也陆续建立了类似的组织。孔祥熙还奔波于几个县间，"亲临策划指导"。最后，终于"荣任"为所谓的"山西中路民军总司令"。一夜之间，"太谷警务处"的牌子就被"山西中路军政分府"所取代，孔祥熙也随之掌握了"军政分府"的实权。

1911年11月，袁世凯命令曹锟部进攻山西，企图扑灭山西的革命之火。在娘子关地区，清军同山西的革命军展开了激战。

娘子关激战的消息传来，身为同盟会会员的"山西中路民军司令"的孔祥熙并没有什么行动，也没有派民军支援山西革命军的打算。

可是，偏偏在太谷，在铭贤学校，有一些热血青年十分激愤，他们坚决要求上娘子关助战。

这可难住了孔祥熙，他听说以阎锡山、吴禄贞为首组织的以"会师北京、扫除清室"为目的的"燕晋联军"已经溃散，吴禄贞被刺，阎锡山下落不明，山西革命军力量单薄，有可能抵抗不住清军的进攻。叫这些青年上娘子关，他们战死疆场且不说，我这个"山西中路民军司令"也会被满门抄斩。他又转念一想，不让他们去吧，这些青年已做好各种准备，枪支弹药，一应俱全，他们又一再声言，谁也阻拦不了他们参加作战的决心。孔祥熙终于经不起那些热血青年的一再请求，最后同意他们上娘子关，并叮嘱他们一定小心从事。

正是这样，太谷有一些青年奔赴前线，铭贤学校也先后有30多人分作3批，携带枪支弹药，到娘子关前线同清军作战。这些青年同山西革命军一起，奋勇作战，曾一度阻止了清军的进攻，但因众寡悬殊，武器陋劣，娘子关终于失守。

很快，30多名在娘子关参战的青年返回太谷。在民众和铭贤学校师生的强烈要求下，孔祥熙在铭贤学校的礼堂——尚德堂召开了隆重的欢迎会。

在参战学生报告了作战经过后，孔祥熙致辞：

"三十多位同学自动请缨，到娘子关和清军作战，他们的动机，纯粹是为革命主义而奋斗，而实践'国家兴亡，匹夫有责'的至理名言。"

"三十多位同学俱已得到'智、仁、勇'的三大荣誉，云智，则他们历经艰险，能够安然返校；云仁，则他们热血沸腾，无法遏止，是由于他们'爱众心切'；曰勇，则他们冒着生命的危险，志愿参加正式军队，抗御强敌。"

这番慷慨陈词，博得学生们的声声欢呼。学生们争先恐后地上台来和参战学生握手，表示对英勇杀敌行动的钦佩心情。这种热烈气氛又影响了孔祥熙，他高声宣布："我已准备茶点，学生们可以表演节目。"于是，学生们边谈、边唱、边跳，欢声笑语，好不热闹。

欢迎会结束，待学生们一一散去，已是夜深人静之时。孔祥熙躺在床上，前思后想，又觉得一阵惧怕。他想到清军毕竟已经占领了娘子关，如果有人去告发在太谷的铭贤学校有人去抵抗大清皇室的军队，清军要是开到太谷，开展反攻倒算，那可怎么办呢？

可偏偏没有发生孔祥熙所担心的那些事。在上海，1911年12月1日，在英国领事馆的撮合下，资产阶级革命派和袁世凯双方宣布停战三天，并一再拖延，扩大到全国。12月9日，南方各省的全权代表伍廷芳同袁世凯的代表唐绍仪在武汉正式议和。山西的清军和资产阶级革命派的军队也开始议和，大规模的战斗一度停止。

太谷还是同从前一样。孔祥熙当着"山西中路民军总司令"的官儿，主持着"山西中路军政分府"的公务，穿着一身笔挺挺的戎装，时常露出得意扬扬的样子。

孔祥熙神气活现的日子十分短暂。

1912年4月1日，杰出的资产阶级革命家孙中山先生限于当时的历史条件，被迫宣布正式解除临时大总统的职务。以袁世凯为首的北洋军阀官僚集团，窃取了辛亥革命的胜利果实。

国内政治形势的骤变，使本来就是临时拼凑起来的"民军"失去了继续存在的价值，孔祥熙"总司令"的头衔自然也就不复存在了。

孔祥熙在政治舞台上是个不甘寂寞的人。在组织"民军"失败后，他又把注意力放在传教士身上，组织了一个称作"中美同盟会"的团体。

他提出了两句口号：

其一是"灌输新思想"；其二是"改革旧习惯"。

他对一些教会人士说："灌输新思想，改革旧习惯，绝非少数人所能胜任，更非短时间所可奏效，必须多方罗致人才，广事宣传，而后持之以恒，如此，进展才能迅速、普遍。"

他四处活动，向传教士们提议，组织一个超乎宗教之上的机构，并为这个组织定了一个名字——"中美同盟会"。

在外国传教士特别是美国传教士的支持下，1912年6月10日，在太谷南街福音院里，举行了"中美同盟会"的成立大会。在山西的外国传教士云集太谷，为孔祥熙壮胆，地方的绅士名流也接踵而至，为孔祥熙撑腰。

主席台上交叉悬挂着巨幅的中国的五色旗和美国星条旗。台上坐着几位外国传教士和几位地方名流。孔祥熙作为大会主席，也颇为得意地坐在主席台中央。

大会开始后，孔祥熙发表了一个说明宗旨的讲话。他说：

"中美同盟会的唯一愿望，在于干部人员从速组织就绪，然后逐渐扩大范围，在全国各地成立分会，如此逐渐推展，像一撮发酵粉，可以发动一大块面粉团一样！"

孔祥熙又说："远者如美国国父华盛顿创导美国独立，近者如我国唯一革命领袖孙中山先生推翻满清，建立民国，都得力于友邦之襄赞协助，否则，虽不能说绝无成功之望，但是成功势必较缓、较难，这是势所必然。所以本席认清了'独木不成林'的道理，愿与友邦人士，携手进行，更愿友邦人士，作为向导，事功进展，方可以更加神速与更加顺利！"

他还说："推翻满清，建立民国，平等自由的表面工作，虽告完成，但是细加推究，则我们不难发现，专制余孽，犹仍猖獗，士大夫积习如故，乡愚更不知何为平等自由，因此，革命工作必须继续努力，不容吾停止脚步稍事休息，我们必须积极从事以下两项工作：

（一）感化有权有势的军政要人。

（二）诱导无地位、无官守的多数民众。"

他对参加会议的传教士们继续说："中美同盟会的宗旨，实际上是自由、平等，再加上耶稣基督的博爱，而促进世界大同为宗旨。"

在这次演讲中，孔祥熙一会儿宣传资产阶级革命派的思想，一会儿散布传统的儒家学说，一会儿讲解耶稣基督的教义，讲得那些传教士如坠云雾之中。传教士们对孔祥熙的演讲，似懂而非懂。

待孔祥熙讲完，一位传教士站起来发问：

"什么叫作世界大同？这是不是表示要由中国来统治全世界？"

孔祥熙无意向外国传教士解释"世界大同"，他牵强附会地说：

"不！不！世界大同就是《圣经》上的'天国实现'。"

既然能从《圣经》上找到根据，那位传教士也就不再言语了。

接着，孔祥熙又将他事先准备好的《中美同盟会简章》扼要地介绍了一番，传教士们也未细加讨论，很快就通过了。

成立大会后，孔祥熙专门雇人制作了一块会牌，长5尺，宽1尺，牌子上刻着"中美同盟会中国支部"九个大字，这块牌子就挂在福音院大门口。

在后来的活动中，孔祥熙以"中美同盟会"作依托，一方面宣传资产阶级革命思想，另一方面同社会名流们建立联系。但是，外国传教士们对中国资产阶级的政治主张并无兴趣，他们希望"中美同盟会"发展壮大其传教势力。

目标迥异，免不了有不少的矛盾。孔祥熙在开展宣传资产阶级思想的活动时，经常受到外国传教士们的掣肘。正是这样，孔祥熙虽然四处奔波，但是终归影响不大，参加者不多。

同时，"中美同盟会"的会址设在福音院。使许多当地一些有名望的绅士们望而却步，他们认为，什么"中美同盟会"，什么"福音院"，都是一回事，都是"洋人"们搞的那些传教活动，与中国人没什么关系。

正当"中美同盟会"开展活动困难重重之时，孔祥熙却听到一个令他鼓舞的消息——孙中山先生即将抵达太原。

1912年9月19日，孔祥熙赶赴太原，迎接孙中山。孙中山先后出席了太原各界欢迎会和太原商、学两界联合欢宴席，并两次发表演说。孔祥熙也"躬与其盛"。

孙中山先生赞扬了山西响应辛亥革命的革命活动。孙中山说："前在日本之时，尝与现任都督阎君谋划，令阎君于南部各省起义时，须在晋省遥应。此所以去年晋省闻风响应，一面鼓励各省进行，一面牵制满兵南下，而使革命之迅疾告成也。"

孙中山还说："留学海外之学生，对于中国早具一种理想，如能以各民族合而为一，则可称雄地球。故归国后宣扬此说之真理。凡在旧政府所蕴之心理，处今时代，悉当摒除。革命非即能使中国富强也，不过借此过渡，以达彼岸。吾人必牺牲目前私利，而求将来之幸福。"

孙中山的两次演讲，给孔祥熙很深刻的影响。孔祥熙在太原同孙中山"作第二度会晤，有所密谈"。这样，孔祥熙同孙中山建立了更为密切的联系。

在组建"中美同盟会"的活动中，在同外国传教士的接触中，他发现煤油生意有利可图。当他听到传教士告诉他的英国商人要在山西倾销煤油时，便伙同其五叔设立了祥记公司（又称祥记商行）。他向英国亚细亚火油公司交了25000英镑保证金，按当时汇价16银圆兑换1英镑，共付出银圆40万元，取得了山西省亚细亚壳牌火油总代理权。他因为教会关系，常和美侨接近，并且同美国使馆商务参赞处也有来往。有一次，他听说美国商人要收购铁砂，他立即跑到太原，把山西铁砂趸购下来，每吨银圆1元，运到天津交货，美国给他的收购价是美金1元，转手之间获利1倍多。

祥记公司的买卖，为孔祥熙带来了相当可观的利润。这也是孔祥熙组建"中美同盟会"活动的意外收获。

孔祥熙组织的"中美同盟会"，是一个松散的、宗教色彩浓厚的资产阶级团体。尽管囿于当时条件的限制，孔祥熙并没有开展多少有影响的活动。但就组建"中美同盟会"这一事实本身，就已经在一定的程度上宣传了资产阶级的政治观点，这在当时的历史条件下，是有一定的进步意义的。

1910年，留学美国6年的宋蔼龄回到了上海。

与出国时相比，宋蔼龄明显地变得更文雅、更成熟了；她的英语娴熟无瑕，略带美国南方口音，用中文表达较复杂的情感和思想时倒比英语显得笨拙。她的装束也比在上海久居的美侨眷属更为摩登。她曾以抱怨的口吻对另一个女孩说:"当我上街的时候,我总是穿着外国的衣服,因为那会令我觉得不会那么难受。"宋耀如感到女儿过于美国化的生活方式,同中国社会、文化显得极不和谐,打定主意消除这种差距,培养女儿对祖国的深挚感情。

1910年是辛亥革命爆发的前一年,正是"山雨欲来风满楼"的时候,国内如火如荼的革命斗争生活和父亲宋耀如忘我工作精神的感染,使宋蔼龄想起了父亲在美国时曾要她回国后当助手的许诺。"爸爸,介绍我参加同盟会吧!"宋耀如很生气女儿依然说的是英语,不悦地说:"你先学会做一个中国人,才有资格加入同盟会。"接着教诲女儿:"给我脱下这美国小姐的衣服,穿上中国姑娘的衣裳;要说中国话,不要说英语;要爱中国的家,不要还以为住在美国。我可不喜欢一个'美国小姐'当秘书、做助手。"

宋蔼龄还算是个听话的孩子,虽然爱美是女孩子的天性,但在美与革命的天平上,她把砝码加在革命一边,便立即回房换了一件旗袍,并用上海话调皮地对宋耀如说:"侬该介绍阿拉入同盟会了吧!"

宋耀如自然高兴,便说:"蔼龄,你就当我的助手吧!不过,当一个秘密革命党人,可是要冒风险的。"

当时,宋蔼龄的公开职业是主日学校的教师。她也当家庭教师,给几个没有机会出国学习的小姐讲授英语。她还应青年会总干事曹雪庚之邀参加演剧,赈济灾民。但是,她在家中,却跟随着父亲从事着资产阶级革命活动。她"帮助父亲处理没完没了的组织工作,募集资金并把迅速增加的会党名册和资财绘制成表。"由于有了宋蔼龄的协助,宋耀如大有如释重负的感受,同盟会驻上海秘密联络部的工作效率也大大提高了。

1911年10月10日,辛亥革命爆发。11月5日,上海光复。12月25日,孙中山风尘仆仆地从海外回到了上海。孙中山就住在宋耀如的家中。

孙中山和宋耀如两位老朋友见面后,谈论的都是革命方略、建国大计。孙中山想到返国之后,内政外交,势必纷繁复杂,正是急需用人之际,便请老朋

袁世凯称帝登基

友帮助物色一位能干的秘书,尤其要精通英文。宋耀如马上想到了自己的大女儿,便向孙中山推荐:"蔼龄怎么样?"

孙中山知道宋家大小姐在她父亲身边做了一年多助手,有一定的秘书工作经验,又精通英文,肯定可以胜任这个工作,便赞许地点了点头。就这样,宋蔼龄当上了孙中山的秘书。

1911年12月29日,十七省代表在南京举行临时大总统的选举,每省一票,孙中山以十六票的绝对多数当选。

1912年1月1日上午,宋蔼龄陪同孙中山乘专车在礼炮和欢呼声中由上海去南京赴任。宋耀如夫妇也携两个没有去国外留学的儿子到南京观礼。当天下午,孙中山一行到达南京,举行了隆重的就职仪式。宋蔼龄同父母亲及两个弟弟坐在前排。她静静地观看着神采奕奕的孙中山走上临时搭起的平台,在两面鲜艳的五色旗前接受大家的祝贺、欢呼。她无比激动地聆听着孙中山宣读誓词:"颠覆满清专制政府,巩固中华民国,图谋民生幸福,此国民之公意,文实遵之,以忠于国,为众服务。"作为临时大总统的英文秘书,宋蔼龄按照孙中山的意图,尽心尽职地工作着。

不久,辛亥革命的胜利果实被袁世凯所窃取。1912年4月1日,孙中山正式解除临时大总统之职。那天,他发表演说:"今日满清退位,中华民国成立,民族、民权两主义俱达到,唯有民生主义尚未着手,今后吾人所当效力的,即在此事。"孙中山强调在实业建设中铁路尤为当务之急,表示在十年以内不参与政治,修筑20万里铁路。宋蔼龄在父亲的支持下,陪同孙中山去武汉、广州等地考察。一路上,宋蔼龄将预备的一批铁路方面的资料,分门别类地送给孙中山阅读。宋蔼龄还陪同孙中山拜访著名铁路工程师詹天佑,学到不少有关的知识。1913年2月,宋蔼龄同孙中山一起,赴日本考察铁路和其他实业。

1913年上半年,袁世凯暴露出其阴险奸诈的反革命嘴脸。3月20日,他贿赂流氓在上海火车站刺杀了国民党代理理事长宋教仁,5月,他公开向资产阶级革命派寻衅挑战,公开传话给国民党人,说:"现在看透孙、黄,除捣乱外无本领。左也是捣乱,右也是捣乱,我受四万万人民付托之重,不能以四万万人之

1912年5月27日,孙中山与家人在翠亨村故居前合影,左二为秘书宋蔼龄

财产生命，听人捣乱！"6月，他下令撤去国民党人李烈钧、胡汉民、柏文蔚的都督职务。

宋教仁案引起了孙中山的觉醒，他逐渐认识到"袁氏将拨专制之死灰，而负国民之付托"。孙中山于1913年7月发动了"二次革命"。但是，"二次革命"很快就惨败了。同年8月，孙中山全家和宋耀如全家被迫流亡日本。

还在"二次革命"发动之初，孙中山为聚集革命力量，曾写信给孔祥熙，望孔赴沪，襄赞"二次革命"。接到信后，孔祥熙将铭贤学校的校务托付给理事会，并请一位美国教师代为主持，各项事情办理停当，孔祥熙便离开了太谷，赶赴上海。

"天有不测风云。"当孔祥熙风尘仆仆赶到上海时，"二次革命"已经失败。孔祥熙急忙买了一张船票，也开始了流亡日本的生活。

孔祥熙 全传
Biography of Kong Xiangxi

5

孔宋联姻

孔祥熙东渡日本，遇见被誉为"中国没有加冕的宋家王朝"的"皇帝"宋耀如和他的大女儿宋蔼龄，孔祥熙因丧偶一度冷却的心又重新燃烧起来。

孔祥熙认为宋小姐温和文雅，处事明快，是他最最佩服的女中豪杰。宋蔼龄赞赏孔祥熙"赚钱赚得很得法"，"似乎天生有一种理财的本领"。

婚后，宋蔼龄辞去孙中山先生的秘书工作，同孔祥熙一道回到太谷。

孔氏夫妇故乡之行干了些什么呢？

孔祥熙自踏上轮船甲板后，情绪十分低落，心境一直欠佳。待轮船拉响长笛，徐徐开出黄浦港口驶向大海深处时，他独自踱出客舱，斜倚在船帮栏杆上，遥对渐渐远离的祖国和茫茫沧海，不禁发出轻轻的嗟叹！

是啊！曾几何时，孔祥熙胸怀科学救国的抱负，漂洋过海，万里迢迢赴美求学，满以为学成归国日，定是大展身手时。岂知如今空有一颗报国心，枉怀一身报国技，不但壮志未酬，反落得远走他乡、流落异国的下场。

此时此刻，怎不叫孔祥熙触景生情，伤感悲戚！

孔祥熙此次决心出国并东渡扶桑，出任中华留日基督教青年会总干事，外界称道不已。然知情者、孔祥熙本人都明白：庸之东洋之行出于无奈。

其一，耐不住丧偶的寂寞。1908年，已届而立之年的孔祥熙在家乡太谷按照当地风俗与韩玉梅女士举行了婚礼。韩女士是位自幼由太原教会学校收留的孤女，知书达理，性情温婉，娇小羸弱的身材，配上清秀端庄的五官，显得妩媚动人。忠贞不渝的爱情基础加上优裕的物质生活条件，孔祥熙夫妇婚后生活十分幸福。然而，好景不长。长期生活在宗教礼仪压抑环境中的韩女士，身体羸弱，恶病缠身，没有等到为孔家留下后嗣就不幸于民国元年（1912年）离他而去。

受到过西方教育，崇尚新学，笃信基督的孔祥熙，中年丧妻后，当然一不会违背基督教义和上帝的启示而去殉情自尽；二不会散尽家产、放弃锦衣玉食，甘愿过那种挂着一根拐杖、手托一只钵，遍访名山大川，佛门古刹，云游四海，浪迹天涯的流浪生活；三不会自附陶渊明那种退隐山林、乐醉田园的雅俗……

作为一个有血有肉的凡夫俗子，孔祥熙有着与常人一样的痛苦、一般的悲伤，然而他又不能像常人那样，完全按照自己的方式发泄心中的悲伤。因为他有着自己的信仰，有着远大的事业，有着一定的社会地位，他不能因为家事不幸而忘却救国救民的大义，更不甘心民主革命半途而废。所以，他又得忍受比一般人更大的痛苦。他拼命地工作，以此抵消、转移丧偶后的寂寞，这又是孔祥熙超出常人、高于常人的地方。

希望忘却的记忆，却往往是最清晰的记忆。孔祥熙怎么也忘不了死去的爱妻，妻的影子时时在眼前浮现，晃来晃去，搅得他心神不定，食宿难安。孔祥熙一直想找机会出去换换环境，冲淡自己的记忆。

其二，襄赞"二次革命"，招致杀身之祸。如果说家庭生活不幸，孔祥熙还能咬咬牙挺过去的话，那么政治生活的失意，对这个以革命为职志的政治人物来说，其打击的厉害程度是常人难以想象的。那时，孔祥熙尽管怀念已故的妻子，但只要想到自己的事业和追求，心情也就平静得多了。1913年7月，孙中山先生领导发动"二次革命"，兴师讨伐袁世凯。远在山西的孔祥熙遥相呼应，并应孙中山先生邀请，交出铭贤学校校务，只身前往上海襄赞孙中山。

可惜"二次革命"不久就遭到失败，国民党一败涂地。地盘沦丧，军队溃灭，党人星散，革命者已在国内无立足之地。孙中山、黄兴、李烈钧、汪精卫、胡汉民等著名的国民党人相率逃亡日本避难。孔祥熙深感由于自己和孙中山先生关系甚密，已引起敌人注意，如果继续待在国内，不仅在政治上捞不到任何好处，恐怕连性命都得搭进去。此时，三十六计，走为上。

其三，顺水推舟，赴日就职。"留得青山在，不愁没柴烧"，孔祥熙决定出国，暂避风头。就在他考虑去欧洲为好，还是到美国最宜，举步不定之际，恰巧有人推荐孔祥熙出任中华留日基督教青年会总干事。

基督教青年会，简称青年会，是一个宗教性团体组织。它最早由英国青年商人乔治·威廉斯于1844年在伦敦创设。32年后（1876年）传入中国，在上海成立了第一个青年会，沿海和内地一些商埠门岸城市陆续出现青年会组织。1910年，各地青年会在上海举行全国会议，确认上海为中国所属基督教青年会中心，开始建筑总部会所。次年决定总部名称为中华基督教青年会全国协会，其组织分成"城市青年会"和"学校青年会"。它标榜"发扬基督精神，团结青年同志，养成完美人格，建设完美社会"，经常开展各种活动，并要求寓活动于德、智、体、群全面发展之中，因此对中国青年有很大的吸引力。宋庆龄女士曾在《留学生在中国之影响》一文中讲到，在城市留学生组织了基督教青年会，它已成为了人们社交集会的活动场所。在这里，他们帮助吸鸦片的中国人建立戒烟会，希望其永远戒除吸烟恶习。这些都是影响巨大的，有助于中国社会改革的事情。

为适应20世纪初，中国青年知识分子出洋留学热，中华基督教青年会在日本东京设立了分会。国内混乱不堪的政治局势和社会状况，同样地在中国留学生身上引起了反应，致使中华留日基督教青年会很不景气。加上担任总干事的王正廷在政治上的一些失误，遭到了一些学生的围攻，被迫辞职，教会工作陷入了更加混乱的状况之中。中华基督教青年会会长、外国人约翰·罗·莫特，认为孔祥熙能够接替王正廷的工作。因为这项工作需要有像孔祥熙那种性格倔强、办事认真的人来领导，便邀请孔祥熙出使日本，担任总干事一职。莫特的邀请可谓雪中送炭、正中下怀。但孔祥熙是个思想复杂、城府极深的人，不愿意轻易地让人窥视透其内心世界，因此，他并没有表露出半点惊喜若狂，迫不及待的样子，却是在故作一番推让，提出只干一年的托词下，顺水推舟，走马上任。这就给人一种极不情愿，迫不得已去收拾烂摊子的印象，干好干坏，到时可进可退。

茫茫大海，天水一色。秋季是台风季节，太平洋的风浪仍然很凶猛。孔祥熙因为有过漂洋过海的经历，已经习惯和适应了穿梭于风顶浪巅的航海生活，不像初次出海的旅客有那种头晕目眩、呕吐难忍的感觉。

经过几天几夜的颠簸，孔祥熙怀着怅惘不安的心情，踏上了异国他乡的土地，算起来这是他第三次到日本。不知是心灵感应，还是触景生情，也许是一种希冀与渴求，孔祥熙骤然吟起了唐诗中的佳句："山重水复疑无路，柳暗花明又一村。"

日本与中国虽说是"一衣带水"的邻邦，但却是另一个国度，另一种社会，既不同于孔祥熙父母之邦的中国，又有别于孔祥熙早已适应了的美国社会。那时的东京，建都不久，远不如现在这么繁华热闹，在孔祥熙看来，较之中国的一些城市，东京可算是个鹤立鸡群的"大家闺秀"，比起美国的纽约、华盛顿充其量只能算是"小家碧玉"。见过外面世界的孔祥熙，很快地就适应了在日本的生活。

"运去金成铁，时来铁似金"。孔祥熙这次出任中华留日基督教青年会总干事，并不指望捞到什么好处，只求暂借一方"宝地"避风遮雨，得过且过。因此，当到任后一个又一个意想不到的收获纷至沓来时，孔祥熙真有些惊喜交加，应接不暇。

靠上了王正廷，从此官途坦通。孔祥熙答应接替总干事职务，纯属无可奈何，但却无意识地解了王正廷之围。在王正廷的眼中，孔祥熙算得是个救驾的有恩之人。孔祥熙无意中投之以李，王正廷却有心报之以桃。从此，王正廷极力提携孔祥熙这位耶鲁大学校友兼"恩人"，为他跻身政坛、步入官途架桥铺路。孔祥熙反过来又急于报答王正廷知遇大恩，便一直忠心耿耿地追随左右，鞍前马后为王效劳，成为王正廷班底的一员干将，活跃在旧中国政治舞台。后来王正廷失势下台，孔祥熙便继承他的衣钵，原封不动地接过了旧班底，把这些人安插到自己担任要职的机关里。

取悦孙中山,成了革命功臣。孔祥熙到日本后,充分利用职务之便,"广交留日革命志士",暗中执行革命工作。此时,流亡日本的孙中山先生痛定思痛,总结"二次革命"失败原因"非袁氏兵力之强,实同党人心之涣散","国民党只求党势发展,不计品流纯糅";党员虽众,内部却"意见分歧,步骤凌乱","对号令不能统一,事党魁未能服从。"他决心不要这个"一盘散沙,乌合之众"的党了,准备重新组建革命政党——中华革命党。1914年4月,孙中山致南洋革命党人,告之组党工作进展顺利,大体就绪,但"因鉴于前此之涣散不统一之病,此次之党,特主服从党魁命令,并须各具誓约","凡入党各员,必自问甘愿服从文一人,毫无疑虑而后可"。孙中山要求入党人还必须在誓词上打上手模。廖仲恺、陈其美等表示拥护,端端正正地按上了手模。

黄兴、汪精卫等人对这种立党办法表示反对,认为是会党旧俗,不愿加入。孙中山也不勉强黄兴等人参加,甚至让黄兴静养两年,闭门思过。这样,孙、黄之间继1907年讨论革命旗帜图案、1913年解决"宋案"意见分歧之后,正式分道扬镳。好在两人革命大目标一致,又都具有豁达大度、海量容人的高风亮节,政治上的分歧并没有损伤往日的私人友谊。1914年6月27日,黄兴离日旅美前,宴请孙中山叙别,孙中山对好友的离去非常惋惜,赠联黄兴:"安危他日终须仗,甘苦来时要共尝"。

孙中山在日本期间,孔祥熙始终追随左右,经常出入孙中山东京寓所,不仅协助孙中山整理组建中华革命党党务,负责经费的捐献与劝募,还参与机密和代孙中山处理文书电函。

孙中山、黄兴、廖仲恺、胡汉民、汪精卫等革命要人汇集日本,可以说是群星灿灿,各领风骚。相形之下,孔祥熙则稍逊一筹。"路遥知马力,日久见人心"。然而,孔祥熙能够在当时那种"除了力战而死的能保持他的革命人格之外,其余的大多数人或者溃围而去,落荒而走,或者屈了双膝,向敌人投降"的革命挫折时期，坚持革命旗帜，其精神可嘉，其行动可佩。孙、黄分道扬镳自不必说，连一生以"总理信徒"自诩的汪精卫也在革命紧急关头"召之去，坚不行"，孙中山自然对孔祥熙效忠革命的行为十分赞赏。这不仅为孔祥熙日后爬上国民政府高位积聚了一笔厚厚的资本，而且他俨然成了革命的大功臣。由此看来，孔与孙的关系不仅有连襟关系一层，而且称得上是患难之交。

在日本期间，孔祥熙收获最大的是赢得了宋蔼龄的芳心，再次缔结姻缘。孔祥熙是一个自命不凡的人，他绝对不满足于做个一辈子布道讲经的传教士，还在等待施展宏图的机会。

孔祥熙到任后，暗中从事革命工作，也并没有忘记"在其位、谋其政"。他为重振基督教青年会声势，施展平生所学，励精图治，行色匆匆，足迹踏遍岛内，确有一股子热情劲。"精诚所至，金石为开"，中华留日基督教青年会，在孔氏的整治下，一改昔日侮霉之气，顿生勃然之机。

"后生可畏"。在日本华人中，孔祥熙是"隔窗吹喇叭——名声在外"了，慕名来访者渐渐多了起来。在众多的来访者中，有一位神秘的人物，他就是后来被誉名"中国没有加冕的宋家王朝"的首脑，孔祥熙未来的丈人宋耀如。

说他神秘，并不是单单指宋耀如个人有着从小游历美国、闯荡世界的传奇经历，更多的是说以他为首包括其6个子女两代人影响中国政治和中美关系达半个多世纪的传奇色彩。纵观古今中外，英雄美女、才子佳人之结合向为人们所钦羡，而蜚誉中外的宋氏家族三姐妹的婚配更使人称奇不已。大女儿宋蔼龄嫁给国民政府行政院院长孔祥熙，二女儿宋庆龄嫁给中国民主革命先驱孙中山先生，三女儿嫁给了国民政府主席蒋介石。如此威名显赫的联姻，在风云际会的政坛中领其风骚数十年。有人考察过中国历史，认为仅有隋唐时代独孤信的三个女儿，一嫁北周明帝，一嫁隋文帝，一嫁唐太祖可堪比拟，而宋氏三姐妹对政局的影响，远远地超过了独孤信的三位千金。

孔祥熙的名气传开后，引发了宋耀如的好奇心，他决计会会这个年轻人，想不到这次会见却引出了一桩儿女婚事。孔祥熙在东京接待了这位来访者，很快地便博得宋耀如老人的赏识。两人越谈越近、越说越投机，大有相见恨晚之形。闲聊中，孔祥熙提起了一件往事：那是1906年，在大西洋彼岸的都市纽约，孔祥熙在一次社交聚会上遇见了宋耀如的大女儿宋蔼龄小姐。那时孔祥熙已从欧柏林大学毕业，正在耶鲁大学攻读硕士学位，而宋小姐却在卫斯里安女子学院就读。对两位学子见面时的心情感受，是否从此互存好感，彼此倾慕，现在已无从考证了，但可以肯定他们不是一见钟情。因为宋蔼龄几乎忘记了对方，而孔祥熙也没有把对方放在心上，各人沿着各人的轨迹运行。然而又由于在纽约的这次邂逅，促使他们在相隔8年后重新聚首时都迅速地爱上了对方，进而缔造百年好合。

一个说得无心，一个听得有意，宋耀如立即邀请孔祥熙到家里吃饭，看来他是相中了这位孔子的第七十五代贤孙，打定主意要他做东床快婿了。

宋家1913年秋季举家迁来日本暂住，起初在神户，后到东京，此后不久又迁往横滨安家落户。当孔祥熙在宋家重新见到阔别8年的宋大小姐时，昔日含蓄腼腆的女学生模样荡然无存，脱落成了一位风姿绰约的迷人女郎。

自从与宋蔼龄再度相见后，孔祥熙一度冷却的心又重新燃起了爱情之火。他开始频频地向宋蔼龄递送爱的信息。此时，宋蔼龄任孙中山的英文秘书，为了增进了解，孔祥熙有空就到孙中山寓所帮助处理文书函电。由于共同的工作关系，"接触日益增多，感情笃厚"。宋蔼龄赞赏孔祥熙为人谦和，"赚钱赚得很得法"，"似乎天生有一种理财的本领"，而孔祥熙呢？则认为宋小姐温和文雅，处事明快，是他"最最佩服"的女中豪杰。于是很快地进入了热恋高峰季节，约会湖光山色之下，徘徊柳暗花明之间。

宋蔼龄与孔祥熙的爱情之舟，一帆风顺，不像她的两个妹妹的爱情那样曲折缠绵，也许正因为太过于顺利而缺乏诗情画意的缘故，世人也就不像谈论她两位妹妹爱情轶事那样热烈。然而在宋老夫人的眼中，这次恐怕是三个女儿中，她最为满意的一门亲事了。这主要取决于孔祥熙得天独厚的一些条件。他既有"高贵"的血统身世，又受到过良好的中西教育，年轻有为，还是一个虔诚的基督徒。

"瓜熟蒂落"，该是收获爱情的季节了。1914年春天，孔祥熙和宋蔼龄按照基督教礼仪，在横滨一所坐落在山丘之上的教堂里举行了婚礼。婚礼虽然没有三妹宋美龄与蒋介石结婚时铺张隆重，但却也算得上风光热闹，至今还有人津津乐道。

结婚那天，蔼龄刻意打扮了一番。礼服是用粉红色缎子做的，缎子上绣着深红色的梅花图案，头上还扎着一朵漂亮的梅花结。

早晨，天蒙蒙亮时还下着大雨，但在新郎新娘和至爱亲朋动身去教堂时，却奇迹般地露出了笑脸。等到在宋家用过结婚餐，新婚夫妇乘车去镰仓，金色的太阳还透过路旁一行行树杈洒在新人身上。但当他们走下车刚刚踏进镰仓的旅馆大门时，倾盆大雨又骤然而至。一贯信奉天命的孔祥熙因天公作美而喜出望外，预言"这是大吉大利之兆"。

后来有好事之士，写了一副对子，虽然不很工整对仗，但能形象地概括孔宋联姻的前因后果，大意是："风调雨顺，乃为天公作美助兴；金玉良缘，原是泰山牵线穿针"。

宋蔼龄与孔祥熙即将结婚时，她向孙中山建议，让庆龄代替她当

孔祥熙与宋蔼龄的早年合影

秘书。孙中山赞成这个意见。宋庆龄也愉快地同意了。从此，宋家二小姐得以在孙中山身边进行工作。孙中山因为有了庆龄，文牍工作越发有条不紊，而且越搞越出色。宋家二小姐又很快地成了孙中山的一位必不可少的得力助手并终身结为革命伴侣。

宋蔼龄辞去孙中山先生秘书工作，同丈夫住进了东京的新家。每天除了看书、读报及偶尔的社交应酬外，宋蔼龄显得无事可做，虚度时光。好在此时孔祥熙全力协助孙中山处理中华革命党党务，回家后免不了向妻子谈谈工作中的问题。宋蔼龄就是这样靠从丈夫的口中知道外面的情况，有时也帮着丈夫整理文件和账务。宋蔼龄和孔祥熙婚后，在东京就这样又度过了一年的时光。

1915年，"夺天下之公利，徇一己之私利"的国贼袁世凯，在登上总统宝座之后，又野心勃勃、紧锣密鼓地唱起洪宪帝制丑剧。然而，辛亥革命期间高涨起来的民主共和思想，并没有随着革命的挫折而消失，反而日益深入人心，产生了积极影响。袁世凯复辟帝制活动遭到了全国人民的强烈反对。流亡日本的革命党人，密切关注着国内政治局势的变化，决定派人回国，策动和组织反袁军事斗争。

孔祥熙夫妇作为中华革命党特派员，肩负着孙中山秘密布置的任务，于1915年秋天，宋查理一家回到上海。他们回国的公开理由是准备去山西太谷老家，增设铭贤学校大学预科，行前还特意花了几天工夫在东京为学校采购了一大批图书资料、教学仪器。孔祥熙回到上海后，并没有立即起程去太谷办学，而是频繁地出入于在沪军政要人家门，秘密策动驻沪的海、陆军举行反袁起义。可是，出师不利，他们的行踪很快引起了北洋军阀政府的注意，准备拘留他们。上海都督陈其美，得知消息暗中通知他俩火速离开上海，脱离险境。

于是，孔祥熙夫妇只得暂时搁置策动武装起义、军事讨袁的使命，离开上海，前往山西太谷。

由上海到山西太谷，可算是一次漫长而惬意的旅行。孔祥熙夫妇坐火车到达榆次后，宋蔼龄坐进了一顶十六个轿夫抬的花轿，孔祥熙则骑着马陪伴在侧，悠然自得地走完了到太谷最后一段旅程。

孔祥熙夫妇到程家庄老宅，拜见祖辈后，便直接搬到铭贤学校校长公馆居住。铭贤全体师生欣喜若狂，为迎接他们心中的"财神"、一别数年的校长回校主持校务，费尽心机地把学校环境、校长公馆刻意装扮一新，就连生在南国、长在异邦的宋蔼龄，也对铭贤能有如此幽静的风景、整洁的校舍和富丽堂皇的校长公馆颇感惊奇。

宋蔼龄在山西太谷的生活是繁忙的，但也是充实的。她那时已身怀六甲，既要随时准备迎接小生命的降生，又要协助孔祥熙处理校务，在师生面前树立

蒋介石与夫人宋美龄到铭贤学校视察时留影。宋美龄（左二）、蒋介石（左三）、宋蔼龄（左四）、孔祥熙（左五）

起"夫唱妻和"的贤淑形象。

孔祥熙把铭贤学校一直看作自己的"杰作"，为多招收学生、争取人

心，他极力做出一副师生之间平等相处的样子，经常讲："师生有如家人父子，能多聚集，总要多方聚集，能多会晤，总要多方会晤，能多探讨，总要多方探讨，能多畅叙，总要多方畅叙。"宋蔼龄不仅对丈夫这番论调衷心赞成，而且身体力行，瞄准机会就往学生中间凑，还不时邀请部分师生到校长公馆做客便餐。这群出身山西土财主家庭的富家子弟，山珍海味都吃过，就是不曾见过西点西餐，在校长家里他们才算真正"大开洋荤"，吃的是西式糕点，喝的是咖啡、可可。校长一家的"恩惠"把这群学生感动得五体投地，决定集资买一个金手镯赠给宋蔼龄。礼物虽轻，说明人心所向，孔祥熙、宋蔼龄自然十分高兴。从此学生们一见到宋蔼龄便围住她，"师母"、"师母"地叫个不停，直叫得这位师母大人春风满面，乐得校长先生笑口常开。

宋蔼龄不仅仅是校长夫人，大家的师母，同时还是一位执掌教鞭的"良师"。尽管这段教书经历不长，但宋蔼龄以自己的勇气博得了学生的爱戴。

孔祥熙夫妇从日本回到太谷后，主要精力放在增设大学预科方面。等到一切准备工作基本就绪，开学在即之时，原先应聘的一位美籍教师，突然变卦，表示不来中国任教。这下子使师资力量尚感不足的铭贤学校，陷入一时困难的境地。如果再从外国请教师就得推迟开学，从中国沿海地区聘请一位教师来代理，也没有了时间。后来有人急中生智，提出了一个大胆建议"为何不请现成的老师——毕业于美国卫斯里安学院的校长夫人出来任教呢？"就这样宋蔼龄这位年轻的女子拿起了教鞭，走上了这个尽是男子的学校的讲台，主讲英语，同时指导卫生和环境卫生课。随着第一个孩子罗莎蒙黛（孔令仪）呱呱落地，宋蔼龄也结束了作为大学教师的一段生活经历，退出了那个令人尊重的教席。

当后来谈到这段经历时，宋蔼龄说道："我根本不配做这种工作，我相信即使在一所普通学校里教书，我也不够格。我之所以能够教书，只是因为当时的特殊情况，也想为我丈夫分忧。我记得在一次英语课上，一个学生问我，为什么在一个英语复合句里，有时候不能重复使用一个名词？我回答说：'噢，这是不言而喻的！'在我看来，对于那些使我和学生都感到不解的问题，这是一个最好的回答。从此以后，每当我遇到难题的时候，我就说'噢，这是不言而喻的！'"

中华革命党派到其他地方秘密组织武装斗争的情况也都不妙，不是事泄流产，就是半途而废。国人的强烈反对最终没有能够阻挡已利令智昏的袁世凯一意孤行。1916年元旦急着在北京登基、黄袍加身。元旦那天，从北京还传出消息，"洪宪"皇帝袁世凯令孔祥熙的侄辈、孔子第七十六代嫡孙孔令仪仍袭封衍圣公，并授予他"一级大绶宝光嘉禾章"加"郡王"衔。身在太谷的孔祥熙义愤填膺，大骂袁贼不止。于是写了一篇洋洋万言的"上袁世凯书"，发送报馆公开发表。孔祥熙写道：

"吾公（指袁）将谁欺？欺天乎？他人数吾公以十大罪状，或八大罪状，熙不再深责，即以称帝而言，已属罪在不赦。何况其他？尝思吾公之称帝，不是不智，即为不仁，不智不仁，两者必居其一。然一再思索，二者竟兼而有之，此吾公所以为国人所弃绝而势不两立也！"

接着又指出："吾公不图报效，不图尽责，乃欲推翻共和，自立称帝，丧心病狂，一至如此，尚何言哉！唯事已至此，熙为吾公计，为吾公子孙计，亟应悬崖勒马，翻然改图，通电自责，退柄山林。且将吾公承认之二十一条，宣布取消。如此尚不失为勇于改过之英雄，国人亦必能见谅，而与以自新之余地。否则，若执迷不悟，冒天下之大不韪，以断送吾炎黄子孙之大好河山，则身败名裂，在指顾间耳，何暇做皇帝迷梦焉！"

孔祥熙这篇讨袁檄文，通篇义正词严、语锋犀利，发表之后，颇受各界瞩目。港台报纸杂志评价它是孔祥熙一生之中，对外公开披露他政治主张的第一份通电。人们只知道这份电报给孔祥熙涉足政坛，扶摇直上添色不少，可以不必过问那位首倡上书并参与谋篇布局、润色斟酌却不曾署名的人，而孔祥熙则不能不感激给他带来红运的"贤内助"宋蔼龄。曾有人这么形容过他们同时代的汪精卫、陈璧君夫妇，真是天生一对，地造一双，汪精卫没有陈璧君，难成为汪精卫，陈璧君没有汪精卫也成不了陈璧君。如今，将这段精彩的评语换下名字，移植到孔祥熙、宋蔼龄夫妇身上，不也恰到好处吗？

孔祥熙 全传

Biography of Kong Xiangxi

6

跻身政界

孔祥熙和阎锡山过从甚密，任山西督军署参议。他帮助阎锡山接待外国客人，宣传"村政改革"，实施"以工代赈"。

他同张作霖、吴佩孚鱼雁往来，若即若离。

在王正廷的举荐下，孔祥熙就任"鲁案善后督办公署实业处长"。这是孔祥熙第一次担任北洋军阀政府的"公职"。

1915年秋天，孔祥熙、宋蔼龄由日本返回太谷后，花了很大的精力结交北方的军阀、政客，并开始在民国的政治舞台上活跃起来。

孔祥熙夫妇首先同阎锡山建立了紧密联系。

阎锡山于1912年3月坐了山西都督的宝座后，施展两面派手法，一方面对孙中山等国民党人做些表面的应付，另一方面积极向袁世凯输诚。1913年，国民党发动的"二次革命"失败后，袁世凯将各省同盟会员任都督的大部撤换，只留山西阎锡山和云南的唐继尧未动。1914年5月，袁世凯将各省都督改为将军，授阎锡山为"同武将军"。阎锡山以为殊荣。特意在五台县原籍河边村建门楼，镌刻"同武将军府"，以感袁知遇之恩，而对孙中山领导的革命运动，早已忘得一干二净！袁世凯的儿子袁克宽曾对人说："阎锡山脑后没有反骨，所以令他执掌山西军政。"

1915年，阎锡山突然想起一个新的主意，要在山西推行所谓的"新政"，以巩固他的统治。他听说孔祥熙办铭贤学校有点名声，便派人来请孔出任山西教育厅长，"整

阎锡山

顿"山西教育。然而，孔祥熙既想为阎效命，又怕无力承担办学重任。便以"一时还舍不得离开铭贤"为由，假意推辞，同时表示"我一定随时提供意见，从旁襄赞"。阎锡山精于政坛之道，马上明白了孔祥熙的言下之意，便任命孔祥熙为山西督军署参议。

孔祥熙乐滋滋地走马上任了。

开始，他的任务是帮助阎锡山接待外国客人。阎锡山对孔祥熙说："为三晋人士体面计，勉允担任贵宾招待之责。"孔祥熙听说要他同"洋人"打交道，满口应允。

孔祥熙在外国人面前毕恭毕敬，服务周全。为了迎接外国人，他经常亲自去车站恭候，有时一等就是几个小时。有时，还奉阎锡山之命，赴石家庄，迎接外国人来太原游览。他安排外国客人拜会阎锡山，领着他们出席各种宴会，每次都格外细致，令阎锡山满意。他向外国人吹嘘阎锡山的"施政方针"，吹嘘山西"在安定中求进步"，更使"阎督军"飘飘然。

在旧中国的官场上，留过学，懂得外国人生活习性，又愿为"洋人"和封建军阀办外交的人属凤毛麟角。孔祥熙的热情接待，很快就取悦了"洋人"们，"洋人"们在给孔祥熙一点小恩小惠的同时，对其大肆吹捧。

有一次，美国公使克兰率领一批参赞、武官来山西游玩，孔祥熙领着他们游山玩水。古朴威严的晋祠里，高耸入云的五台山下，都留下了他们的足迹。孔祥熙还带着他们到太谷，参观铭贤学校。在欢迎会上，孔祥熙借向师生们介绍克兰之机，将这位美国公使吹捧了一番。接下来，这位公使又在演说中，称孔祥熙"不愧为中华民国的先知先觉，铭贤学堂尤为英才荟萃之学府"。

就是这样，孔祥熙借助"洋人"的赞扬，身价倍增。阎锡山也逐渐对孔刮目相看，让他帮助处理山西的内政。

1917年，阎锡山提出了所谓的养蚕、植树、水利、放足、剪辫、戒烟六项"村政改革"。孔祥熙立即表示，阎锡山的"村政改革"和他从事的"提倡教育，振兴实业"是殊途同归。他发动铭贤学校的全体师生，在寒、暑假期，带着督军阎锡山关防大印的证书，以半官方的身份，向家乡的父老兄弟们宣传"村政改革"。

看到孔祥熙大张旗鼓地为"村政改革"奔波，阎锡山甚是高兴，写了两首实在不能称为诗的诗：

一、对学生吟

其一，我问学生，求学何因？学生答我，本在修身。学个有饭吃，学个做好人。

其二，我问学生，设学何因？学生答我，立志爱群，教人有饭吃，教人做好人。

其三，我问学生，我来何因？学生答我，整理乡村。盼人有饭吃，盼人做好人。

其四，我问学生，你来何因？学生答我，为表欢迎。开了同乐会，都是新村人。

其五，我爱学生，爱你何因？学生的话，句句是真。说了就要做，不可等别人。

其六，我勉学生，勉你何因？学生前程，远大无穷。改造新社会，全凭少年人。

二、太谷歌

山西富足，首推太谷，今入其境，我心不乐。

村中房舍多拆毁，巷中儿童多零落，衰老锄禾苗，少壮不见出。有妻被夫卖，掩袖途中哭。人贩催行急，妇哭声愈促。

我见此情状，我心如绳束，我问受何病？齐答金丹毒。（即吗啡）

一听这句话，我心待半日，令车手赶快行到地头，好像我绅商学生说：大家齐来，发个公道愿，结个爱群团，帮着村间邻长认真做，整理村范，就能还我原来的太谷！

接到阎锡山这两首不伦不类的诗，孔祥熙受宠若惊。他再次动员铭贤师生大力宣传阎锡山的"村政改革"，还把全校师生分为二十个组，规定每一位老师率领六七名高年级学生，除了寒、暑假外，每逢星期天和节假日便全体出发，分别开赴所指定的村庄，大力宣扬阎锡山的"村政改革"，并且督促各地方务必在定期内实行。各组师生的行动，除了必须接受孔祥熙的监督与考核外，还要经山西督军府特别设置的"六政考核处"，加以考核。消极怠工者，严加惩罚，成绩优良者，资以重奖。

阎锡山的"村政改革"，是在不触动封建地主阶级土地所有制基础上的表面文章。有的是只说不做，有的说多做少，有的弄虚作假。他利用其军事实力，排挤了反对势力，又通过像孔祥熙这样的"名流"与政客，替他大肆吹嘘，结果骗取了"模范省"的称誉。

孔祥熙虽然比阎锡山年长三岁，但在阎锡山面前小心谨慎，从不乱说。阎锡山要知道的事，他知无不言，言无不尽。阎锡山赞赏的事，他马上随声附和，阎锡山讨厌的事，他又能力陈其弊。两人过从甚密，建立了很深的感情。

在孔祥熙任阎锡山的参议期间，孔宋夫妇的第一个孩子孔令仪，于1915年9月19日在太谷呱呱落地。

从日本回到国内后，宋蔼龄的身体状况一直不好，而且生育时又难产。正如人们大难不死之后常做的那样，蔼龄愈后也逐渐开始考虑自己的宗教信仰以及虔诚的程度问题了。在此之前，宋蔼龄远非像她所自认为的那样，是一个真正的基督教徒。虽然她在威斯里安女子学院上学期间，还写过一篇很有分量的文章，阐述中国的教会问题，但是总的来说，她对其母亲所热爱的那种非常拘谨的崇拜方式是不肯接受的。宋蔼龄曾就这个问题同母亲进行过多次讨论，越是讨论，宋蔼龄越是觉得自己的宗教信仰同母亲的宗教信仰相距甚远。孔令仪出生以后，宋蔼龄"才第一次从心底里感谢上帝大慈大悲，保佑她母女平安"。她自认为，在此之后，"她才成为一个真正的基督教徒"。

1916年12月10日，宋蔼龄又生了一个儿子，取名孔令侃。

1919年，山西遭受严重灾害，全省70余县夏秋两季分别遭受霜、冻、水、雹各灾。而这时的北洋军阀政府，内外交困，入不敷出，欠薪欠饷，自顾不暇，遑论赈济山西的阎锡山则是铁公鸡——一毛不拔。

后来，灾情越来越重，灾民日以倍增，有些地方民众的反抗情绪已成一触即发之态。为了平息事态，以维护自己的统治，阎锡山不得不命孔祥熙速想办法，弄些钱来，救济灾民。

孔祥熙十分清楚，此时正是阎锡山的困难之际，作为阎的"参议"，理应解此燃眉之急，助他一臂之力。

开始，他信心很足，一个一个地登门拜访，想请那些大腹便便的官僚、政客、商人、实业家解囊相助。这些人平常都高谈阔论，表示为朋友可以两肋插刀，而这次却都摇晃着脑袋，说爱莫能助。

最后，他利用官场上的一些关系，抱着再试试看的心态，找到了华洋义赈会。他请求这个义赈会给笔贷款，赈救灾民。主持华洋义赈会的一位外国传教士，过去同了孔祥熙有些来往。但是，这个义赈会规定，任何贷款必须提出抵押担保。因此，这位传教士便向孔祥熙提出这样一个问题：

"凭你个人的信用，我可以大胆主张借这笔巨款给你，可是问题在于这笔钱是要借去发放救济灾民的，你将来如何归还？"

这个问题使孔祥熙难以置答，他稍微思索以后说："我们不妨采取以工代赈的办法，请灾民修筑公路，将来再以公路的收益分期偿还贷款。"

这位传教士认为这个办法可行，便答应了。

于是，孔祥熙义赴山西督军府，向阎锡山汇报。这位山西的"土皇帝"得此意外之助，喜上眉梢，立即表示赞同"以工代赈"的方针，并且保证督军府将以全力协助实施。阎锡山希望孔祥熙帮忙帮到底，负责公路筑成，贷款归还清楚为止。但是，孔祥熙表示，这项工作理应由督军府派专员执行。两人商议的结果是，由督军府指派孔祥熙的好朋友赵友琴为公路督办。

赵友琴军人出身，当时在阎锡山部下当团长。1919年孔祥熙在太谷办夏令营，曾邀请赵友琴担任导师，带领学生翻山越岭，做健身运动，由此孔祥熙同赵建立了交情。正是这样，赵友琴在修筑公路中，经常找孔祥熙商量，有时孔祥熙还帮赵处理一些棘手的事。孔祥熙还拉来教会中所有的人，担任工头，到寒暑假期间，连铭贤的师生，也参加了工头的行列。

华洋义赈会给了孔祥熙100万美元的赈金，至于说这笔巨款孔祥熙和赵友琴是怎样分配的，这当然无人知晓。他们只用了其中的一部分钱雇了一些灾民，修筑山西公路。

这项工程从1919年一直持续到1920年，它对发展山西交通，开发经济客观上起到一定的作用。

但是，在这段时间，孔祥熙险些断腿。

1920年秋天，晋南公路修筑到霍县、赵城一带。一天，风和日丽，公路督办赵友琴邀孔祥熙一道南下视察，同时观赏晋南秋色。孔祥熙欣然应允，两人便坐着小汽车上路了。

孔祥熙和赵友琴兴致勃勃，这里走走，那里看看，指指点点，威风凛凛。各地大小官员见省城来的官员，自然不敢怠慢，除了送上当地土特产外，不免要美食一餐。待孔祥熙一行酒醉饭饱，打道回府，已是太阳西沉了。

真不凑巧，在距太谷县城20里的一个偏僻小村落，汽车轰鸣了几下以后，再也跑不动了。这时，夜幕已降临，除了能看见空中闪烁着的繁星和远处农家摇曳的油灯外，什么都看不到了。

怎么办？孔祥熙提议雇骡车回太谷，赵友琴嫌骡车太慢，赵友琴转而提出住农家客店，孔祥熙又说客店太脏太乱。各执一端，难得统一。最后，只有步行而归。

他们边走边谈，不知不觉走了十多里。越走越黑，越走越累。

孔祥熙问："从这儿到太谷还有多少里？"

"我想大概还有四五里。"赵友琴答道。

"没有那么远,顶多不过一二里罢了。"孔祥熙觉得已经走了很远的路了。

"那么,我们的罪就快受完了。"赵友琴好像不安地说,"我受这份罪倒是应该的,你跟我吃一场苦,实在是犯不着。"

孔祥熙生来就没有摸黑走这么远的路,走到现在已经汗流浃背,气喘吁吁,但为了要面子,只有硬着头皮说:"有什么犯得着犯不着呢,为了公共利益跑上个二十里路,那儿谈得上是吃苦。"

说话时,孔祥熙在前,赵友琴在后,孔祥熙的一个"苦"字还在余音袅袅,紧接着便是一声大叫"哎呀!"

赵友琴大惊失色,只听到孔祥熙发出一种呻吟的声音:"哎哟!我的腿快摔断了!痛死我了。"

原来,孔祥熙失足摔下一个四五尺深的坑里了。孔祥熙低声地请求道:"快拉我一把。"

孔祥熙又胖又重,赵友琴费了好长的时间,累出一身汗,才将双腿已跛的孔祥熙从坑里拉了上来。在赵友琴的搀扶下,孔祥熙一跛一跛地返回了太谷。

就是这样,孔祥熙在那位洋教士的帮助下,通过"以工代赈"的办法,为北洋军阀政府和阎锡山解决了一个难题,缓和了社会矛盾,因此黎元洪和阎锡山不得不有所表示。

黎元洪赠给他一块匾额,文曰:"急公好义"。孔祥熙将这块匾额送给了太谷教会。

阎锡山也送给他一块匾额,文曰:"扶危济困"。这一块孔祥熙自己留下了。

太谷的绅士们自然也得吹捧孔祥熙一番,他们送给孔一副功德牌联,其文曰:

太息大旱成灾,莫道救荒无善策;

幸得以工代赈，须知实惠济斯民。

从1915年至1921年，孔祥熙利用其任阎锡山的"参议"的条件，广交朋友，"山西军政要员与其友谊，因亦日增"。

在孔祥熙就任阎锡山的"参议"期间，不知通过何人介绍，孔祥熙又同北洋军阀中的两位"大帅"——张作霖、吴佩孚拉上了关系。

先看看他与张作霖的交往。

张作霖，字雨亭，奉天（今辽宁）海城县人。他是奉系军阀的首领。1875年生，其父张有财开小商铺，兼设赌局抽红。张14岁丧父，家贫无力就学，改学兽医。1894年张作霖加入毅军，不久携械潜逃，跻身绿林，声势日大。1902年，被清廷收编，任新民府游击马队管带。1904年，日俄战争开始时，张曾倾向俄国，后来随着战局变化，转而为日本效命，自此开始投靠日本帝国主义的生涯。1911年武昌起义爆发后，张被任命为"奉天国民保安会"军事部副部长。1915年，袁世凯登基时，论功行赏，封张为子爵。但张作霖并不高兴，他说："我何能为人做子！"1916年6月袁世凯一命呜呼，黎元洪与段祺瑞控制的北京政府任命张为奉天督军兼省长，独掌东北军政大权。

1916年底，张作霖派遣专使，携带一封亲笔信和一份聘书，请孔到奉天督军署担任参议，名曰"协助处理外交事宜"。

张作霖在信中将孔祥熙吹捧了一番：

"先生善于创造，勇于负责，且擅长交际，熟悉洋务，倘蒙荷允赐予臂助，对于此间之内政外交，必有莫大裨益。"

任东三省巡阅使时的张作霖

白纸黑字，堂而皇之。张作霖作为虎踞东北的大军阀，不会不知道孔祥熙是阎督府的"参议"，是阎锡山的心腹之人，非等闲之辈，却偏要打孔的主意，是何原因？是真的看中了孔"熟悉洋务"，真的"求才是渴"，或是还有什么其他想法，我们无从知晓。

这天，孔祥熙热情接待了张作霖派来的使者，他仔细将张作霖的来信看了一遍，又听了那位专使介绍了东北的军政情况，感到并没有什么特别的吸引力。

于是，他向那位专使大肆吹嘘了自己"铭贤"学校的所谓培养"英才"的成就，婉转地说："请转告督军，铭贤学堂是我一手创办，我不能轻易离开。"

那位专使回到东北，向张作霖汇报了同孔祥熙交谈的情况。张作霖听后怏怏不乐，但又不便发作。为了探明孔祥熙的真实思想，进一步拉拢孔祥熙，便致电孔祥熙，请孔赴奉天会晤。

孔祥熙当年虽已36岁，但羽翼并不丰满，还需要在军阀中找靠山。他不想成为张作霖的幕僚，但却极想同张作霖建立联系，为日后的官场生涯打下基础。

孔祥熙准备了一些高级礼品，于1917年春季不辞辛劳，来到沈阳奉天督军府。在宽敞豪华的督军官邸，这位称雄东北正觊觎着全国的张大帅，拍着孔祥熙的肩头说："老弟啊，这回来了就不要走了，白山黑水，任君驰骋。"孔祥熙答道："谢谢！只是这次行前匆匆，铭贤事务未曾交代。待我回山西物色好校长人选，当即北来效力。"

在沈阳，孔祥熙同张作霖进行了多次秘密交谈，相互之间取得了一些默契。虽然孔祥熙没有留在张作霖的奉天府，但是却给张作霖提供了不少山西的重要情况，还一次又一次地向张作霖表示忠诚之心。一贯颐指气使的张作霖在听到孔祥熙虔诚的表白后，脸上露出了一丝不易被人觉察的微笑。

为了进一步拉拢孔祥熙，张作霖在孔祥熙临行前特意派人送来东北特产的狐裘、人参等贵重礼品。孔祥熙自然是客套一番，最后还是一件不少的全部收下了。

孔祥熙返回山西后，同张作霖函电交驰，互通机密，建立了比较紧密的联系。

我们再来看看孔祥熙同北洋军阀中的另一位风云人物吴佩孚的所谓"神交"。

吴佩孚是山东蓬莱人，1874年生，他是北洋军阀直系的著名首领之一。22岁时，考取秀才，后来又先后进入开平武备学堂、保定武师范学堂、测绘学堂学习。辛亥革命爆发后，担任第三师炮兵第三团团长。

1917年，辫子军大帅张勋的复辟丑剧仅上演了12天就草草收场，"大总统"黎元洪被迫辞职。直系军阀首领冯国璋代理"大总统"，皖系军阀首领段

1928年6月4日，张作霖由北京返回奉天途中，在皇姑屯被日军预谋炸死。图为张作霖所搭乘的专列脱离轨道，火车严重损毁

祺瑞则以国务总理名义总揽政府大权。

1917年8月，孙中山在广州组织护法军政府，并且通电反对北洋军阀的反动政府，号召北伐。而北洋军阀政府则妄图以武力征服的手段，巩固其统治。

1918年3月中旬，担任第三师代理师长的吴佩孚率兵大举南下。每遇开战，

他都以青布裹头，骑马奔至前沿，督促士兵进攻。靠着那攫取湖南督军位置的野心，连连攻下岳州、长沙、衡阳。这一下，原来属北洋军阀晚辈且名不见经传的吴佩孚声名大振。北洋军阀中的同僚发狂般地赞誉他为北京政府的"南天柱石"。

可结局出乎他的意料，段祺瑞将督军的位置封给了皖系亲信张敬尧，只授给吴佩孚援粤军副总司令和孚威将军的虚衔。吴佩孚大失所望，愤怒至极，于8月公开发出"罢战求和"通电，与段祺瑞反目相向，主张南北议和。在私下场合，吴佩孚骄矜地说："这叫投桃报李，来而不往非礼也。"

吴佩孚和段祺瑞之争，是北洋军阀内部的钩心斗角。而吴佩孚当时提出的"停战议和"的主张，又客观上顺从了广大民众的愿望。

《时代周刊》封面上的人物是吴佩孚，期刊时间是1924年9月8日

或许孔祥熙看到了吴佩孚的主张的可取之处，他直观地认为，吴佩孚"爱国忧时，敢作敢为"，便拟了一封电报公开发表，称吴佩孚"有胆有识"。孔祥熙的目的十分明显，一方面通过这份电报，公开表明自己对时局的态度，另一方面，也想同吴佩孚建立起联系。

吴佩孚以前官位不高，与孔祥熙也无交往。这次突然发现这位阎锡山的"参议"公开致电，向他表示拥戴之心，好生奇怪，他向幕僚们仔细一打听，知道这位姓孔的"参议"，并非一般的人物，便提笔给孔祥熙复了一封信，邀孔祥熙"出山为助，代为运筹帷幄"，还许为"平生知己"。

对于吴佩孚的来信，孔祥熙采取了对张作霖同样的态度。他回信对吴佩孚说："自己正在兴学救国，手上的铭贤校务丢不得，只能对大帅的盛情好意深表感谢!"

吴佩孚大概看出孔祥熙不愿轻易离开山西,没有再加勉强,又复了一封信给孔祥熙,说了一大堆客套话,什么对孔的"理想与抱负备至敬仰"等等,看到这些字句,孔祥熙心里甜滋滋,脸上乐融融。

就是这样鱼雁往来,互相吹捧,居然使两人建立了被某些人称为的"神交"。

至此之后,孔、吴二人在官场上命运不同,孔祥熙飞黄腾达,成为蒋家王朝的核心人物之一,众多小军阀都得拜倒在他的门下。而吴佩孚虽然继冯国璋、曹锟之后,成为直系军阀的头子,率军几十万,但终于在1926年被北伐军击败。吴佩孚只得避居四川,后又隐居北平。1939年,吴佩孚一命呜呼。

在吴佩孚隐居期间,孔祥熙每逢路过,必定抽空访晤,有时还馈赠大捆现钞和礼品。尽管这些款项都由孔的亲信从南京政府的财政部开支,孔祥熙并不出分文,而被赶下政治舞台的吴佩孚则对孔祥熙的情意感激涕零,也每有回赠。这位大帅穷兵黩武所攫取的大量珍宝古董不少都悄悄地转到了孔祥熙的手里。

在吴佩孚死后,孔祥熙还专为其撰祭文:

"赫赫吴公,允武允文,嘘气寒天,上薄浮云,手握韬钤,取威定霸,虎视中原,喑呜叱咤。役驱风雨,嘘喻雷霆,玄女之诀,握其之经,孙吴穰苴,以逮壮缪,说礼敦诗,是式是鹄……"

孔祥熙跟着阎锡山鞍前马后,效尽全力干了一些事,自己也捞到不少实惠。他同张作霖、吴佩孚等军阀关系暧昧,若即若离,彼此都有几分深情厚谊。

然而他对"参议"这样的闲差并不满意,总想弄个正规其事的官职。

1922年春,机遇终于来了。孔祥熙的一位好朋友、北洋政府鲁案善后督办王正廷致电孔祥熙，请孔赴济南担任督办公署实业处长。

王正廷，浙江奉化人，1882年生。天津北洋大学预科毕业。1906年加入同盟会，1908年留学美国耶鲁大学，获文学硕士学位。回国后，在上海中华基督教青年会工作。武昌起义时，任湖北都督府外交部副主任。民国成立后，任唐绍仪内阁的工商次长兼代总长、参议院副议长，后专任上海青年会全国协会总干事。1916年袁世凯死后，复任参议院副议长。不久，第二次国会解散，他又率议员赴广州，参加孙中山先生领导的护法运动。1919年，王正廷同外交总长陆征祥、驻美公使顾维钧等人一起，以全权代表的身份出席了"巴黎和会"。

王正廷

1922年，北洋政府设立一个鲁案善后督办公署，专门处理收回青岛主权的事宜。担任鲁案善后督办的王正廷，这时候想起了比他早毕业几年的孔祥熙，他要孔"助以一臂之力"。

此时，孙中山也致电孔祥熙，催促他尽早上任。于是，孔祥熙向阎锡山辞去了"参议"之职，于1912年3月赶赴济南，就任"鲁案善后督办公署实业处长"。

12月初，王正廷命孔祥熙由济南赴青岛，办理接收事宜。这样，孔又担任了"胶澳商埠电话局局长"。

这是孔祥熙第一次担任北洋军阀政府的"公职"，也是他步入仕途的开始。

鲁案善后督办公署是个临时机构。1922年12月10日接收竣事。孔祥熙所在的"公署"不久就撤销了，孔便无事可干了。

督办公署散了摊子。孔祥熙食不知味，夜不能寐。他想起了跟着王正廷游山玩水的情形：趵突泉，三窟齐发，浪花四溅，声若隐雷，势如鼎沸；泰山，山势雄伟，峰峦峻拔，还有那众多的奇山异景，都久久不能忘怀；更使他留恋的是那纸醉金迷、前呼后拥的官场生活，他前思后想，决定再也不能待在那个鲜为人知的太谷小城了。他多次请求王正廷，设法在官场上再给他找个差事。

王正廷答应了孔祥熙的请求。1925年春，王正廷打来电报，请孔祥熙速去北京中俄会议署办公署报到，另有重任。

原来，这段时间，北洋军阀政府在外交方面打算与苏联恢复邦交。苏联派加拉罕为代表，中国派王正廷为代表，双方商谈两国间有关的一切事宜，因此设立了中俄会议督办公署，王正廷被委派为督办。

公署有两个要员，一个是"会办"，一个是"坐办"。"会办"由张作霖保荐的郑谦担任，"坐办"这把交椅就由孔祥熙坐上了。

名为"坐办"，实则没有什么大事可办，王正廷似乎对孔也不那么重视。孔祥熙只有"案牍劳形看报纸，职权行使唤茶房"罢了。

有时实在闲得无聊，孔祥熙便溜到附近的东安市场下馆子，消磨时光。饭后便去命馆相室小坐聊天。那些星相家们看到孔祥熙自称是政府的官员，衣裤笔挺，加之方脸大耳，背厚腰圆，当然称许备至，阿谀奉承一番，什么官至特任，资累巨万等等。公署的一帮人自然也随声附和，说得孔祥熙喜形于色，哈哈大笑，笑声过后，免不了向那些星相家们多赏几个银圆。

也是在1922年，王正廷被选为国际奥委会委员，成为中国第一位和远东第二位国际奥委会委员。1924年8月，中国成立了中国人管理自己体育事务的全国性体育组织——中华全国体育协进会，王正廷担任名誉会长。1936年和1948年，中国参加第11届和第14届奥运会，王廷均任代表团总领队。1939年，由王正廷推荐，孔祥熙成为中国第二位国际奥委会委员。一方面，是王正廷与孔祥熙在官场上私交甚好；另一方面，王正廷也是为了"找一个能同政府说话的人，有找钱能力的人"。1943年，孔祥熙给中华全国体育协进会2万法郎。1948年，参加第14届奥运会的中国运动员，由于没钱，滞留在伦敦，王正廷向孔祥熙告急，孔从纽约汇来3000美元。但是，孔祥熙从未参加过国际奥委会会议。

孔祥熙 全传

Biography of Kong Xiangxi

7

追随孙中山

孙中山对宋蔼龄说："你劝孔祥熙到南方来参加革命。"

孔祥熙赶赴广州同孙中山见面。他将孙中山的《建国大纲》印了三万份，加以宣传。冯玉祥见到《建国大纲》时，连声说"太好了，太完全了"。

孙中山病重期间，孔祥熙竭尽全力关心照料。

孔祥熙是孙中山遗嘱的"证明者"，并主持治丧事宜。

无论是在山西、山东和北京任职期间，孔祥熙都始终同孙中山保持着十分紧密的联系，忠实地执行着孙中山的指示。根据孙的战略思想，他加强了同张作霖、张学良父子的联络，谋求建立反对直系控制的北京中央政权的联盟。他向冯玉祥宣传孙中山的革命思想，促使冯更加倾向南方革命政府。在孙中山病重期间，他守护在病榻旁，成为《总理遗嘱》的证明人。这些活动表明，他曾是孙中山的忠诚的追随者。这些活动，又成为其日后重要的政治资本。

1922年，孙中山曾要求在北方谋事的孔祥熙到广东去，参加轰轰烈烈的南方革命。

是年4月，宋蔼龄带着1915年9月出生的长女孔令仪，从山西出发，到广州去看望孙中山和宋庆龄。孙在广州任大元帅，设寓所于观音山粤秀楼，正在指挥北伐军胜利前进。一天，孙中山亲切地对宋蔼龄说："你劝孔祥熙到南方来参加革命，广东形势很好，正在进行北伐，很需要人呢。"还说准备给孔安排一个部长职务。宋蔼龄连声说："好！好！我让他来追随先生。"宋蔼龄这次在广州住了7个星期。

宋蔼龄及时向孔祥熙传达了孙中山的邀请，但是，孔并没有立即赴南方。美国记者埃米莉·哈恩分析说，这是因为孔当时在热衷于实现在山西的教育计划，所以不愿跻身政界。这个分析并不正确。其真实的原因是：一、孔当时正在为"鲁案善后督办公署"效命。二、孔此时也正在做一些秘密的活动，一时还脱不开身。

在1922年春天，孙中山为争取皖、奉二系共同对付直系，积极和皖、奉代表联络，以形成孙中山同段祺瑞、张作霖联合对付直系军阀的三角同盟。同年4月28日，第一次直奉战争爆发。5月1日，张作霖宣布"东三省人民自主，并与西南各省取一致行动"，共同反对直系军阀。但是，时隔几天，奉系惨败，张作霖退回东三省。6月4日，张正式宣布就任"东三省保安总司令"，继续整军备战，以图反攻，并表示出"南倾意向"。在此形势下，孙中山秘密指示孔祥熙进入东北，与张作霖、张学良父子多次接触，力谋加强孙中山领导的南方政府同奉系的合作关系。

1924年1月，孔祥熙接受孙中山的邀请，赶赴广州。孙中山夫妇热情地接待了他。此时，孙的《建国大纲》刚脱稿，孙拿给孔看，并问他："你看怎样？"

孔答："很好。"

孙中山接着说："恐怕还有些人不大赞成。"

孔马上说："我看是一套很好的救国方法。把它给我吧。"

孙中山答应了孔祥熙的请求，说："好的。你拿去仔细看看吧。"

过了几天，孔祥熙又对孙中山说："应该把建国大纲宣传一下，现在国家情形如此黑暗，大家都嚷着没有办法，我想把总理的《建国大纲》，拿到各地去宣传，让大家知道，对于救国治国已经有了整个的办法，岂不好吗？第一，我回到上海时，先把这东西印做宣传品，分送各方。第二，我还想拿去给冯焕章先生看看，因为要想革命成功，非全国一致努力不可，北方人士因历年受种种压迫，对于革命思想，不及南方发达，对于总理三民主义救国办法，更认识不甚清楚，我受总理之命，在北方秘密工作，这几年来，很注意军人中有革命思想的人，冯先生要算一位。他既是我的好朋友，他又在北方，他的军队纪律亦好，战力也强；不过，他对革命虽具热心，但他常说没有好办法拿出。我去跟他研究研究，也许能够得到他的同情，不就可以增进他的奋斗精神吗？"

孙中山同意了孔祥熙的意见。

于是，孔祥熙就由广州到上海，在中华书局印了三万本，然后北上，在北京南苑，同冯玉祥会面。

冯玉祥是一位著名的爱国将领。字焕章。祖籍安徽巢县，1882年出生于河北青县兴集镇。其父为下级军官，家境清贫。自小失学，很早就走上了吃粮当兵的道路。1910年任北洋陆军管带（营长）。辛亥革命前夕，冯玉祥受同盟会的影响，与王金铭、施从云、郑金声等在军官中组织"武学研究会"，以"求知"为名，秘密联络同志，准备起事。武昌起义爆发后，"武学研究会"的青年军官于12月31日在滦州举兵响应，推冯为参谋总长。起义很快失败，冯被拘捕，并被押解回保定家乡。1912年以后，冯玉祥义被重新起用，先后任北洋陆军团长、第十六混成旅旅长、第十一师师长、陆军检阅使等职。

冯玉祥1918年至1920年驻兵常德期间，已和孙中山方面的人士有所来往，初步读到了孙中山的著作，对孙十分佩服。在孙中山的影响下，冯部和广东革命政府的军队为"友军"，互不攻击。1920年夏，当冯部由常德北撤驻于武汉附近的谌家矶时，冯曾致信孙中山，述说了对孙的敬仰之情，信中说："中国已濒于危亡，真正救国，只先生一人。……现下虽陋于环境，但精神上之结合固有日矣。"并表示"今欲追随，乞多指示。"随后，孙中山派徐谦、钮永建带着他的信到汉口见冯，希望冯"能够一致从事革命工作"，使冯"很是兴奋感激"。1923年2月，马伯援奉孙中山命到北京访冯，冯表示要与国民党人往来。

由于冯玉祥已有倾向广东革命势力的初步思想基础，因此，孔祥熙到南苑后，在一次宴席上，便开门见山地问冯玉祥："你在北方怎么样？"

冯玉祥苦笑着说："我不说，你还不明白吗？"

孔祥熙又问："你有没有办法？"

冯玉祥摇摇头说："在这样局势之下，如何能有好办法呢？"

孔祥熙马上接着说:"你没有办法,我这里却有很好的办法。"

说完,孔祥熙同冯玉祥走进一间密室,孔拿出孙中山手书的《建国大纲》说:"总理把他手写的这书送给你,问你有何意见,有何需要增减之处。"

孔祥熙走后,冯玉祥将那份手书的《建国大纲》细细地读了两遍,觉得"太好了,太完全了"。心里涌起了一种兴奋钦慕之情。

显然,1920年以来,孙中山和国民党人对冯玉祥的影响逐渐加强,使冯逐渐倾向广东革命势力。这是冯发动北京政变的一个重要的外部因素。

1924年9月,第二次直奉战争爆发,吴佩孚自任讨逆军总司令,率20万大军与张作霖决战于山海关。顿时,硝烟弥漫,炮声隆隆。吴佩孚任命冯玉祥为第三军总司令。10月19日,当冯在滦平得知前线失利消息时,认为时机已到,决定立即班师回城。10月23日,冯部未鸣一枪,占领北京城,囚禁"贿选总统"曹锟,并迫使曹锟下令前线停战,撤销讨逆军总、副司令等职衔,免去吴佩孚本兼各职。这就是有名的"北京政变"。

"北京政变"后,冯玉祥将所部改称为国民军,并成立了以冯系为中心的临时混合内阁。11月2日,曹锟被迫宣告退位,直系军阀控制的北京中央政权告终。冯玉祥还决定把末代皇帝溥仪驱逐出宫,清除民国成立后延续13年的"中国之帝号"。这些行动,受到了孙中山的赞同。

"北京政变"后,北方出现了由冯玉祥和奉系军阀张作霖、皖系头子段祺瑞共同支配而由段为临时政府总

1924年10月23日,冯玉祥发动北京政变成功,电邀孙中山到北京共商国是,11月13日,孙中山偕宋庆龄启程北上

执政的中央政权，三者之间形成了又联合又斗争的新局面。

冯玉祥、张作霖、段祺瑞各怀着不同的政治目的电邀孙中山北上共商国是。孙中山为求得全国统一，不顾个人安危，毅然决定应邀北上。

孙中山于1924年11月13日由广州北上，中间经过香港、上海，取道日本赴天津，辗转一个多月，直到12月31日才风尘仆仆地到达北京。由于多年艰苦的革命工作，孙中山劳累成疾，北上途中，又怒不可遏地一再痛斥段祺瑞等人的卖国谬论，使病情恶化。他到北京后，一病不起，送进协和医院后，被确诊为肝癌，而且已经到了晚期。

看到这种状况，孔祥熙心急如焚。他跑里跑外，请医生，买药品，竭尽全力，关心和照料重病中的孙中山。

1925年2月24日，孙中山病笃。孔祥熙、宋子文、汪精卫、孙科四人进入病房。

孙中山问："汝等前来，将有何言耶，不妨直陈。"

孔祥熙等人犹犹豫豫，不敢言语。过了一会儿，汪精卫说："当1月26日先生入病院，诸同志皆责备我等。要请先生留下些教诲之言俾资遵循。如先生之病即痊愈，固无说矣；设或不痊愈，吾等仍可永听教诲也。"

孙中山听后，欲言又止，沉默良久，然后说："我何言哉！我病如克痊愈，则所言甚多，性先至温泉休养，费数日之思索，然后分别言之。设使不幸而死，由汝等任意去做可矣，复何言哉！"

孔祥熙四人再次请求说："吾等仍愿听先生之吩咐也。"

汪精卫还说："我等今已预备一稿，读与先生一一请听，先生如肯赞同，即请签字，当作先生之言，如不赞成，亦请别赐数语，我可代为笔记。"

孙中山说："可。汝可试读之。"

汪精卫立即取出所拟文稿，即著名的《总理遗嘱》，低声慢读。

孙中山听毕，点头说："好，我极赞成。"

汪精卫取来笔具，请孙中山签字。孙中山说："汝暂时收存可也，今日不

为孙中山守灵,右起:孔祥熙、宋子文、孙科。左一宋蔼龄、左二宋美龄、左六宋庆龄

需签字,俟数日后再酌。吾总还有数日之生命。"

3月11日,孙中山病危。孔祥熙、宋子文、孙科等围绕在病榻旁。汪精卫将预备好的《总理遗嘱》呈上去,孙中山先生因手力甚弱,不停颤动,无法自持。晚9时,夫人宋庆龄含泪托起孙中山先生的手腕,执钢笔签上"孙文"二字。

这样,孔祥熙便成了孙中山遗嘱的"证明者"。

1925年3月12日,中国民主革命的伟大先行者孙中山先生在北京铁狮子胡同行辕溘然长逝,终年59岁。

由于孔祥熙与孙中山的亲戚关系,加上他年龄较大,官场较为熟悉,便被推为主办治丧事宜。他在其西总布胡同住宅里,专门腾出一间房子,存放挽幛花圈。

同年4月2日,孙中山的遗体移往北京香山碧云寺石塔。1929年6月1日,孙中山遗体安葬于南京紫金山南麓,建立了中山陵园。孙中山的衣帽则封于碧云寺石塔中,改为"衣冠冢"。

在中山陵园建成之时,孔祥熙专门写了千余字的祭文。

这篇《祭孙总理文》写道:

"太谷孔祥熙谨于中央党部祖饯之辰,爰具鲜花素果,致祭于灵前而言曰:

繄日月之易迈,伤圣哲之速迁,怅音容之久隔,奄忽逾乎四年,青旂明于薄海,灵风郁其高骞,溯丹心之救世,如白日之经天,发端绪于三民,致治平以五权,薪大同之速跻,谁审识乎知难,为众生之先觉,予群迷之指南,留福音于六合,虽百世其莫殚,藉旒旐以表德,轶古今而谁先,窃微生之多辰,得追随于生前,敢致诔乎鸿烈,惟略陈其私言,忆负笈于彼美,接清尘于逆旅,密谈娓其珠霏,高论纷如花雨,讶天禀之聪睿,喜经邦之洪绪,愤昏淫于虏廷,怀侨压而危惧,幸同气以相求,悉谋国之必兴……誓努力于未死,期无负于九原,哀江南兮魂归,昭万古兮埃塵,呜呼尚飨。"

但是,在孙中山逝世后,孔祥熙和蒋介石、汪精卫等国民党要员们,完全背叛了孙中山的革命思想。孔祥熙同蒋介石相互勾结,打着孙中山的旗号,歪曲孙中山新三民主义的革命精神,反对"联俄、联共、扶助农工"的三大政策。

孔祥熙 全传
Biography of Kong Xiangxi

8

斡旋蒋介石、汪精卫的纷争

为了缓和蒋、汪矛盾，孔祥熙在其寓所设宴，请蒋、汪会晤，商谈合作事宜。

孔氏夫妇不断地给宋子文"洗脑子"，宋子文被迫同意参加"宁汉合作"的活动。

孔祥熙致电宋子文："告诉卖主，商人同意按所索取的要价支付。并期望在商定的日期交货。"

卖主是谁？商人为何人？要价多少？何日支付？

真实政治意图只有孔祥熙和宋子文知晓。

孙中山治丧事宜处理停当，孔祥熙仍旧回到中俄会议督办公署，干"坐

孔祥熙夫妇与蒋介石合影。前排：孔祥熙（左一）、宋霭龄（左三）；后排：蒋介石（左二）

办"的差事。

当时，北方政局更趋混乱。身任"中华民国临时执政"的段祺瑞于1925年2月至4月，召开"善后会议"，一方面想借此欺骗人民，扼制人民反帝废约运动和反对军阀统治的斗争。另一方面企图借此产生御用的国民会议，选举他做正式总统，以便重新维护北洋军阀的统治。但是，"善后会议"的召开，再一次暴露了段的反动面目，从而激起社会各界的强烈反对。段祺瑞控制的北京政权摇摇欲坠，"中俄会议"也因之时开时停。孔祥熙经常无事可干。

1926年初，孔祥熙离开了中俄会议督办公署，飞往美国，进行"考察"。在那里，他一面滔滔不绝地宣传、鼓励华侨继续奋斗，一面又源源不断地向各界伸手募捐。演说时，他慷慨陈词；募捐时，他笑容可掬；在中国留学生面前，他趾高气扬；在那些大腹便便的富翁门下，则毕恭毕敬。大半年的"考察"，使他名利双收。欧柏林大学赠以法学博士学位，他又以铭贤学校的名义募得100余万元。

1926年冬，在中国共产党的影响和推动下，广东国民政府组织的北伐军所向披靡，捷报频传，在两湖战场上，吴佩孚的主力基本被消灭，从此一蹶不振。在江西战场上，敌人全线溃退，孙传芳乘军舰狼狈逃窜。正是这个时候，孔祥熙由海外归国，他没有重返古都北京，也没有遁迹乡里，而是径赴广州，担任国民党中央政治会议广东分会委员，并就任广东国民政府代财政部部长和广东省财政厅厅长，总揽后方财政大权，支持前线作战。

孔祥熙在广州停留了几个星期，便回到上海。在那座极为豪华的西爱咸斯路孔氏夫妇的住宅里，孔氏夫妇经常同蒋介石商议政治、军事大计。许多忠于蒋介石的将领，腰

《时代周刊》上的封面人物是蒋介石，期刊时间是1927年4月4日

缠万贯的大买办资本家，横行霸道的流氓头子，耀武扬威的外国军官，也都时常来到孔祥熙寓所聚会。在一阵酒食征逐中，在一片轻歌曼舞下，酝酿了一个又一个计划。

到1927年3月以后，在孔氏夫妇的住宅里，如何调和以蒋介石（即宁方）同汪精卫（即汉方）的矛盾，逐渐成了重要的话题。

蒋介石组成与武汉国民政府对立的南京国民政府

蒋介石是1908年在日本留学期间，由陈其美介绍加入同盟会的。辛亥革命时，他依附于沪军都督陈其美门下，开始接近孙中山。蒋介石靠其军事方面的才干逐渐获取了孙中山的信赖，加上在陈炯明叛变期间，他随孙中山避居永丰舰50多天，使孙更加信赖蒋介石。在建立黄埔军校过程中，蒋逐渐培植了自己的军事力量。1926年7月北伐战争爆发前，蒋介石就任了国民党军事委员会主席和北伐军总司令，势力不断扩大，并一直觊觎着控制国民党的党政大权。

相比之下，汪精卫在国民党内的"党龄"比蒋介石长一些。他1905年参加同盟会的筹备会议，并担任评议部议长，成为创建同盟会的最年轻的骨干。他发表在《民报》上的文章，笔锋犀利，论理深刻，赢得许多进步青年倾慕。他参加了谋刺摄政王的活动，名扬中外。1925年7月，广东革命政府改组，汪出任国民政府常务委员会主席、军事委员会主席和国民党中央宣传部部长。1926年1月，在国民党"二大"上，被选为国民党中央执行委员会主席。3月，蒋介石发动"中山舰事件"，汪精卫怒气勃然，说："我是国府主席，又是军委会主席，介石这样举动，事先一点也不通知我，这不是造反吗？"不久即辞职，再度出洋赴法。

1927年4月1日，汪精卫从国外回到上海。为了缓和蒋、汪之间的矛盾，孔祥熙与宋霭龄在其寓所设宴，请蒋介石同汪精卫会晤，"商谈合作"。蒋介石希望汪留沪"赞助清党"。汪精卫则声称："政策关系重大，不可轻变，如果要变，应该开中央全体会议来解决。"

4月3日，蒋介石"发拥汪通电"。

4月4日，汪精卫在上海发表通电，称与蒋总司令及张静江暨各军领袖等举行重要会议，决定：（一）发表宣言，一致合作，勿趋极端；（二）由汪复职，处理内政、外交各重大事项，以前武汉命令，概不承认；（三）各团体行动应趋正轨，不合正轨者应加纠正。

汪精卫与陈璧君

表面看来，由于孔氏夫妇从中调和，蒋、汪矛盾一时缓和，开始了"一致合作"。而实际情况并非如此。

4月5日，汪精卫同陈独秀发表《联合宣言》，谓蒋介石"决无有驱逐友党、摧残工会之事"。

4月6日，汪精卫秘密离开上海赴汉口。

4月12日，在帝国主义和大资产阶级的支持下，蒋介石发动了反革命政变,整个上海顿时陷入一片白色恐怖之中,大批共产党人和革命群众遭到血腥屠杀。

4月18日,蒋介石在南京建立了一个与武汉国民政府相对立的"国民政府"。蒋介石在南京建都阅兵典礼训话中公开宣称,对共产党,就是要用"决绝手段",不能用"和平法子来解决"。

汪精卫回到武汉后,仍以"左派领袖"面目出现,被迎任武汉国民政府主席职。4月17日,武汉国民党中央与国民政府下令开除蒋介石党籍,免去其本兼各职,并"着全体将士及革命民众团体拿解中央,按反革命罪条例惩治"。22日,在武汉的国民党中央委员和国民政府军事委员会委员四十人联名讨蒋。

在这种"宁汉对立"的情况下,孔祥熙是十分鲜明地站在蒋介石这一边的。同时,他还通过拉拢冯玉祥和劝诱宋子文等手段,向汪精卫施加压力,酝酿宁汉合流。

当时号称有50万军队(实际只有30万)的冯玉祥,是蒋介石和汪精卫都想争取的一支力量。冯玉祥表示对宁、汉双方不存薄厚之成见,宁、汉两个国民政府,他都派驻代表,两个国民政府给予他的任命和军费,他都接受。

6月10日,冯玉祥约武汉的汪精卫、谭延闿等人举行郑州会议。在会上,汪精卫希望冯共同"反共"反蒋,但冯不表态,"力劝武汉继续北伐为重,停止宁、汉之争。"汪为了拉拢冯,把豫、陕、甘三省的党、政、军大权全交给冯,以表对冯的信任。冯为了迎合汪,宣称他的军队今后完全拥护武汉政府的一切命令和决议。

对冯玉祥的一言一行,孔祥熙都十分关注。他暗衔蒋介石之命,奔走于沪、宁、豫、晋各地,拉拢冯玉祥、阎锡山等支持蒋介石。经过多次策划,6月20至21日,冯玉祥与蒋介石、李宗仁、吴稚晖、胡汉民、张静江等举行徐州特别会议,会商"分共"与宁汉合作等问题。会议举行了两次。第一次会议提出了八项议题,(一)党之问题;(二)目前政治建设问题;(三)对于共产党之办法;(四)继续北伐问题;(五)武汉政府问题;(六)政治部改良问题；（七）国民会议筹备问题；（八）军事问题。因时间关系，着重讨论了（三）、（四）、（五）三个问题。第二次会议，就八项议题分别作出决议。其中关于"对于共产党之办法，决议由冯同志发电警告武汉"。关于"武汉政府问题，决议先在冯同志警告武汉电内，促伪政府注意"。6月21日，冯玉祥致电汪精卫、谭延闿等人，攻击武汉地区的工农运动是"阳冒国民革命之名，阴布全国恐慌之毒"，"以致社会根本动摇，国民无一安宁"。现在"补救之方"，唯有"设法使鲍（罗廷）归国，在武汉之国民政府委员，除愿出洋暂资休息外，余均可合而为一"。他提出：宁、汉双方"既异地而同心，应通力而合作"，催促汪、谭"速决大计，早日实行"。

从徐州会议决定的事项及冯玉祥21日的通电的内容来看，孔祥熙在此期间同冯玉祥的多次秘密会谈，确实收到了"实效"。对于冯玉祥的表现，蒋介石、孔祥熙十分满意。在徐州，蒋介石当时即馈赠50万硬币犒军，还答应从7月起每月接济冯军的军饷250万元，这使冯受宠若惊。

在斡旋宁汉纷争的活动中，孔祥熙的另一个"目标"是宋子文。

1927年4月初，当蒋介石发动反革命政变前夕，宋子文作为武汉国民政府的财政部长来到上海。他力图行使财政部部长的权力和资本家头面人物恢复联系。他设立了三个顾问委员会，邀请了上海金融界、商业界和工业界的重要人物参加。当上海银行家要求宋批准付给蒋介石的借款时，他拒绝了。

显然，蒋介石不能容许宋子文这样干下去了。蒋根本不同宋商量，自行借款，并指派财政官员。4月20日，蒋封闭了宋在上海的办事处。

孔祥熙、宋蔼龄除了催促蒋介石加紧做宋子文的工作外，还在孔氏夫妇家里以及有关场合给宋子文"洗脑子"。终于使宋子文屈服，同意支持蒋介石。

在孔氏夫妇的劝诱下，宋子文同意参加"宁汉合作"的活动。7月12日，宋子文抵达武汉，带来了蒋介石的要求：立即抛开共产党人和鲍罗廷，同南京联合，没有商量的余地。宋子文在当晚还会见了宋庆龄，转达了他的母亲、宋蔼龄、宋美龄以及孔祥熙的"所有强迫、威胁和搅乱人心的话"。但是，宋庆龄明确而坚决地表示不愿同蒋介石合作，并且将继续同蒋进行斗争。也就是在7月12日，宋子文密电孔祥熙，详细说明汪精卫提出的几点保住面子的办法。这封电报由孔祥熙转给了蒋介石。

13日傍晚，宋子文收到了孔祥熙的回电。电文说："告诉卖主，商人同意按所索取的要价支付。他期望在商定的日期交货。"

"索取的要价"是什么？外人无从知晓。"卖主""商人""要价""支付"，这都是商业语言。孔祥熙、宋子文将中国的命运看作可以买卖的商品。

"商定的日期"到了。1927年7月15日，汪精卫在武汉召集"分共会议"，正式宣布和共产党决裂，在"宁可枉杀一千，不可使一人漏网"的反动口号下，大规模地逮捕共产党人和广大群众，进行反革命的大屠杀，中国革命遭受了极其严重的损失。

由于孔祥熙等人的斡旋，宁汉双方开始在反共反人民的基础上实现妥协，双方对抗暂时趋于缓和。

孔祥熙与倪桂珍、宋氏三姐妹在20世纪20年代的合影

但是，1927年8月13日，蒋介石突然宣布下野；8月16日，宣布辞去国民革命军总司令之职。9月28日，同张群等人东渡日本。其原因是，国民党内部矛盾加剧，桂系军阀"逼宫"，蒋介石不得不暂避锋芒。

孔祥熙又开始了四处奔波。他"团结各忠实同志，苦心疏解，历时数月，极尽调护斡旋之力"。并与冯玉祥正式发出通电，请求宁、汉双方团结合作，迎接蒋介石回京复职。

11月10日，蒋介石由日本回到上海，即电汪精卫赴上海"商谈党务"。汪精卫、蒋介石在上海达成相约同时复职的协议：蒋复任总司令，汪复任国民政府主席，共同对付桂系。12月，汪精卫由于受到国民党内各派系的攻讦，亡命法国，蒋介石重新成了国民党的中心人物。

1928年1月，蒋介石重新执掌了国民革命军总司令的大权。2月，蒋复任国民党军事委员会主席，实际上控制了国民党的党、政、军大权。

蒋介石与孔祥熙夫妇

在蒋介石发动"四一二"政变前后，在宁、汉双方的明争暗斗中，在几次关键的时刻，孔祥熙都能不辞艰辛，四处奔波，为蒋说项，协调蒋介石同汪精卫以及国民党其他派系的矛盾，为确立和维护蒋介石在国民党及国民政府中的"领袖"地位，的确"竭尽赞襄之功"。

孔祥熙 全传
Biography of Kong Xiangxi

9
撮合蒋宋婚事

蒋介石向宋美龄求婚，宋家内部展开激烈争论。

宋庆龄、宋子文反对这门亲事。宋耀如的遗孀倪桂珍也不赞成，理由是蒋介石不是基督教徒，而且结过好多次婚。再加上1927年白色恐怖的发生，更使宋夫人无法对蒋介石产生好感。

孔氏夫妇是何态度呢？

宋美龄在留美时与同学合影

如果说，斡旋宁汉合流，维护蒋介石的统治是孔祥熙的"功劳"的话，那么，撮合蒋宋联姻，巩固蒋家王朝，则应主要"归功"于宋蔼龄。

1927年4月，也就是蒋介石疯狂地在上海进行反革命大屠杀的时候，蒋介石正式向宋美龄求婚。这件事，在中国政界产生了很大的反响，众说纷纭。就是在宋家内部，也泛起轩然大波，争吵不停。

有一天，宋家专门为此事开了一个家庭会议。全家人进行了激烈的争辩，有赞成的、有反对的。在争吵中，宋蔼龄力排众议。她吹捧蒋介石"前途无量"，可为宋家"争光"，认为这门亲事乃"天赐良缘"，不宜错过机会。宋庆龄和宋子文持反对态度，认为蒋介石将来的成败尚是未知数，未必能给宋美龄带来幸福，坚持不能答应这门亲事。宋耀如的遗孀倪桂珍也反对这门亲事，理由是蒋介石不是基督教徒，而且又结过好几次婚。再加上1927年白色恐怖的发生，更使宋夫人根本无法对蒋介石产生好感。

这位宋夫人的忧虑不是没有道理的。

蒋介石生活放荡，风流韵事颇多。在宋美龄之前，先后有四位夫人。

早在1901年，蒋介石还只有15岁时，其母王采玉为蒋门不断香火，给蒋娶了一个大媳妇，想用"早为完娶"稳住蒋介石的心。新娘名叫毛福梅，是岩头村毛鼎和的女儿，家里开设毛祥丰南货号，时年19岁。蒋介石成了不折不扣的小丈夫。1910年，毛福梅生下了男孩蒋经国。然而，在这以后，蒋则越来越讨厌这位元配夫人了。1921年，蒋介石的婚姻生活发生重大变化，他在"休妻书"中写道：

"十年来，闻步声，见人影，即成

蒋介石之母王采玉

毛福梅（中）与儿子、儿媳的合影

刺激。顿生怨痛者，亦勉强从事，尚未有何等决心必欲夫妻分离也。不幸时至今日，家庭不成为家庭，夫固不能认妻，妻亦不得认夫，甚至吾与吾慈母水火难灭之至情，亦生牵累，是则夫不夫，妻不妻，而再加以母不认子，则何有人

姚冶诚（中）与蒋纬国、邱爱伦夫妇的合影

生之乐趣也。……吾今日所下离婚决心，乃经十年之痛苦，受十年之刺激以成者，非发自今日临时之气愤，亦非出自轻浮之武断，须知我出此言，致此函，乃以至沉痛悲哀的心情，作最不忍心之言也。高明如兄，谅能为我代谋幸福，免我终身之苦痛。"

蒋介石的发妻毛福梅就这样被抛弃了。

蒋的第二位夫人是一位鲜为人知的日本女子。

蒋在同毛福梅结婚后，曾多次东渡日本。在那里，他一边学习军事，一边参加同盟会的活动，还时常光顾"黑龙社"。

"黑龙社"内有一个佣人，是位年仅十八的美貌女子。真是窈窕淑女，君子好逑。蒋介石每到"黑龙社"来，都要向这位姑娘献殷勤。姑娘也钟情于他。两人一拍即合，不久即暗暗同居，并生下一个男孩。有人说，这男孩便是蒋纬国，也有人否定了这种传说。当然，不管蒋纬国究竟是谁之子，蒋介石在日本与那位东瀛女子的私情，却是实有其事的。

蒋的第三位夫人是姚冶诚。蒋介石返回国内后，便将那位东瀛女子忘得一干二净。在繁忙的军务中，他又痴情于上海一家妓院的"房侍"姚冶诚。因碍于耳目，只能金屋藏娇，半暗半明。1912年冬，蒋带姚回归奉化，姚成为蒋纬国的养母。

蒋介石的第四位夫人是陈洁如。陈洁如原籍镇海，通称宁波，乳名阿凤，她父亲是一位纸商，经营很多地产手工艺品；母亲来自苏州，姓吴。

蒋介石和陈洁如的第一次相遇是在上海大财阀张静江的家中。因为陈洁如的好友朱逸民嫁给张静江做续弦，陈洁如常常去看望她。1919年暑假的一天，孙中山和蒋介石、戴季陶去看望张静江，在张府偶遇陈洁如。当时的陈洁如才13岁，但因为发育早熟，已经出落得亭亭玉立、面目姣好。此时的蒋介石如同发现了尘世间难得一见的美玉，顿时眼前一亮。比起毛氏的愚笨木讷、姚氏的风尘之气，13岁的陈洁如显而易见更符合蒋介石的审美，更能触动其怜香惜玉之心弦。

蒋介石开始了自己生平第一次大胆的热烈追求行动，在张静江家大门口等着陈洁如并要陈洁如的地址以便去看望她。陈洁如故意说错自己的地址，但蒋介石是个有心计的人，居然还是想方设法找到了陈洁如的家。蒋介石锲而不舍地追求，甚至以死相胁，最终使得年幼怕事的陈洁如答应与其约会。

一个契机促成了蒋介石和陈洁如的定情。1921年9月，陈洁如的父亲因病去世，此时的蒋介石充分发挥其体贴入微之心，用实际行动改变了陈母对他的不良印象，赢得了陈母的欢心。况且有张静江在旁撺掇鼓动，陈母越发认为蒋介石将来前途不可限量，遂答应了二人的婚事。二人先是举行了订婚仪式，之后第二天，蒋介石告诉陈洁如说："'阿凤'是乳名，只有你母亲才能叫。我替你取了

蒋介石和陈洁如合影于黄埔军校

三姐妹在20世纪20年代的合影，
（左起）宋庆龄、宋蔼龄、宋美龄

一个新名字，我想这名字和你的个性很相配。这个名字是'洁如'，意思是'纯洁脱俗'，在我眼中你正是纯洁脱俗，你喜欢吗？"为此当时二人专门合影留念，签上彼此之姓名。同时，蒋介石信誓旦旦，要与家里的妻妾离婚，正式娶陈洁如为妻子。

1921年12月10日，蒋介石和陈洁如的盛大婚礼在上海永安大楼大东旅馆的大厅里举行。蒋介石送陈洁如的结婚礼物是一部小型的柯达相机，女方则送他一只带金链的金挂表。三点整婚礼开始，证婚人是张静江，主婚人是戴季陶，比起姚氏，陈洁如享受到了正房夫人的待遇。

陈洁如虽然貌美迷人，但论家世、学识乃至姿色，都无法同宋美龄相比。

宋美龄出生于1897年。5岁时，进入卫理公会办的中西女塾读书。1908年和宋庆龄一起到美国佐治亚州梅肯的威斯里安女子学院学习。5年后，转入马萨诸塞州韦斯利女子大学，学习成绩优良。1917年回上海，由于她风姿绰约，仪表出众，精通英国文学而又通晓六国语言，举止典雅而又善于交际，因此在许多社交聚会上都成了众星捧月的人物。1922年，蒋介石在孙中山家里遇见了宋美龄，二人一见倾心。由于宋家的反对，蒋对宋的追求，持续了五年。

作家韩素音说："宋家究竟是谁决定把这个通过婚姻结成大联盟的计划付诸实施的呢？""宋蔼龄是主要策划者。……宋蔼龄始终是牵线的媒人、策划者和家庭财富的创造者。"

在家庭会议中，宋蔼龄反复地说："我们可经利用这个人。"她费尽口舌，让宋家的全家人、包括宋美龄相信，这门亲事对宋氏家族有利，对大家都有利。

宋子文多次表示反对这门婚事，有时还十分急躁冲动，几乎兄妹决裂。为了迫使宋子文同意这门亲事，宋蔼龄和宋美龄一起，想了一个办法，就是请谭延闿出面调解。谭延闿当然应邀而至。身为国民党中央执行委员会常委的谭延闿以久经世故的口吻劝宋子文说："儿女婚事尚不应多管，何况兄妹，徒伤感情，且贻口实。"还说了一番大道理，啰里啰唆，弄得宋子文无话可讲，最后"完成使命而归"。

谭延闿走后，宋蔼龄趁热打铁，再次劝说宋子文。在各方面的压力下，宋子文终于清楚地看到，如果他反对这件婚事，他就什么事也干不成。他终于同意了。并且愿意帮助孔氏夫妇去说服宋老夫人。

对宋老夫人，宋蔼龄采取了另外一种办法。她劝说母亲去日本休假，到长崎去看望朋友，到镰仓去洗温泉澡。她十分清楚，只要宋老夫人赴日本，就可以不让宋老夫人过问这件事。

经不起宋蔼龄的一再劝说，宋夫人终于同意到日本去旅游。在日本，宋夫人无法同国内联系，也就无法左右蒋、宋的婚事了。

半年后，1927年9月28日，蒋介石穿着极为考究的服装由上海赶赴日本长崎，向宋夫人正式提亲。

宋夫人在上海是拒绝正式接见蒋介石的。但是，她经不起孔氏夫妇的一再劝说，这次破例接见了蒋介石。

蒋介石拿出了同毛福梅离婚的证明书，给宋夫人看，解决了人们私下议论纷纷的其他纠葛。然而，宗教信仰问题还没有解决。宋夫人问蒋介石："是否愿意成为一个基督教徒？"蒋介石回答："要试一试，要学习《圣经》，并且尽力去做，但是不能连看都没有看就保证接受基督教的教义。"这番话，使宋夫人感到满意。订婚的事，不久就宣布了。

蒋介石夫妇和宋氏家人合影。前排右一是宋蔼龄、中间是宋母倪桂珍、左一是宋美龄。后排右一是宋子安、右二是孔祥熙、左一是宋子良

蒋介石和宋美龄的结婚照

蒋宋的婚礼令宋夫人感到极为失望。她希望婚礼在宋耀如的教堂里举行,由本堂牧师主持。因为孔祥熙和宋蔼龄是在日本结婚,未能这样做。孙中山和宋庆龄"私自出走",也不可能这样做。但是,由于蒋介石离婚多次,卫理公会禁止牧师主持离过婚的人的结婚仪式,宋夫人对此无可奈何,只有要求蒋介石到西摩路的私邸同新娘一起祈祷。

在孔祥熙和宋蔼龄的精心安排下,1927年12月1日下午4时15分,蒋、宋的婚礼在豪华的上海大华饭店的舞厅里举行。

蒋介石陪着宋美龄走上圣坛,在孙中山遗像前站好,向他鞠躬敬礼,又

向两面旗子鞠躬敬礼，听主婚人蔡元培朗读结婚证书之后，在结婚证书上盖印。接着便是新郎新娘鞠躬敬礼，向证婚人鞠躬敬礼，向来宾鞠躬敬礼……他们并没有拥抱和接吻，只听管弦乐队奏乐，和一位美国次中音歌唱家赫尔高唱《哦！答应我！》。

在雷鸣般的掌声中，新郎和新娘快步走过廊子，走到由鲜花组成的大钟下面的椅子边。缎带拉开了，数百数千的玫瑰花瓣从花钟里落下来，撒在他们的身上。

对于这个极为隆重的婚礼，孔祥熙、宋霭龄欣喜万分，美国以及西方资本主义国家的代表也十分满意。

蒋宋联姻，不能单纯地看成是一种"英雄爱美人"的罗曼蒂克式的行为，它实质是一种政治上的行为，它是蒋、宋、孔大家族政治上的结合。

霍塞在评论蒋宋联姻时说："从此，强大的宋家买办朝代开始了。中

蒋宋的婚礼

国唯一能够控制现代军队的人和中国唯一能够控制财政混乱的人,变成了郎舅。""擅权的银行家(孔祥熙)的妻子(宋蔼龄)找到积累不可计数的财富的机会。甚至年轻的子良和子安(均为宋子文胞弟)都会在政府中担任要职。在一个不会说英语的军人身旁的风骚的蒋夫人,变成了第一号大女买办。"

蒋宋联姻后,蒋介石通过孔祥熙、宋子文对内加强了同江浙财阀的联系,对外则便于争取英美政府的援助和外国投资。而孔宋家族则利用蒋介石执掌的党、政、军大权,官运亨通,巧取豪夺。

孔祥熙 全传
Biography of Kong Xiangxi

10
蒋介石的橡皮图章

蒋介石打了宋子文一耳光。蒋、孔、宋大家族内出现裂痕。

孔祥熙同蒋介石进行了长时期的讨论,达成了协议。

孔祥熙深受蒋介石的重用,积极为蒋介石的"剿共"政策提供财政保证。

一位外国记者说:"他一直是蒋介石的御用印鉴。"

随着1928年初蒋介石由上海回南京"主持大计",并且复任国民革命军总司令兼军事委员会主席,孔祥熙的地位也不断上升。

1928年2月,孔祥熙就任南京国民政府工商部部长,并被选为国民政府委员。孔就职后,向中外人士表示:今后当以休养生息,恢复元气为第一步。以积极准备,力图发展为第二步。以全民福利为主旨,中外合作为方术,开发国家富源,改善人民生活。他用这种冠冕堂皇的语言来蒙骗民众。

1929年3月,在国民党的"三全大会"上,孔祥熙被选为候补中央执行委员。

1930年12月,南京政府将工商、农矿两部合并为实业部,孔祥熙任实业部部长。

1931年11月,在南京召开的国民党的"四全大会"上,孔祥熙被选为中央执行委员。但是,这个时候正是国民党内部矛盾激烈之时。国民党内的反蒋派也在11月分别在广州、上海召开了"四全大会",反蒋派电促蒋介石下野,改组南京政府。

蒋介石被迫于12月15日通电辞去国民政府主席、行政院院长和陆海空军总司令的职务。在此"危难之际",孔祥熙再次显示出了与蒋"患难与共"的"气概"。他除了多方活动,笼络人心外,还公开表示与蒋介石同进退,辞去实业部部长职务。

孔祥熙将实业部的大印交给继任部长陈公博之后,发表了一通高论。他说:"我们平常不都标榜'拿得起,放得下'的精神吗?我觉得拿得起的时候,应以天下为己任。放得下的时候,应弃天下为敝屣。这才合乎政治家的风度，不管什么人上台下台，政府还是国民政府！"他所说的"拿得起""放得下"，同蒋介石的"以退为进"的策略如出一辙。这番话，实际上表明了孔祥熙决心追随蒋介石、企图东山再起的心迹。

但是，新上台的孙科及其班底，根本无力应付内忧外患的混乱局面。1932年1月24日，孙科被迫宣告辞职。1月28日，蒋介石回到南京主持国民党临时中政会，改选汪精卫为行政院院长。接着，蒋介石被推举为军事委员会委员长兼军事参谋部参谋长，蒋介石独掌了军权。蒋介石在重新上台后，即决定孔祥熙为"中华民国考察欧美各国实业特使"。名为考察，实际是向欧美各国接洽军械飞机之购买与设厂自制事项。

民国行政院院长办公室

也正是这个时候，日军向驻上海的中国军队发起进攻。驻守上海的十九路军在总指挥蒋光鼐、军长蔡廷锴和淞沪警备司令戴戟的指挥下，奋起抵抗，从而爆发了一·二八淞沪抗战。这样，孔宋夫妇出访欧美的日程只有推迟了。

一·二八淞沪抗战爆发时，宋蔼龄正住在上海的塞伊街寓所里。在全国人民抗日救国激昂情绪的影响下，宋蔼龄在一段时间里参加了救援工作。

十九路军总指挥蒋光鼐

一天深夜，上海的红十字会主席打电话给宋蔼龄，请她帮忙解决涌进城市里的大量伤兵的医治问题。她听完电话后，十分气愤，因为有人曾对她说医院的床位很充足，而现在大批伤员又得不到医治。当时，又没有时间采取通常的"运动"或义卖等方式来募捐资金，宋蔼龄便同她的三位朋友一起，拿出了8万美元，以救燃眉之急。这样，就建立了一座配有400张床位的培德医院。一周之内，这所医院就住满了伤兵。

同时，宋蔼龄又在一些人那里募集了一笔巨款。不久，一所有1000张床位的私人医院又在上海建立起来。

然而，南京国民政府并无坚持抗战的勇气和决心。蒋介石到浦镇"指示沪事"，"以十九路军保持十余日来之胜利，能趁此收手，避免再与决战为主"。3月初，驻沪日军同时发起总攻，中国守军撤退至昆山至福山一线。3月3日，国联行政院决议中日双方停止战斗。后来，中国与日本外交代表谈判，签订了屈辱的《淞沪停战协定》。

上海的战事刚刚停息，孔宋夫妇即于1932年3月13日起程赴欧美。这是他们婚后的第一次西方之行。这次出访的第一个目的地是美国。

访美初期，他们在一片热情洋溢的欢迎气氛中度过。在华盛顿、在纽约，在其他的大城市，他们日夜不停地出席各种招待会。孔祥熙同美国官员们进行高级会谈，宋蔼龄也借各种机会在美国的同学中重温旧情。

在访美后期，孔氏夫妇的旅途却蒙上了一

十九路军军长蔡廷锴

片阴影。此时,美国舆论界正盛传着有关蒋、宋、孔家族的一些不堪入耳的丑闻。这些从上海传来的消息,登在美国的报纸上,说得活灵活现,使孔氏夫妇十分尴尬。宋蔼龄心乱如麻,很想中断这次访问,以免在同窗好友面前出丑。

曾在美国会见过宋蔼龄的威斯里安女子学院校友杂志主编尤妮斯·汤普森说:

"我看见孔夫人非常真实地流下了女性烦恼的眼泪,并且亲自去把她的氨水精拿来,以便使她的神经镇定下来……她担心甚至在最后一刻可能丢人现眼也许会受不了。但我们答应她,不加张扬,而且在朋友们的配合下兑现了这个诺言,因为这些朋友都能理解她确实多少需要保持清静和不受打扰。她的同班同学得到通知,从全国各地前来威斯里安学院同她会合。在整整的两天时间里,她会见的全都是她熟悉的人,于是,她能够一连若干小时把祖国的苦难置于脑后。"

在美国一些同学的关心下,宋蔼龄的恐惧和悲伤情绪顿时烟消云散,心情愉快多了。为了配合孔祥熙在美国的外交活动,宋蔼龄以捐献"奖学金基金"的名义,献款给母校威斯里安女子学院。

孔祥熙夫妇这次出访的实际目的,是奉蒋介石之命,向"友邦接洽军械飞机之购买与设厂自制事项"。显然,孔氏夫妇访美,没有达到他们的预期目的。孔祥熙虽然拜会了美国的胡佛总统以及其他高级官员,但是没有达成购买军火方面的协议。

正是这样,孔祥熙在访问欧洲时,特别重视意大利和德国。

宋蔼龄在孔祥熙之前先期到达意大利的威尼斯。靠发动"向罗马进军"的法西斯军事政变而就任意大利首相的墨索里尼,派几位高级官员乘一艘摆满鲜花的游艇去迎接她。

墨索里尼

看到这种蔚为壮观的皇家场面，宋蔼龄激动不已。后来，她对人说："这太美了"，"不过为我铺陈这样大的场面，使我感到紧张。我在乘船赴意的旅途中，一直在阅读有关意大利的书籍，是子文送我时给我买的。我看的多是些有关政治和许多数字的统计，这么多鲜花实在出乎我的意料，不过我很高兴。还有旅店中的房间，官府大厦！我一生中从未看到过这么多的红色和金色。"

不久，孔祥熙也由美国来到了意大利。

意大利是古罗马帝国的发祥地，名胜古迹颇多。孔氏夫妇尽情地游览了意大利境内的许多充满宗教色彩的建筑和历史古迹。世界八大名胜之一的古罗马露天竞技场，摇摇欲倾的比萨斜塔，文艺复兴的摇篮佛罗伦萨，世界上唯一的出门乘舟不用汽车的水城威尼斯，圣玛丽亚修道院里达·芬奇的名画《最后的晚餐》等等，令孔氏夫妇大开眼界，流连忘返。

乘孔祥熙兴致勃勃之时，墨索里尼同孔谈起军火生意来。墨索里尼装出一副关心中国建设的样子，对孔说："贵国建国，应从空军着手。空军发展起来比较快，所需经费，较海军为少。且将来战争之胜负，取决于空军。日本为海军先进国家，贵国欲赶上日本，非仓促可办。空军则三五年内可见成效。"

中国当时是一个极为贫穷落后的半殖民地半封建的国家。政治腐败，军事落后，民不聊生。靠买几架飞机，建设空军，是不可能"建国"的。何况，战争的胜负是由政治、军事、经济诸因素力量的对比所决定的，单纯依靠空中力量是不可能制胜的。对此问题，不知是孔祥熙根本不懂，还是另有考虑，他居然对这番"空中制胜""空军建国"的言论，钦佩得五体投地，并专门向蒋介石作了汇报。

经过几次谈判，孔祥熙购买了一大批飞霞式轰炸机，并且聘请了以劳地为首的意大利顾问团来华协助建立空军。墨索里尼将协议的具体事宜交给了他的皮肤黝黑的女婿、意大利驻华公使齐亚诺伯爵，这实际上加强了蒋介石、孔祥熙同墨索里尼的联系。

离开了意大利，孔祥熙一行又来到德国。此时，正是希特勒忙于总统竞选

威尼斯风光

不亦乐乎之时。经过多年的经营，希特勒的纳粹党已经在各方面做好了接管德国政权的准备，它的触角像毒藤一样蔓延到德国社会的各个角落。希特勒用他滔滔不绝的叫嚣和民族复仇主义狂热情绪，到处宣扬其臭名昭著的《我的奋斗》中散布出的疯狂野心：创建第三帝国和征服欧洲。

在同希特勒的会见中，孔祥熙颇有兴致而又认真地听完希特勒"创建第三帝国"的计划，表示了对这位德国纳粹党元首的崇敬心情。他握着希特勒的手说：

孔祥熙在德国会晤希特勒时合影

"希望日后能加强合作，共增友谊。"希特勒傲慢地点了点头。经过几次会谈，孔祥熙购买了2500万美元的德国武器。后来，这些德国武器大多数被用来

"围剿"中国工农红军。

孔祥熙回国后，向蒋介石详细汇报了出访欧美寻求"援助"的情况，并且表示"谨允就个人在欧所见所闻，随时提供意见，供作参考"。蒋遂命孔为中央航空学校校务委员。

孔祥熙不满足"航空学校校务委员"之虚职，曾有当航空部部长的妄想。他曾对蒋的亲信、航空署署长兼中央航空学校代理校长葛敬恩说："建设空军，已得到意大利政府的支援，财力物力都有办法，航署应即扩充为部。"并且开门见山地表示："愿意自任航空部部长，请葛以首席次长负实际责任。"蒋介石没有满足孔的这一奢望。

后来，孔祥熙订购的意大利飞霞式轰炸机20余架运到，经航空署派人检查，认为"这样的旧东西，炮管里的来复线都已磨光，如何能用？"有人主张退货。葛敬恩只得将经过情形据实向蒋请示。蒋介石表面说要追究责任，但是以后并无下文。

当然，孔祥熙是不会过问他购买的飞机质量如何这类事情了。孔氏夫妇既会聚敛金钱，也会在关键时刻"大智若愚"地打发金钱。为其政治目的，多花点钱，他们已习以为常。他们周游一路，几次慷慨解囊，其目的在于建立蒋介石同西方列强的"反共反人民"的反动联盟。

1933年3月，孔祥熙由欧洲回国。

这个时候，正是蒋介石推行"攘外必先安内"的反动方针，拼命对革命根据地进行疯狂地"围剿"的紧张时刻。从1930年底开始，到1933年2月，蒋介石先后对中央革命根据地发动了四次反革命"围剿"，一次次狂轰滥炸，一次次烧杀抢掠，每次都以失败而告终。

蒋介石的倒行逆施，激起全国人民的强烈反对，同时也加剧了国民党内部的倾轧争斗。蒋介石急需孔祥熙这样的老谋深算而无二心的亲戚的支持。为了维护其反动统治，蒋于1933年4月命孔为中央银行总裁。

孔祥熙掌握了中央银行大权不久，由于宋子文挨了蒋介石一记耳光，蒋、孔、宋家族内产生了一场风波。

堂堂的政府首脑，怎么会动手打起财政部部长，何况又是自己的小舅子？冰冻三尺，非一日之寒，蒋、宋矛盾由来已久。

在1927年4月初，蒋介石在准备发动反革命政变的阴谋活动中，就曾对宋子文十分怀疑。蒋怀疑宋实际上同情武汉政权。当上海银行家要求批准付给蒋介石的借款时，宋拒绝了。于是蒋就置宋的财政部部长的权力于不顾，不和宋商量而自行借款，并指派财政官员。1927年4月20日，蒋终于封闭了宋在上海的办事处，任命他以前的秘书长古应芬为财政部部长。

在蒋介石发动四一二反革命政变以后，在蒋介石的威逼利诱下，宋子文不得不离开汪精卫的武汉政府，参加蒋介石的南京政权，并出任财政部部长。他挖空心思为蒋介石筹款，以支付日益激增的各项开支。他巧妙地向银行家们推销了一大笔债券，并且获得了成功。这样，那些大腹便便的银行家，自觉地不自觉地同蒋介石的南京政权拥抱在一起。那些五颜六色的政府债券，塞满了银行家的皮包。银行家们为了维护自己的利益，不得不在政治上支持蒋介石的政权。

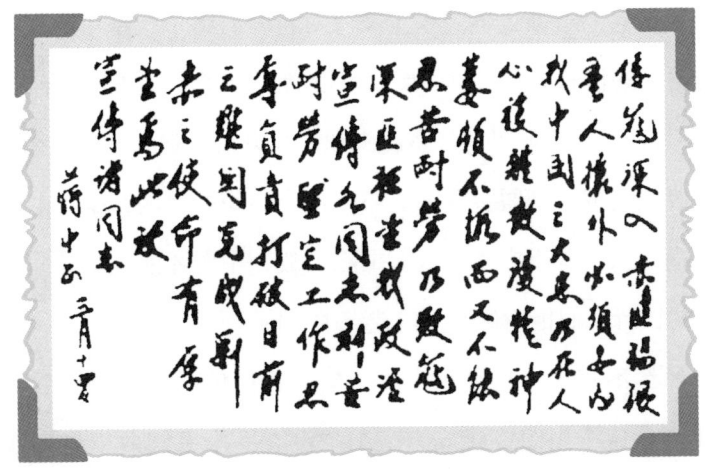

蒋介石手令

宋子文

宋子文的所作所为，很得蒋介石的欢心，并把他当作了心腹之人。

然而，好景不长。随着日本帝国主义加紧对中国的侵略，蒋、宋矛盾又尖锐化了。

日本帝国主义在继九一八事变以后，又于1932年挑起了一·二八事变。驻上海的中国第十九路军进行了顽强的抵抗。他们在被炸毁的废墟里挖壕据守，用鲜血和生命保卫着每一寸土地。但是，由于没有得到及时的增援，十九路军的官兵遭到很大的伤亡。

宋子文看到日本人突然进攻所造成的严重后果，深感震惊。在此之后，宋子文同蒋介石产生了分歧。

1932年夏天，当上海的战火刚刚平息时，蒋介石就准备了浩大的费用，并开始发动大规模的对革命根据地的反革命"围剿"。宋子文对此坚决不同意。他认为抗日比"剿共"更为重要，政府应力图收复"满洲"，保卫华北。宋和蒋为筹措对共产党战争的军费发生龃龉。1932年6月初，蒋介石提出每月军费由1300万增加到1800万元，以支付"剿共"费用，这使宋子文的节缩财经的计划流产，而且又要发行新公债。宋子文反对蒋介石将十九路军调往福建去"剿共"，反对更多的借款，并对蒋的反共政策的"合理性"提出了异议。

1932年5月，上海实业界的许多巨头和在西方留过学的教授，在上海成立了一个叫作"废止内战大同盟会"的组织。这个组织的目的，据通电所述，是防止内战。外祸纷来，源于内乱，只有根除内战，中国才能抵抗外同的侵略。参加这个组织的银行家们拒绝认购与内战有关系的一切公债和借款。

宋子文虽然不直接参加废止内战的集会，但他对大同盟的活动表示了明显支持，他表示这个组织终将成为一个"没有一个军阀敢于忽视其意旨"的组织。

但是，蒋介石一意孤行，坚持采用"攘外必先安内"的反动政策。

宋子文见此情形，便以"把十九路军调走的做法在上海金融界不得人心"为由，于1932年6月4日向蒋介石提出辞职。

这时候，孔祥熙在欧美尚未归国。蒋介石又感到宋子文筹款有方，便再三加以挽留。结果，他们互相作了妥协。宋子文同意担任财政部部长之职，蒋介石则许诺将宋提升为行政院院长，并且同意用贩卖鸦片的秘密收入支付一部分军费。

不久，宋子文发现他再次被蒋介石欺骗了。他为支付抗日军费而发行的公债，受到蒋介石的阻挠，驻热河省的中国军队遵照蒋介石的命令从抗日前线撤退，一仗也未打。汪精卫也从海外回国，坐上了行政院院长的宝座。

宋子文心灰意懒，决定辞去中央银行总裁职务。1933年5月，他以参加世界经济会议为由，到美国去进行长达4个月的访问。

这样，孔祥熙就更加受到蒋介石的重视。

孔祥熙和宋子文虽然有很多相同之处。他们都是基督教徒，都受过美国教育，都同孙中山和蒋介石有姻亲关系，都通过家族关系和个人才能在政界发迹，地位显赫。但是，他们在同蒋介石的关系上却有些差别。一位美国人认为，孔含蓄随和，似乎是中国政界的老好人，尽可能地与所有政客军阀表示亲切友好，他对蒋殷勤驯顺，和蒋的关系较宋与蒋的关系更亲密。而宋子文态度生硬，在南京政府中树敌甚多。在一段时间内，宋对蒋表现出

亲临南昌指挥"围剿"的蒋介石

一种"傲慢"的态度，他曾私下对人说："当财政部部长，跟给蒋介石当一条狗，没什么两样。"

而蒋介石正是需要孔祥熙的殷勤驯顺。1933年4月，孔祥熙接替宋子文，任中央银行总裁。按照蒋介石的旨意，孔祥熙大量印行钞票，仅4个多月，已透支6000多万元，这些钱又绝大部分用在反革命"围剿"上了。

宋子文从美国回来，看到如此糟糕的财政状况，对孔祥熙十分恼怒，对蒋介石更是极为生气。他急匆匆地去找蒋介石，想劝说他不要急于"剿共"，应该首先抗击日寇。这番话，蒋介石岂能容忍。在一阵激烈的争吵中，蒋介石挥起手，打了宋子文一记耳光。

宋子文这回真的不干了。他下定决心，辞去了财政部部长的职务。蒋介石急忙求救于孔祥熙。蒋劝孔说："请不计一切艰难，务须接受新命，并且早日就职，以稳定政局。"孔祥熙接受了蒋介石的任命，于1933年11月初先后就任财政部部长和行政院副院长。

从维护蒋、孔、宋大家族的利益出发，孔祥熙同蒋介石进行了长时期的讨论，谋求改善蒋、宋的关系。最后达成了这样的协议孔祥熙继续充当蒋、宋之间的缓冲人，并且作为财政部部长将继续按照蒋的意志行事。宋子文继续当他的私人金融家。但是蒋介石和孔祥熙有事可以找他商量。

这样，一记耳光引起的风波，就这样暂时平息了。

1933年11月，在蒋介石对中央革命根据地发动第五次反革命"围剿"时，孔祥熙就任行政院副院长、财政部部长。这是件非同寻常之举。孔祥熙深明受蒋重用的奥妙，决心不惜一切代价，为蒋介石"剿共"提供充足的财政保证。

11月6日，孔祥熙在大庭广众之中发表就职演说，公开宣布了其"剿共"第一的财政方针。他说："保证尽最大努力筹集所需经费。平衡预算固然重要，但'剿共'作战的胜利比保持预算平衡更重要。"这种反动财政方针，正适应了蒋介石的需要。

由于蒋介石年复一年地发动反革命"围剿",致使广大人民颠沛流离,国民经济遭到严重的破坏,南京政府的财政赤字连年增长。到1933年,每月将近赤字1200万元。

为了解决反革命"围剿"的经费,孔祥熙专程飞到江西同正在指挥军队向红军进攻的蒋介石讨论了筹措经费问题。最后,蒋、孔商定以关税为担保,发行1亿元新公债。

11月10日,孔祥熙飞到上海,向银行家们推销1934年初正式发行的新公债。这次还算顺利,公债不久就被买光了。孔祥熙十分得意。可是,这1亿元钱到手没多久,就被蒋介石用去购买打内战的军火,花得一干二净。

为了补充蒋介石的内战经费,孔祥熙又于1934年6月发行第二期"关税库券"。并且越来越多地直接向银行借款和透支,1934和1935财政年度总数约1.3亿元,其中最大的一笔直接借款4400万元来自16家上海银行组成的财团。这些钱都被用来进行反革命"围剿"。

孔祥熙为蒋介石筹措经费有什么"锦囊妙计"?其"妙计"就是用高利率夺走生产领域的资金。当时,农村经济萧条,民族资本家困难重重,批发物价和房地产价暴跌。上海银行家发现这些领域的投资已没有吸引力,某些最兴旺的企业所得红利很低,例如商务印书馆为7.5%,南洋兄弟烟草公司仅有5%,而孔祥熙发行的公愤纯益超过20%。正是这样,大量的货币从农村流入城市,又被孔祥熙的公债所吸收,成千上万的货币不是用来发展生产,而是消耗在破坏生产的"内战"上。其结果是,蒋介石得到了充足的反革命"围剿"的经费,银行家也从中牟取了高额利润,而工农业生产则更加陷入困境。

一位有识之士当时就公开指出:"政府公债的高利率促使工业萧条、农业破产。"越来越多的人也开始反对孔祥熙的公债政策。

很快,孔祥熙的"妙计"就不灵了。一个时期以来,西方资本主义国家处于经济萧条之中。这股萧条之风迅速地袭击了上海。1933年,美国已放弃了金本位,为了满足遭到衰退打击的西方矿业国家的要求,美国开始储存白银作为财政准备。美国国会规定的银价是每盎司50美分，这对上海的银行家颇有吸引力。他们认为，如果不买南京债券，而是将白银运到美国，就能赚一笔十分可观的利润。正是这样，1934年下半年，大量银圆纷纷流往国外，债券销售额一落千丈，蒋介石的内战经费频频告急。同时，大量银圆外流，造成了中国金融市场银根吃紧，于是银行贷款的利率急剧上升，这种趋势直接威胁着南京政府的赤字财政，南京政府能否继续存在都成了问题。

身为行政院副院长和财政部部长的孔祥熙见此情况，如坐针毡。他将幕僚们找来紧急研究一番，感到制止白银外流的唯一办法就是宣布禁运。于是，以南京政府财政部的名义宣布："在另行通知之前，严禁买卖外汇。"可是，那些银行家们对这项禁令置若罔闻，仍然我行我素。

一计不成，再生一计。孔祥熙采取了更为严厉的办法。他于1934年10月15日公布了一项公告："鉴于白银价格上涨过猛，已与物价水准极不相称，国民政府为保障中国经济之利益，为保护中国之货币，兹决定对白银出口征收关税。"由于对白银出口加收了10%的关税，中国的白银价格便与英美市场的价格相等了，白银外流的现象受到了遏制。

由于白银大量外流，上海白银储备已经减少了一半，南京政府债券市场急剧缩小。蒋介石要部署军队对长征中的红军围追堵截，军费急如星火，几乎每天都派人来向孔祥熙要钱。为了向蒋介石交钱，孔祥熙动用了他直接控制的中央银行。

孔祥熙将中央银行看成是蒋介石内战经费的钱袋子。他让中央银行享受了多种特权，垄断了政府的收支，有权发行关金券供兑付关税之用，实际上使该行成为国库的代理机构。1934年10月，孔祥熙宣布施行白银出口税，但中央银行则免税出口了大量的白银，赚了一大笔钱。孔祥熙还设法使中央银行在黄金市场上捞取了巨额利润。正是这样，被孔祥熙掌握的中央银行发展迅速，成为旧中国最获利润的金融机构。它的资产只占中国属银行界的11%，而1934年赚利却占全银行界的37.4%。

平常，孔祥熙一个劲地支持中央银行在金融界大捞特捞。这次由于债券市场急剧缩小，孔祥熙不得不打出中央银行这块王牌。他命令中央银行大量吸收公债，将相当一部分盈利给南京政府贷款。

依靠中央银行吸收公债，勉强支撑了一阵。但这毕竟不是长久之计。

最后，孔祥熙终于又想出了新招。这就是采取高压手段，颁布《储蓄银行法》，迫使银行家购买公债。这个《储蓄银行法》在银行的组织和管理上做了彻底的改变，并规定每家银行必须以1/4的存款购买公债或证券，并将此存入中央银行特设账户做储备之用。

《储蓄银行法》，遭到了上海银行家的强烈反对。上海银行同业公会向南京政府请愿，要求做重大修改。银行家们认为这个条例限制了他们的作用，殊非寻常。

然而，孔祥熙继续施加压力。南京政府命令各银行开列2000元以上存款存户的姓名、地址和存款余额。这理所当然地再次遭到了银行家们的抵制和反对。

许多有识之士都认识到这部银行法是不现实的，如果实施，中国的金融将为外国银行垄断。但是，孔祥熙仍坚持要颁布，其用意十分明显，就是继续给这些银行家施加压力，强迫银行家购买公债。

在这一系列高压政策下，许多原来对购买公债犹豫不决的银行家，只得硬着头皮购买孔祥熙发行的公债，以讨好蒋介石的南京政权。

据不完全统计，孔祥熙就任财政部部长后，公债发行数额急剧增长。1934年，发行了3种公债，1.24亿元；1935年，发行了7种公债，5.6亿元；1936年发行了3种公债，4.55亿元，而公债的70%—80%用作反革命的"围剿"。

一位外国记者在研究了孔祥熙的财政活动后指出，孔祥熙在担任财政部部长的11年时间里，"他一直是蒋介石的御用印鉴——他的橡皮图章，孔'老爹'按照蒋的旨意办事，再加上要做几件事讨好自己的妻子宋蔼龄"，于是便把中国的经济"破坏殆尽"。应该说，这个评价是较为客观的，孔祥熙的确是蒋介石的"橡皮图章",他的财政是绑在蒋介石内战的列车上的。

在孔祥熙推销公债的活动中,趋炎附势的银行家大有人在,而不愿屈从的人也为数不少。

这边,孔祥熙好不容易让那些容易上当的和虽不情愿但慑于淫威的人,购买了数千万元的政府债券;而那边,有些银行家却反其道而行之。例如,中国银行的董事长张嘉璈就说,日本才是真正的敌人,军队在"剿共"作战方面花钱太多,南京债券不值钱。他叫部属大量抛售中国银行特有的南京债券。张嘉璈的中国银行还同交通银行共同采取行动,拒绝为孔祥熙提供资金。

这些事,令孔祥熙极为恼火。

对于中国银行和交通银行,孔祥熙早就有觊觎之心。因为这两家银行的资金占旧中国全部银行资金的近1/3。张嘉璈自恃有外国资本集团的支持,财大气粗,我行我素,根本不把孔祥熙放在眼里。

现在,孔祥熙大权在握,气势汹汹,他下定决心要垄断所有的银行。他说:"这个令人讨厌的张嘉璈,一定要叫他滚蛋。"

孔祥熙小心翼翼地进行着准备活动。因为他十分清楚,假如由南京政府接管这两家银行,民众对中国和交通银行发行的钞票将会失去信心,结果会适得其反。

1935年2月28日,蒋介石、孔祥熙、宋子文在汉口开了一次秘密会议,研究了如何又对付中国、交通这两家银行。蒋介石表示,全力支持对这两家银行采取行动。

孔祥熙首先对这两家银行发起了一次"流言攻势"。他一次又一次地约见工商业的资本家,含沙射影地对他们说:"困扰中国的一切问题都是银行家们所作所为造成的。为什么工商业资本家无法得到贷款?为什么银根这样紧?为什么利率这样高?根子就在这里。"他和宋蔼龄慷慨大方,一次次设宴招待这些忧心忡忡的资本家,引诱这些人向中国和交通银行发泄不满情绪。

在一次由青帮头目杜月笙出面召集的会议上,孔祥熙还信誓旦旦地对上海的工商业资本家说:"如果中央银行、中国银行和交通银行能够联合起来,组成一个三银行财团,整个实业界的状况就会大大改善,就可以毫不费力地得到低息贷款。"

通过这一系列的活动,使日益陷入窘困的工商业资本家们感到极为不满,他们认为南京政府和银行家并不同情他们的困难,不愿更多地扶植他们发展生产。一些企业的头面人物组成了一个叫作中国工商业救济协会的组织,要求中央、中国、交通三大银行增加500万元的救急款,无担保贷给面临破产的企业,还要求南京政府发起一个以他们的资产或商品作担保的大规模发展实业的借款计划,使经济从萧条中得以恢复。

这些企业家的要求被孔祥熙用来作为压迫银行家的工具。孔祥熙来到上海,召集上海地方协会、救济协会、城市官员和上海银行家又开了一系列会议。无论是在会内还是在会外,无论是白天还是黑夜,孔祥熙都用各种方式催促银行家贷款。

毕竟胳膊拧不过大腿。银行家们不得不答应,由中国银行、交通银行和一些商界银行组成银行财团,提供500万元应急借款。

孔祥熙挑起的公开较量,使上海银行家处于被动挨打的态势。他把民众的注意力都集中到工商业受困窘的状况上,并把责任都推给中国银行、交通银行和一些小银行身上。南京政府和蒋介石、孔祥熙控制的中央银行和农民银行似乎与此毫无关联。上海的银行家们一再妥协退让,十分谨慎地响应孔祥熙的号召,试图保持自己相对独立的地位。

然而,孔祥熙的所作所为,对于善良的人来说,是很难想象的。妥协和退让并不能满足蒋介石、孔祥熙的欲望,噩运终于降临在中国银行和交通银行的头上。

1935年3月23日,在事先不打任何招呼的情况下,孔祥熙突然宣布政府必须接管中国银行和交通银行。两家银行都须增资而由政府控制半数以上的股份。

由孔祥熙签署的南京政府财政部给中国银行的命令写道:

"中国银行资产负债总额与资本总额，比率失衡，宜及时充实资本，查原有资本二千五百万元，内官股五百万元，应再增官股二千五百万元。随文发给二十四年金融公债二千五百万元券五张，仰即填具二千五百万元官股股金收据送部备查，并将中国银行条例修正。"

南京政府财政部命令交通银行，除资本额外，其他内容均与此大体相同。这样不拨一分一文现金，只凭一道命令和几张公债券，就控制了中国、交通两家银行。

中央银行发行钱币

孔祥熙对中国、交通银行加入官股的办法，纯系巧取豪夺。因为拨付的官股不是现金，而是靠政府权力发行的公债券。所以，银行账面上资金虽然增高，但库存的现银则依然如故。

在蒋介石的支持下，孔祥熙宣布了中国银行的人事变动。原中国银行总经理张嘉璈及董事长李铭免去现职，由宋子文兼任该两职。任命张嘉璈为中央银行第二副总裁。这个所谓的"第二副总裁"形同虚设，因为中央银行一直是总裁孔祥熙、副总裁陈行所把持，"第二副总裁"必须听命于孔祥熙和陈行。这当然是张嘉璈所无法忍受的。张以"疲惫"为由，请求辞去"第二副总裁"，并向交通银行董事会提出准其常务董事请假。

接着，孔祥熙采取高压和恐吓手段，为中国、交通银行的股东们办理了正式的手续。中国银行于1935年3月30日"选出"了新的董事会。宋子文、宋子良、杜月笙跻身其中。4月20日，交通银行召开股东会，孔祥熙的一些亲信也堂而皇之地被选为常务董事。

在夺取了中国、交通两个银行的权利之后，孔祥熙又向上海另外的三家重要的商业银行——宁波商业储蓄银行、中国通商银行和中国工业银行，发起进攻。

1935年6月，上海的这三家商业银行突然发现它们的"信誉垮台了"，没有能力兑现它们发行的钞票。他们根本没有想到，这一状况是孔祥熙一手造成的。因为由孔祥熙控制的中央、中国、交通三家银行，囤积了这三家商业银行的大量钞票，为了整垮这三家商业银行，便在一段时间内突然要求全部兑现，这当然是这三家商业银行无法应付的。

这样，南京政府便进一步施加压力，强迫这三家商业银行的经理们辞职。孔祥熙乘机在这三家商业银行中安插亲信，培植势力，控制了银行新的董事会。还以"政府紧急增资"为由，向这三家商业银行各拨500万元，这样又把这三家商业银行完全控制了。

孔祥熙为了实现金融垄断，步着垄断资本主义的后尘，不择手段地对一般民族资本银行进行控制，兼并和掠夺，逐步形成了全国的金融垄断网。

1934年下半年，南京政府统治下的国内经济进一步恶化。银行挤兑，银根奇紧，通货紧缩，物价猛跌，工商业倒闭，金融业停歇，京、津等大城市，人心浮动。孔祥熙主持的财政部也不得不承认："人心恐慌，市面更形萧条，长此以往，经济崩溃，必有不堪设想者。"

面对日益严重的经济危机，孔祥熙首先想谋求得到美国的支持，实施币制改革。然而，美国政府担心，如果贷款给中国政府，实施币制改革，会激怒日本，因而对孔祥熙的要求反应冷淡。

这段时间，日本对中国的经济"十分关心"，主动表示愿意给南京政府贷款。但是，"黄鼠狼给鸡拜年——没安好心"，日本提出了十分恶毒的贷款要求，即中国要雇请日本军事顾问，要在全国经济委员会中聘请日本顾问，要偿还包括"西原借款"在内的对日借款，等等。很明显，日本帝国主义是想通过苛刻的条件，给蒋介石政权一笔巨额贷款，从而控制整个中国的财政金融命脉。由于蒋介石、孔祥熙的后台老板是美英垄断资产阶级，对于日本的这些要求，当然只能采取回避的态度。

英国为了维持它在中国的既得利益，在国民党政府的要求下，于1935年8月派首席经济顾问李兹·罗斯来华，负责为国民政府策划币制改革。经过孔祥熙、宋子文同李兹·罗斯的多次商议，终于制定出采用纸币流通的"法币政策"，并提出把中国货币纳入英镑集团的币制改革方案。

1935年11月2日，孔祥熙以《财政部布告》和《财政部长宣言》的形式，公布了《法币政策实施办法》，同月15日公布了《兑换法币办法》以及《银制品用银管理规则》等。

《法币政策实施办法》的主要内容是：

一、自1935年11月4日起，以中央、中国、交通三家银行所发行之钞票定为法币（1936年2月，中国农民银行发行之钞票亦视同法币）。所有定粮、纳税及一切公私款项之收付，概以法币为限，不得行使现金，违者全数没收，以防白银之偷漏。如有故存隐匿意图偷漏者，应准照危害民国紧急治罪法处治。

二、中央、中国、交通三家银行以外，曾经财政部核准发行之银行钞票，现在流通者，准其照常行使。其发行数额，即以截至11月3日止之总额为限，不得增发，由财政部确定限期，逐渐以中央银行钞票换回。并将流通总额之法定准备金，连同已印发之新钞，及已发收回之旧钞悉数交由发行准备委员会保管。其核准印制中之新钞，并俟印就时一并照交保管。

三、法币准备金之保管及其发行收换事宜，设发行准备委员会办理，以昭确实固信用，其委员会章程另案公布。

四、凡银钱行号、商店及其他公私机关或个人持有银本位币或其他银币、生银等类者，应自1935年11月4日起，交由发行准备管理委员会或其指定之银行兑换法币。

五、旧有以银币单位订立之契约，应各照原定数额于到期之日概以法币结算收付之。

六、为使法币对外汇价按照目前价格稳定起见，应由中央、中国、交通三家银行无限制买卖外汇。

南京政府实施币制改革,所发行的纸币定名为"法币"。为何称为"法币"呢?这就是说蒋介石的南京政府的"国家法律"赋予中央、中国、交通、农民银行发行的纸币具有无限法偿的能力。所谓的无限法偿是相对于有限法偿而言的。资本主义国家的法律规定:辅币的每次授受有一定限额,超过限额对方可以拒绝收受,故称为有限法偿。而对于本位币,每次授受的数量,则无限额,任何数量的本位币,对方均不得拒绝收受,故称为无限法偿。

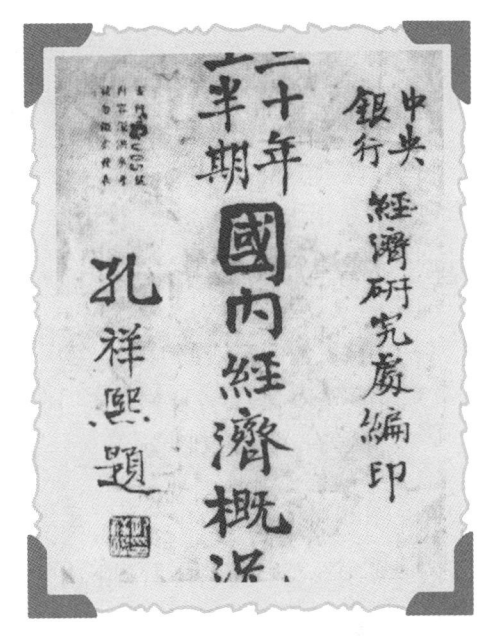

孔祥熙的题字

法币政策的实施,表明国民政府已放弃银本位制,但是法币没有规定含金量,所以,它与黄金没有直接的联系。孔祥熙和李兹·罗斯经过多次筹划,确定法币以对英镑的汇率来表示自己的价值,规定法币1元等于英镑1先令2便士半。这样,法币就同英镑紧密地联系在一起,中国也成了英镑集团中的半殖民地货币成员国之一。法币虽不同白银相联系,但却要把大量白银运到伦敦出售后,换成英镑存在英国做准备,来维持法币的稳定。那一段时间,国民党政府存在伦敦的法币准备金约有2500万英镑。

法币与英镑相联系,引起美国的嫉妒和不满,美国使用停止收购白银,压低银价等手段,迫使蒋介石和孔祥熙同意与其签订《中美白银协定》,美国财政部以每盎司白银按美金50分作价向中国续购白银5000万盎司,以维持法币汇率。同时,确定法币与美元的汇率为法币100元等于美元30元,这样,法币又与美元挂上了钩。

在发行法币的同时,国民政府又以白银为"国有"的名义,进行集中。孔祥熙颁布的《兑换法币办法》规定，各地银钱行号、商店、公共团体及个人，持有银币、大条、生银、银锭或银块等，从1935年11月4日起，限在3个月内，就近交各地兑换部门换取法币。到1937年9月以前，中央、中国、交通、农民四家银行收兑银币共达3亿元。由于发行法币，停止使用白银，农民不得不用白银兑换法币。当时农民用1元银币换1元已经贬值的"法币"，立即损失实际价值1/3，即3角钱以上，这是一种封建性的掠夺。蒋、宋、孔、陈四大家族由此发了一笔横财，从全国劳动人民身上又剥去一层皮。

法币政策的实施，有利于英、美帝国主义操纵中国的货币政策，加强对中国金融的控制。因法币同英、美汇价联系，当英、美汇价发生变动时，法币价值也必须在英、美汇价上下限内变动。这就有利于英、美操纵中国的经济命脉，对中国进行资本输出，倾销商品，掠夺原料，加强经济侵略。在孔祥熙推行法币政策时，英、美乘机大量收购白银，集中了大量存款，积聚了更多的货币资本。到1937年7月31日为止，国民政府存在国外的黄金和外汇准备金共达13521万美元，其中约71%存在美国，30%存于伦敦和香港，这就进一步加强了英、美对国民政府的财政控制。然而孔祥熙却说："美国对我国新币制之赞助，岂独利吾国人，其裨益外人与我共贸易者亦良多也。"这真是极不光彩的行径。

实施法币政策，使民政府加强了对商业银行的控制，完成了对全国金融的垄断。在这之前，市场上还流通着12家银行所发行的纸币。法币政策推行以后，使得货币发行权完全集中于中、中、交、农四家银行，其他银行的发行权全部被取消，所有白银准备一律移交各有关接收银行。这样，一般商业银行为了得到法币，必然要依赖国家资本的银行，于是蒋、宋、孔、陈四大家族所掌握的四大银行，就可以利用法币关系以及其他业务关系，直接或间接地来控制一般商业银行。所以，币制的统一，法币的发行，使国民政府得以加速控制金融，确立中央、中国、交通、农民四大银行在全国金融界的垄断地位。

当然，推行法币政策，是孔祥熙就任财政部部长之后的一次大的行动，也是中国近代货币史的一件大事,它实现了自清末以来,历届政府为克服币制紊乱屡经拟议而未能实现的币制改革,对缓和当时金融危机,暂时稳定经济起了积极作用。在一段时间内,对外汇率基本稳定,波动不大。国内资金和信贷松动,利率水平显著下降,黄金投机有所减少。各地各类物价获得了一定程度的调整,社会的生产和流通获得了一定程度的发展。这在准备抗战方面,起到了一定的作用。

孔祥熙全传

Biography of Kong Xiangxi

11

代理行政院院长

西安事变爆发后，国民党要员们吵得不可开交，大多数人主张"讨伐"，也有少数人主张和谈。孔祥熙代理行政院院长，时而主张谈判，时而主张"讨伐"。

张学良邀请孔祥熙赴西安谈判，孔借故推辞。

孔祥熙每日祈祷耶稣。一天，忽然从《新约全书》上读到"耶和华和一妇人一起得救"字样，他似乎恍然大悟。

随着国民政府法币政策的实施，孔祥熙在国民党及南京国民政府中的地位也迅速上升。1935年11月，在国民党的第五次全国代表大会上，孔祥熙被选为国民党中央执行委员，同时又被选为常务委员，被聘为国民党党史史料编纂委员会委员。加上已经担任的行政院副院长、财政部部长、中央银行总裁等职，他实际上成为南京国民政府中蒋介石之下的少数几个举足轻重的核心人物之一。

1936年底，"西安事变"爆发，他受命代理行政院部长，度过了极为紧张和困难的半个多月。

1936年，蒋介石赴西安训示张学良、杨虎城

事变爆发之时，孔祥熙、宋蔼龄、宋美龄一行正在上海。12月12日下午3点多钟，机要秘书送给孔祥熙一份何应钦打来的绝密电报：西安有兵变，蒋介石在何处，"尚未查明，已派飞机前往侦察。"一小时后，孔祥熙又接到南京政府财政部秘书的绝密电话，转告了张学良致孔祥熙电报的主要内容。

闻此消息，孔祥熙的心极为紧张而沉重。他为"兵谏"的突发感到震惊，为蒋介石的安危而恐栗。他冥思了好一会儿，才拨了一个电话："谭秘书，准备晚上火车回南京，并约苏联大使馆的鄂山荫秘书明早在南京孔宅见面。"

当天晚上，孔祥熙驱车直驶宋美龄住宅。宋美龄正以航空事务委员会主任的身份召集会议，讨论改组"全国航空建设会"事。孔祥熙对宋美龄说："西安发生兵变，委员长消息不明。"这个消息，如同晴天霹雳，使其惊骇莫名。经过紧急商议，他们决定第二天清晨赴南京，并约蒋介石的顾问澳大利亚人端纳同行。

西安事变前夕的张学良和杨虎城

深夜，经过苦心斟酌，孔祥熙给张学良发出了事变爆发后的第一封电报：

"急！西安张副司令汉卿吾兄勋鉴：密。顷由京中电话告知，我兄致弟一电，虽未读全文，而大体业已得悉。保护介公，绝无危险，足徵吾兄爱友爱国，至为佩慰！国势至此，必须举国一致，方可救亡图存。吾兄主张，总宜委婉相商，苟能有利于国家，介公患难久共，必能开诚接受，如骤以兵谏，苟引起意外枝节，国家前途，更不堪设想，反为仇者所快！辱承契好，久共艰危，此次之事，弟意或兄痛心于失地之久未收复，及袍泽之环伺吁请，爱国之切，必有不得已之苦衷，尚须格外审慎，国家前途，实利赖之。尊意如有需弟转达

张学良与蒋介石

之处,即乞见示。先复布意,伫候明教。弟孔祥熙叩文亥沪寓印。"

这封电报,态度比较委婉,措辞比较谨慎,反映了在上海的孔祥熙一行对事变的基本看法。

在南京,对于国民党的军政大员来说,12月12日晚上,也是一个紧张而恐惧的不眠之夜。

在国民党中央的紧急会议上,平时盛气凌人的一些国民党中央委员,大多数被事变的突发震惊得目瞪口呆,默不作声。戴季陶站起来,大声叫喊着:"一定要明令讨伐。"还激动地演说了一番。这个提议,在一致沉默和悲愤之中通过。这次会议决定:(一)张学良应先褫夺本兼各职,交军事委员会严办。所部军队,归军事委员会直接指挥。(二)张学良"背党叛国",送中央监察委员会议处。(三)行政院由孔祥熙负责。(四)军事委员会常务委员改为五人至七人,并加推何应钦、程潜、李烈钧、朱培德、唐生智、陈绍宽为该会常务委员。(五)军事委员会由副委员长及常务委员负责。(六)指挥调动军队,归何应钦负责。

13日清晨,没有参加昨晚会议而被推举为代理行政院长、掌了"相印"的孔祥熙及其一行回到南京高楼门孔氏的寓所。待各位坐定,侍从们即端上一桌精美的早餐。举筷弄勺之中,何应钦急匆匆而至。他来不及客套,开门见山地报告了昨晚国民党中央紧急会议的情况。宋美龄接上话茬,像是征询意见地说:"敬之,我们准备派端纳飞往西安,探望委员长。"然而这位军政部部长却回答了一句令孔、宋极为震惊的话："没有人准备去西安，我们已命令讨伐。委员长死了。"这番话，引起一番激烈的争吵。结果不欢而散。

何应钦刚走，身着笔挺西装的苏联驻华大使馆秘书鄂山荫即来求见。孔祥熙迎上前去，握着鄂山荫的手说："蒋如果被杀，势必迫使中国投靠日本，以中国人力物力供给日本军阀，做侵略资本，对亚洲对苏联都是严重威胁，希望苏联能设法保全蒋委员长的生命，其他问题事后从长计议。"

接着，孔祥熙又在其家中召见日本须磨总领事。孔对他说："请贵国政府约束在华浪人，勿在此滋生是非，使抗日情绪紧张，致启两国兵戎相见。"

转眼间，到了下午，孔祥熙马不停蹄地赶到国民党中央会议室，参加国民党中央政治委员会的第29次会议。会上，何应钦先报告了由飞机侦察所得到的西安情况以及事变后国民党军队将领中的反应。孔祥熙在会上报告了在上海所听到的关于西安事变的消息以及关于维护金融稳定的布置。对于如何处理这次事变，会上争论不休，莫衷一是。何应钦主张下"讨伐令"，吴稚晖也主张须速用兵。南京国民政府主席林森认为"讨伐令"不可下。孔祥熙则说："张学良提出的主张，可以商量。"力主缓和。因为主张迥然不同，孔祥熙与何应钦、戴季陶展开了激烈的争论。

14日下午，国民党中央再次开会，又吵得不可开交。大多数人主张"讨伐"，也有少数人主张缓和。双方争得面红耳赤，互不相让。国民党中央常委、考试院长戴季陶严厉指责孔祥熙："为什么主缓和，对营救蒋介石全不用力？"孔祥熙反唇相讥："我所说的有哪句话错？"

为了取得在南京的一些国民党要员的支持，14日上午会议后，孔祥熙在官邸会见了冯玉祥、丁惟汾。冯玉祥在事变发生后，曾致电张学良："请先释介公回京，如世兄驻军陕甘，别有困难，以及有何意见，均可开诚陈述"，并表示愿替蒋介石到西安去当人质。丁惟汾当时是监察院副院长。孔对他们说："无论如何都不能打。"冯玉祥答道："这正同我的意见相同。"丁惟汾则建议："请英国人出面调停。"孔祥熙摇摇头说："找英国人无济于事，不如找苏联。"因此，孔多次致电中国驻苏联大使蒋廷黻，嘱其探询苏联意向。

几天来，孔祥熙特别注意各地方实力派的反应。他除密派人员，分赴晋陕进行联络外，还致电各地，极力分化拉拢，从各方面对张、杨施加压力。孔祥熙称这些做法为"乱其心，孤其势，怵之以力，动之以情"。

孔祥熙发出致各省市通电，要各地方当局"遵照蒋院长既定方针，以最大之努力与全国上下共策国家之安全。"还分别致电李宗仁、白崇禧、宋哲元、韩复榘、商震、沈鸿烈、阎锡山、刘湘等人，从不同的角度，以不同的语调，加以劝慰，企图孤立张、杨。他要宋哲元"坐镇冀察"，"共挽时艰"，"劝张为宗"；他致电韩复榘，告以"蒋公安全，以坚其信"，并"望韩专电劝张，祛除误会，免阋墙之争，招覆卵之祸"；又致电阎锡山"即电汉卿，促其反省"，并请阎接蒋到晋，以阎作中间人来进行谈判；他还对黄绍竑百般央求，请黄无论如何21日要到山西去，请阎锡山帮助营救蒋介石。

在这些雪花般的电报中，孔祥熙对几个官职并不高的军官给予特别的关注，有个叫冯钦哉的，当时只是一个师长，可孔代院长却几次致电。为何这般"礼贤下士"？原来，冯是山西人，和孔有同乡之谊，当时是杨虎城的十七路军二十四师师长，驻防同州。13日，孔发了一封电报给驻洛阳的国民党第四十六军军长樊崧甫，请樊"译转钦哉"。他要冯"设法疏解"，"转危为安"，并将西安详细情况密报南京。冯接到电报后，欣喜万分，像孔祥熙这样的大人物，过去想高攀都高攀不上，这次真是一个千载难逢的机会。为了表现对孔祥熙的忠心，冯钦哉特派其亲信密赴潼关与樊崧甫见面，密报西安事变的情形，并且明确表态：准备"痛剿"东北军，"设法收容"十七路军。

孔祥熙接到冯钦哉的密报，立即回电，在表达了对冯的"无任佩慰"后，令冯将下一步的具体行动迅速报告。经过一番权衡，冯钦哉一面复电孔，表示"希惠我南针，立即勉效驰驱"，一面同樊崧甫等人联名"声讨"西安。孔祥熙这就达到了分化杨虎城部队的目的。

为了拉拢和收买一些人，孔祥熙慷慨解囊，不惜"破费"。因为，何应钦得知樊崧甫向孔汇报军情后,将樊狠狠地训斥了一番,并以命令的口吻说:"军情只能向我和刘峙长官报告。"为此,樊崧甫密电孔祥熙,讨好地说,今后仍将军情向孔院长报告,但请保守机密,不要对外宣传。为了稳住樊崧甫,孔祥熙立即汇去1万元为樊部军费。并且表示,今后如有所需,当在筹措。其子的工作,也一定好好安置。对于冯钦哉,除立即委以"渭北剿匪司令"官衔外,还派于右任携带巨款赴陕西,以充实冯部军费。

一位外国作家说,孔祥熙在处理西安事变中"有多少钱转了手,这一点始终没有透露过,而且也不重要。宋子文当时是中国仅次于杜大耳朵(杜月笙)的最大富翁,孔家和蒋家分列第三位和第四位。"这些话未必准确。但孔祥熙此时确实不那么把钱看得要紧了。他十分明白,只要有蒋介石,只要能继续执掌党、政、财大权,不尽财源如同长江之水,还会滚滚而来。

这几天,宋美龄的日子很不好过,忧虑、恐惧、烦躁、怨恨,四周的一切似乎全都改变了,身边的官员们好像都投来了异样的眼光。有人竟当着她的面说:"为维护国民政府威信计,应立即进行讨伐。"宋美龄反驳道:"今日若遽用武力,确将危及委员长之生命","委员长之安全,实与国家之生命有不可分离之联系"。有人挖苦她:"妇道人家在这种情形下不可能保持理智的看法。"宋美龄争辩道:"绝非朝夕萦怀于丈夫安全之妇人。"她向众多的军政要员们呼吁:"请各自检束与忍耐,勿使和平绝望;更请在推进讨伐军事之前,先尽力求委员长之出险。"她在各种场合作各种解释和规劝,但都收效甚微。

这段时间,宋美龄与宋蔼龄同住孔家寓所。身为大姐的宋蔼龄意识到自己的作用,她想方设法地安慰宋美龄,尽可能地减轻蒋夫人的精神压力。

短短几天,南京城内,众说纷纭,有些人绘声绘色地说:"西安遍地烽火,红旗到处飘扬,士兵们沿着城墙挖壕据守,全城陷入一片恐怖之中。"如同亲眼所见。探明西安的实际情况,是当务之急。孔祥熙同宋美龄多次商议,决定派端纳先赴西安。

为何孔、宋这般器重端纳,这可有段缘由。端纳,出生于澳大利亚新南

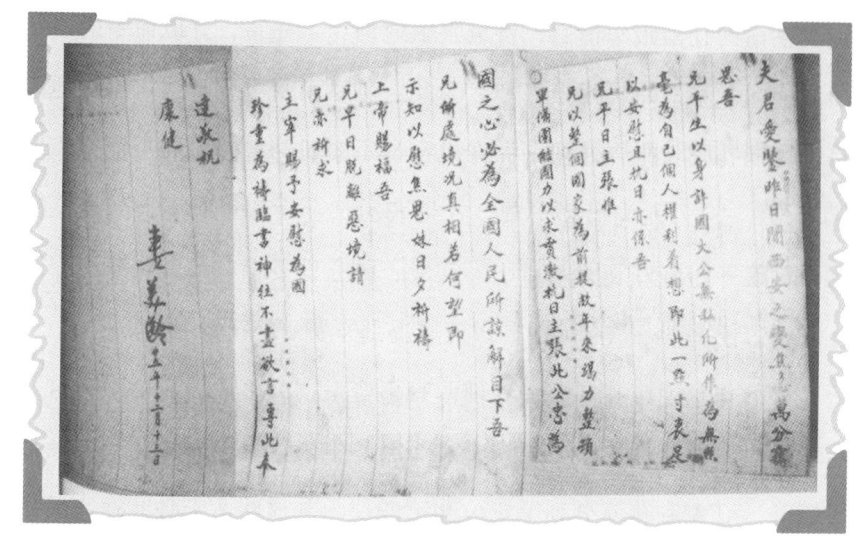

西安事变期间宋美龄给蒋介石的信

《西北文化日报》关于西安事变的报道

威尔斯州里斯峪。19世纪末,他以报社记者身份踏进中国的大地。此后,便成了一个活跃于旧中国政治舞台多年的风云人物。他善施手腕,八面玲珑,纵横捭阖,广交朋友,既和不少同盟会员交往甚密,又同一些清朝达官显贵情深意长。还在孔、宋的孩提时代,他即是宋耀如家的常客。辛亥革命以后,他见风使舵,一度担任了孙中山的私人顾问,继而担任了张作霖和张学良的顾问。他在"少帅"身上倾注了不少的心血,既协助治军理政,还促使其戒掉了吸毒癖。他陪"少帅"赴欧洲考察8个多月之久，朝夕相处，亲如兄弟。应蒋介石的邀请，端纳又充当了英、美驻南京大使馆和蒋介石国民政府的实际联络人，为蒋介石、孔祥熙出谋划策。

端纳1928年曾糊里糊涂上过孔祥熙的当，赔了一笔数量相当可观的钱。事后，端纳对其朋友说："他的赌咒发誓一钱不值。他是好心，但愿上帝保佑我们离这种抱着好心的人远远的。"然而，英、美国家的在华利益，又驱使着端纳不能不对孔祥熙亦步亦趋，效尽全力。

这天，端纳激昂地对孔祥熙和宋美龄说："我不相信少帅会搞兵变，我不相信委员长已经死了。"

宋美龄焦急万分地恳求道："快！快！你一定要救出委员长。"

"好，请准备飞机，我马上动身。"端纳答应了蒋夫人的请求。

这样，端纳乘飞机于13日中午离开南京，14日飞往西安，与张、杨进行了接触。

15日，端纳由西安飞抵洛阳，用电话向宋美龄汇报了在西安会晤蒋、张的详细情况，并强调了张的善意、蒋的安全以及和平解决的希望。同时，张学良也致电南京政府，邀请孔祥熙和蒋夫人同往西安，商讨解决问题的办法。

但是在南京，有些人怀疑这些电报是否真诚可靠，甚至认为张学良只想借此多抓几个人质，因而反对南京政府派员同张、杨进行谈判。

在国民党大员们的一片"讨伐"声中，孔祥熙也改变了原先对张、杨二位将军的比较温和的态度。他对南京《中央日报》记者发表谈话，严厉指责张、杨"对统帅妄加劫持，影响国家前途，至深且钜。"他在致阎锡山的电报中称："汉卿劫持介石，迄无悔悟表示，中央同人，愤恨万端……若汉卿仍旧执迷不悟，则中央同人，为国家民族计，为国际地位计，断难容其抱一人之质，贻全民之祸。""势必取断然之处置，兴讨伐之义师。"这完全同12月12日深夜致张学良的电报判若两人。

正是在这样的情况下，16日上午国民党中央执行委员会第30次会议做出决定：（一）推何应钦为讨逆军总司令，迅速指挥国军扫荡叛逆。（二）由国民政府即下讨伐令。

同日，孔祥熙和林森以国民政府的名义下达了《讨伐令》以及《国民政府着军事委员会斟酌情形于必要地区宣布戒严令》。根据这些命令，16日起，南京实行"戒严"。

17日晚，六朝古都，万籁俱寂，人迹稀少。只见几辆豪华轿车在丁家桥中央党部门口戛然而止。从车里钻出身体臃肿的孔祥熙，他径直向中央党部大院内的中央广播电台播音室走去。时针指向8时，孔祥熙在播音室正襟危坐，发表了《西安事变与戡乱》的演讲。

他提着嗓子说："全国同胞！今天中央广播电台邀约本人，为西安事变向全国同胞演讲。"他将蒋介石吹嘘了一番后说："张学良、杨虎城等，居然敢劫持蒋院长，不惜破坏国家，陷民族于万劫不复之地，这种犯上作乱的行为，在国法上万无可宽恕的。""虽然我们都渴望解救委员长，但是我们的态度是，不允许一个人的个人安全妨碍一贯国策。我们不能因一时事变有所迁就。"

他换了口气，为"讨伐"张、杨编了一套理由，说："中央现在明令讨伐，就是明是非，分顺逆，整纪纲，望我同胞，一致奋起，声罪致讨，拥护政府，迅速削平叛乱。"

这番气势汹汹的讲话，通过无线电波，翻过崇山峻岭，一直传到西安蒋介石房间里。蒋介石从收音机里听完这篇"演讲"，心里不知是个什么滋味。

孔祥熙唯恐英国政府不明了其意旨，还特地派一位外交部次长，向英国驻华大使休格森爵士传达了他对采取军事行动的"信心"。这位外交部次长说："政府已决定派遣由何应钦指挥的讨伐军，已不存在谈判与妥协了。……苏联政府已表示他们同事变没有联系，在这种情况下，中国政府对采取军事行动有了信心。"英国驻华大使表示，他立即将南京政府的这个态度向伦敦报告。

以前的许多文章和著作，着重介绍了孔祥熙一度反对"讨伐"，主张派代表进行谈判的言行，却回避了孔在一段时间内也赞同"讨伐"张、杨，并为《讨伐令》大造舆论这一重要史实。这无疑造成一种假象，似乎孔祥熙一直是"主和派"。而事实却是这样：12日晚，孔祥熙在上海致电张学良时，他考虑的是"蒋公安全在其掌握，尤不能遽闭谈判之门"，表示"吾兄主张，总宜委婉相商"，多少还有一点主张和平谈判的姿态。然而，他的态度在逐渐转变。16日，他签发《讨伐令》，17日又发表一通"戡乱"演讲，公开宣传"讨伐"有理，积极协助何应钦指挥军事行动，则完全是一副杀气腾腾的嘴脸。我们是不赞成那种对孔祥熙时和时战态度不作具体分析，笼统地称孔为"主和派"的观点的。

如果说，孔祥熙的主张同何应钦的做法有些什么差别的话，则是何偏重于军事，一直叫嚷"讨伐"，而孔祥熙则侧重于政治、军事双管齐下，最终仍是赞同，"讨伐"。

《讨伐令》既下，一时间，战云密布，马达轰鸣，由何应钦指挥的"讨逆军"东路集团军和西路集团军分别集结兵力，在潼关前线发起进攻。一架又一架飞机，在渭南、富平、三原县城上空，扔下一批又一批的炸弹。因降大雪，天气不利飞行，才未轰炸西安。

《讨伐令》发出后，形势发生急剧变化，各方面做出了强烈反响。

中国共产党明确表示主张和平解决事变。12月15日，红军将领毛泽东、朱德等15人致电南京国民政府，指出事变的爆发，"实蒋氏对外退让，对内用兵，对民压迫三大错误政策之结果。"如扩大内战，将"国亡种灭"，恳切希望采纳张、杨八项救国主张，变内战为抗战，红军愿"与贵党军队联袂偕行，共赴民族革命之战场"。17日，中共中央派出周恩来、秦邦宪、叶剑英等人赴西安，同张学良、杨虎城以及蒋介石进行和平谈判，以实际行动表明了和平解决西安事变的诚意。

12月19日，中华苏维埃中央政府及中共中央发出对孔祥熙等人的通电，全文如下：

南京孔庸之、孙哲生、冯焕章、陈立夫等先生，及国民党国民政府诸先生；西安张汉卿、杨虎城、王鼎芳、孙蔚如先生，暨抗日联军西北临时军事委员会诸先生勋鉴：

自西安提出抗日纲领以后，全国震动，南京的"安内而后攘外"政策，不能再续。平心而论，西安诸公爱国热心，实居首列，其主张是立起抗日。而南京诸公，步骤较缓。可是除亲日分子外，亦非毫无爱国者，其发动内战，当非心愿。以目前大势，非抗日无以图存，非团结无以救国，坚持内战，无非自速其亡！当此危急存亡之秋，本党本政府谨向双方提出如下建议：

（一）双方军队暂以潼关为界，南京军队勿向潼关进攻，西安抗日军亦暂止陕甘境内，听候和平会议解决。

（二）由南京立即召集和平会议，除南京西安各派代表外，并通知全国各党各派各界各军选派代表参加。本党本政府亦准备派代表参加。

（三）在和平会议前，由各党各派各界各军先提抗日救亡草案，并讨论蒋介石先生处置问题，但基本纲领，应是团结全国，反对一切内战，一致抗日。

（四）会议地址暂定在南京。

上述建议，实为解决目前紧急关头之合理有效方法，南京诸公，望立即决定国策，以免值此国家混乱中日寇竟乘虚而入也！并望全国人民各党各派，立即督促当局召集和平会议，讨论一定国策，共赴国难！

中华苏维埃中央政府
中国共产党中央委员会

共产党的这些正确主张和行动，在国内外引起了极大反响，对推动事变的和平解决起了重要作用。

张、杨二将军对南京政府的军事进攻做出了强硬的反应。张、杨命令所属各部密切注视国民党嫡系部队的行动,并将大部分东北军集中于西安附近,准备应战。16日,端纳向蒋介石转述了宋美龄透露的军队即将进攻西安的口信,要求蒋下令禁止。张学良在一旁十分气愤地说:"何应钦逼人太甚,要打我们就打。"接着他又对蒋介石说:"前方已开始冲突,中央军在华县与杨虎城部对峙中,如进攻不已,则此间军队只可向后退却。"这里所说的"向后退却",本是少帅为谋求和平解决西安事变的避让之举。可蒋介石由于胆怯心虚,感到这是"以相恫吓"。张学良还致电南京政府:"委座南归,尚待商榷。在此时期,最好避免军事行动。弟部初未前进,而贵部已西入潼关,肆意轰炸,果谁动干戈?谁起内战耶?兄部如尽撤潼关以东,弟部自可停止移动,否则彼此军人,谁有不明此中关键也哉?"字里行间,洋溢着刚正不阿的气概,表明了希望和平但并不惧战的坚定态度。

蒋介石也开始正视现实。17日,蒋介石写了一个"星期六以前万不可冲突,并即停止轰炸为要"手令。并命蒋鼎文于18日飞抵南京,亲手交给何应

端纳到西安与张学良见面

钦。这理所当然地对孔祥熙、何应钦改变《讨伐令》起了作用。

这时，英国政府对南京政府"采取军事行动"的态度，表示了完全不同的看法。18日，英国驻华大使休格森爵士拜见孔祥熙说："尊敬的阁下，我受外交大臣艾登先生的委托，向您转达他的意见，他想到会出现这样的情况，张学良可能被说服释放蒋介石，如果他本人的安全得到保障的话。如果是这样的话，假如我们表示愿意尽我们的最大努力来保证他的安全，这对事态是否有帮助？"这番话，虽然同南京政府的宣传和行动是那样的不合拍，但是，这毕竟是代表英国政府的意见。因此，孔祥熙马上表示："欢迎艾登大臣的建议。如果艾登先生能推进这一安排，我们将十分感谢。"

正是由于《讨伐令》颁布后，各方都不同程度地表示反对使用武力的态度，迫使孔祥熙、何应钦等人重新考虑和平谈判的问题。

那么，派谁为代表同张、杨两将军谈判呢？张、杨两位将军一再邀请宋美龄和孔祥熙前往西安。然而，南京政府有些人说："在目前情形下，负军事责任的蒋委员长已经被扣西安，先生现负全国行政责任，万不能轻入虎穴。"孔祥熙也以"医生坚嘱不令飞陕"为由极力推辞。无可奈何，宋美龄只得打电话给端纳说："孔祥熙因代理行政院长职务，不能离开南京，可否以宋子文或顾祝同代替，请征求西安方面的意见。"端纳答应立即向少帅商议。

提到宋子文，这里略作交代。宋子文此时虽不像孔祥熙那般忙忙碌碌，但也并非清闲之辈。事变爆发之日，他正在由香港回上海的途中。13日抵达上海，还未在家中坐稳，就接到了孔祥熙打来的电话。孔向他介绍了西安事变的经过和南京政府的对策，并叮嘱他暂留上海，"对于金融方面加以照料"。放下电话，宋子文来到上海中央银行。在这里，他会见了等候已久的记者们。

"请问蒋院长近况如何？"

"请谈谈对西安事变的看法。"

面对记者们连珠炮般的发问，宋子文摆出一副从容的面孔，说开了：

"蒋院长在西安绝对安全。本人以为西安事变乃系国家最不幸之事。目前急需用有效办法，于最短期内解决。盖全世界之目光，刻已集中中国也。本人与蒋院长公私之关系，及与张学良多年之友谊，均为人所共知。在特殊关系之中，如有任何可能解决之办法，本人极愿在政府领导之下，尽最大之努力。"

一只只话筒录下了他那激昂的声音，一台台照相机摄下了宋子文那侃侃而谈的面容。

也正在这个时候，张、杨两位将军在听完端纳转达的宋美龄的电话后，立即表示同意宋子文代替孔祥熙赴西安谈判，这再次充分地体现了张、杨和平解决西安事变的诚意，又一次给了孔祥熙为代表的南京政府和平解决西安事变的机会。这样，孔祥熙便立即电召宋子文返回南京。

一波刚平，一波又起。孔祥熙好不容易请到宋子文代他赴西安谈判，而南京政府内又有人认为"宋氏之行为不当"，"宋氏身任全国经济委员会常务委员，且亦为中央执行委员，果赴西安，难免有政府与叛逆讨价还价之讥。"极力阻挠宋子文西安之行。后来，孔祥熙同宋氏兄妹们一起想出一个新的对策，即由宋子文提出他可不以政府代表名义，而以私人身份探询情况，孔祥熙和宋美龄在会议上公开表示赞同。这一招还算灵验，其他的国民党军政大员们虽有异议，做不便公开反对。

19日，孔祥熙邀孙科、居正、何应钦、叶楚伧、王宠惠至其寓所，经过一番会商，做出两项决定：

（一）准宋子文以私人资格去西安，营救蒋介石；

（二）将对西安方面的停止轰炸期延长到22日。

待各位大员们一一散去，孔祥熙靠在沙发上静静地思索了一番："子文赴西安，的确给我解了一道难题。但是，张学良的'请柬'当初毕竟是寄给我的，无论从'公'或'私'的角度，我均应应邀而至。这次未亲自探望委员长，真是天大憾事。为了避免委员长误解，也为了旁人生口舌，必须说明我的'苦衷'，表示一下无任怅恨的心境。"想着想着，他提起了笔，给蒋介石写了一封信：

"介石钧鉴：在沪闻事变消息，焦急异常。当即扶病同三妹来京。本拟即同三妹赴陕省视，嗣闻尊意不欲三妹前去，而弟则以中央决议在吾兄未回京以前，暂代院务，因致未果，无任怅恨。遂商三妹派端纳飞陕奉候吾兄，继据自洛阳报告，吾兄起居安适，于焦急之余，始较安慰。"

"弟等日日为吾兄祈祷心身安定，得以早日返京主持中枢大计，以慰全国殷殷之望。三妹在此，有大姐及弟等陪伴，幸为释念。吾兄衣服多已遗失，至以为系。兹因子文弟赴陕之便，特购制数袭，附机奉上，即祈察纳，诸希为国珍重，不尽欲言。专此，敬颂钧祺。弟祥熙手启。十九日。"

这封信用心良苦，将未"赴陕省视"的原因都推给了"中央决议"，孔祥熙不用承担任何责任。

这些天，蒋介石失去了往日的威风，食不甘味，夜不能寐。萦绕脑际的只是个人的安危，只要有人来救他，便惊喜无比，根本就无暇顾及南京政府到底派谁来"省视"的问题。蒋介石看到了宋子文，读了孔祥熙的信，情绪激动，请宋子文尽快帮他脱险。这样，孔祥熙才了结了一桩"心病"。

为了显示对蒋介石的忠诚，孔祥熙每日都祈祷耶稣，并用《新约福音》卜课问蒋安全。一天，他突然从《新约福音》上读到"耶和华和一妇人一起得救"字样，他恍然大悟，似乎一下子把握了真谛。一阵欣喜过后，他急忙把这一"重大发现"告诉蒋夫人。这无异于雪中送炭，愈发使宋美龄感到西安之行理直气壮。

20日，宋子文自西安返回南京，向孔祥熙汇报了同中国共产党的代表周恩来会谈的情况。他还到处宣扬蒋介石在西安很安全，赞美周恩来说："南京有谁能承担这样的风险营救蒋介石？相反，还有人要轰炸。"这一来，主张"讨伐"的国民党大员们的气焰不得不有所收敛。

21日，孔祥熙以国民政府代理行政院长的身份同意宋美龄、宋子文去西安谈判。

在周恩来的帮助下，在张、杨和宋氏兄妹的共同努力下，蒋介石采取了正

中共参与西安事变谈判的代表：秦邦宪、叶剑英、周恩来（左起）

视现实的态度，接受了联共抗日的要求。最后，"以人格为担保"，同意了改组南京政府、释放一切政治犯、停止"剿共"政策、联共抗日、召开各党派各界各军的救国会议、实行抗日的外交等条件。

12月25日，张学良、杨虎城两将军释放了蒋介石及其随行人员，震惊中外的西安事变得到和平解决。

孔祥熙于蒋返京后，28日通电卸去代理行政院长职务。他在电文中自我表彰一番，说在十四天的代院期间，"上下一致，共济时艰"，"稳定金融，安定地面，维国内之秩序，博友邦之同情"，等等。

蒋介石返回南京后，立即背信弃义，在南京软禁了张学良将军。

见张学良遭此厄运，孔祥熙和宋蔼龄或许起了恻隐之心。1937年1月3日，孔祥熙自上海密电南京国民政府，请求特赦张学良。电文中称：西安事变发生之日，张即电孔表示负责保护蒋的安全。孔乃以私人资格，在迭次复张函电中，表示张如能迅速护蒋回京，孔亦保证张的个人安全。张学良也曾向宋蔼龄倾吐心中的焦虑和后悔，并恳求地对宋蔼龄说："请原谅我。"后来，宋蔼龄曾对她的一位朋友说："我想，嗯，想惩罚他所做的事情。……但他却如此的懊悔……真的，实在是不好意思。"

爱国将军张学良在国民党的"严加管束"下，先后被软禁于南京陵园、奉化溪口、安徽黄山、江西萍乡、湖南郴州、贵州贵阳等地，1946年11月被蒋介石密令特务押赴台湾。1959年，蒋介石虽表面上解除对张学良的"管束"，但仍派保卫人员监视其行动。2001年10月15日，张学良将军因病抢救无效在美国夏威夷逝世，享年101岁。爱国将领杨虎城则被蒋介石诱捕，长期被秘密关押在贵州重庆息烽、白公馆监狱，1949年被秘密杀害。

孔祥熙 全传
Biography of Kong Xiangxi

12 赴欧美访问

孔祥熙出访欧美，除参加英王加冕盛典外，还先后在英、法、德、美等国开展外交活动。他会见了英国政界高级人物，拜见了法国总统勒白伦、德国元首希特勒、美国总统罗斯福等人，并订购了一批武器与军用物资。

周游列国，为期半年，成果几何？

西安事变和平解决后，孔祥熙于1937年4月开始出访欧美。孔祥熙此次出访，当时对外宣传是游历和考察国外经济建设，其实是在日寇大举进攻中国前夕，加强同欧美资本主义国家的联系，寻求这些国家的支持和援助。

孔祥熙出访的第一个国家是英国。1937年春，英王乔治六世举行加冕典礼，南京国民政府派孔祥熙以"中华民国庆祝英王乔治六世加冕典礼特使"身份，前往英国。为了引起英方注意，并为孔祥熙饯行，南京政府由行政院代院长兼外长王宠惠出面举行茶会，各国驻华使节应邀参

孔祥熙出访英国

加。会上，王宠惠首先发表了一通演说："英王之加冕典礼，异常隆重，而中英之邦交，素称敦睦，是故我国参加英王加冕。此次参加英工加冕典礼之特使，由孔副院长担任，以孔副院长之学问、道德、声誉及地位而论，深庆得人。孔副孔祥熙出访英国院长在国内虽政务繁重，然因此行使命重要，故毅然决然前往。希望孔副院长此去，对于中英之邦交，益谋敦睦，将来归国之后，复以此行之获贡献于国家。"

王宠惠讲话后，孔祥熙即起身致答词。他首先客套了几句，说："本人奉使赴英，祝贺英王加冕，愧不敢当。"继而说道："此次专程前往参加近今世界所罕见之隆重典礼，除代表国家向英王致贺外，并代表政府与人民向英国朝野表达亲切之热忱，使两国邦交益臻敦睦。事毕，顺道至各国考察各项建设情形，以为我国经济建设之借镜。"

临行前，孔赴蒋介石私邸晋谒辞行。蒋对孔祥熙说："此行使节，极为重大，望勉力以赴。"至于国内财政，蒋介石表示，在孔氏离国期间，他将亲加注意，俾孔将来归国时，国内财政情况，能与出国时甚无二致，望孔氏于远行期间，释念云云。孔祥熙历来对蒋介石毕恭毕敬，此时对蒋的临别之言，尽心领会，点头称是。

4月2日，"中华民国特使"孔祥熙及副使陈绍宽（海军部部长），使团秘书长翁文灏（行政院秘书长），参赞张福运、诸昌年、郭秉文，武官桂永清、温应星等一行三十余人，从上海起程，乘意大利轮"维多利亚号"赴欧。宋蔼龄及孔、宋长女孔令仪、次子孔令杰同往。国民政府行政院代院长王宠惠、军政部长何应钦、蒋夫人宋美龄、汪精卫的代表曾仲鸣等到码头送行，驻上海英军仪仗队也到码头鼓乐相送。

4月4日，孔祥熙等乘坐的"维多利亚号"开抵香港，港辅政司及各界人士苾埠欢迎，何东爵士设宴招待赴英使团成员。4月15日，使团抵印度西海岸城市孟买，英国殖民地孟买省长派副官登轮拜见孔祥熙。4月20日，抵埃及赛特港，孔祥熙等下轮后，乘车至开罗，参观游览了举世闻名的埃及博物馆和金字塔。不知是有意安排还是巧合，4月20日当孔祥熙到达埃及时，当天正是埃及的传统节日——闻风节，成千上万的埃及居民带着食品、饮料，走出家门，到野外游玩，欢度节日，无论是在城市的公园里或草地上，还是在尼罗河畔、金字塔下或椰枣林中，还是在海滩或旅游胜地，到处可见"闻风"的人们。孔祥熙一踏上埃及国土，就看到这一盛况，自然喜形于色。离埃及后，经意大利、捷克、德国等地，于5月5日抵英国杜佛港。

孔祥熙抵英时，受到一般礼节性接待。

为使英方满意，孔祥熙马不停蹄，稍事休息后，随即接见记者，在谈话中称："余此次奉命代表中国政府参加英王盛典，异常欣幸。余愿借此第一机会，向英帝国转达中国民众祝贺之意。中英关系向称友善与融洽，在过去数十年间，中英两国曾有进行积极之经济合作机会，以求商务与财政情形之稳定，此不仅对两国有利，且对全世界亦有裨益也。中国在蒋委员长领导之下，已臻财政平衡及政治统一之阶段，目前一切努力，正集中于经济实力与农村之建设。在此伟大之工作中，中国欢迎友邦之合作。余为供给我国政府最新材料，以协助推进经济建设之程序起见，拟于加冕典礼完成后，考察与研究欧陆各国经济与实业之发展。余回顾五年前曾游此邦，甚感愉快，今愿借此机会，重修旧好，交结新知。"

对孔祥熙的这番好意，英国方面不能不有所表示。5月6日，英外相艾登在中国驻英大使郭泰祺举行的宴会上，也说了一番称赞中国政府和孔祥熙的话。他说："凡具有想象力的人，莫不看到中国的长处，且为中国的复兴感到惊异。中国此次复兴，英国尤为欢迎，因英中两国之间的友谊由来已久。再则中国能自十年前的艰难困苦中复兴，也证明中国民族自身有坚强的活力和与环境相适应的能力。"

艾登话音刚落，郭泰祺便接上话茬，向孔祥熙与英方两面讨好地说："此次庆贺英王加冕典礼，中国特使非但为行政院孔副院长，且为先师孔子75代孙，以中国圣人之后裔，参加英国君主加冕之盛典，尤为难得。"说完，孔祥熙、艾登、郭泰祺等便举杯畅饮。

艾登虽然在宴会上对中国政府和孔祥熙吹捧了一番，但这不过是逢场作戏罢了。离开宴席，大英帝国的高级官员对中华民国的使者却又另眼相看。在英王举行加冕典礼的整个过程中，中国使团成员排于别的大国之后，孔祥熙等仅是一般宾客而已。

5月13日，英王乔治六世加冕典礼，在威士敏斯特教堂举行。

孔祥熙会晤英国首相张伯伦

英王加冕典礼时，孔祥熙和中国使团成员及随行人员宋蔼龄、孔令仪、孔令杰等，作为观众参加。这一盛况，对于他们来说，是未曾所见的。一来因为中国的封建礼节，自辛亥革命以来，已基本废除了；二来历代中国皇帝也只有登基而无加冕典礼。所以，孔祥熙等自然赞叹不已，感慨万千！

孔祥熙在参加英王加冕期间，还频繁地会晤了英国政界高级人物。20世纪30年代，英国政府在外交政策方面，奉行纵容日本、德国和意大利等法西斯国家进行侵略的政策；对日本侵略中国东北，抱着"不扩大事态"的方针，听凭日本帝国主义在中国不断扩大侵略。尽管如此，孔祥熙仍想从英国政府得到"援助"。通过谈判，签订了关于建筑广梅铁路与浦信铁路借款协定，分两批，共700万英镑。并商定俟机在伦敦发债券3000万镑。在军用物资方面，虽由海军部部长陈绍宽出面，洽谈过购买潜水艇等事宜，但因英方屈服于德日等法西斯国家的压力，未能达成协议。实际上，英国政府当时考虑的主要是如何扩大在中国的投资，而不是什么"援助"。英首相张伯伦说："日本要在华北单独投资，但在华南则要求英国依照四国银行协定，遇有投资和借款机会，必须通知日本共同参加，这是不符合英国利益的。英国不论在华北或华南都有投资权。至于武力战争，英国不卷入，万一中日交战，英国将采取远避的做法，中国不可空望帮助。"

孔祥熙本想利用参加英王加冕典礼机会，在中日关系紧张之际，取得英国政府的支持和援助，可实际并未得到多少东西。5月20日，他离开了英国。

孔祥熙离英后，继赴日内瓦。5月下旬，国际联盟第97次会议在日内瓦召开，当时中国也是国联成员之一，驻法大使兼国联代表顾维钧在征得其他国家同意后，安排孔祥熙一行参观此次国联会议。5月27日，中国代表团设宴招待几个主要国家的代表，让他们同孔祥熙见面。出席的有英国外相艾登、法国外长德尔博斯、苏联外长李维诺夫等。5月28日，孔祥熙拜访了瑞士联邦行政委员会主席摩太。5月30日，抵意大利，与意大利首相墨索里尼会晤。5月31日，从意大利乘机赴巴黎。

孔祥熙访法期间，除谒见法国总统勒白伦外，同勃鲁姆总理、德尔博斯外长及财政金融界头目进行了会谈。会谈的中心是关于太平洋协定与借款问题。

孔祥熙对勃鲁姆说："中国欢迎澳洲总理莱昂斯的建议，由远东和太平洋地区国家签订一个一般性的互不侵犯及互助协定，希望法国政府加以赞助，促其实现。"孔祥熙还向勃鲁姆谈了增进中、法经济与投资合作的愿望。

关于太平洋协定的拟议，勃鲁姆告诉孔祥熙："法国政府的政策一直是致力于集中努力以维护和平，事实上也一直在提倡签订互不侵犯和互助协定。因此远东及太平洋地区订立互不侵犯和互助协定的意见与法国政策是一致的。"但勃鲁姆认为："要实现这一目标，光靠法国还不行，美国的态度极为重要。"孔祥熙赞成勃鲁姆的这种看法，并说："据我所知，莱昂斯已向罗斯福谈过此项倡议。美国总统表示赞成。"勃鲁姆听了很高兴，并感谢孔祥熙把这个情况告诉他。他又对孔祥熙说："美国的合作，不仅对远东和太平洋地区，而且对整个世界的和平也是必要的。"

在会谈中，孔祥熙也谈到法、英、美三国的关系比任何时候都好。并说

"这三个国家的合作,是世界和平事业的强大力量。中国也愿在维护国际和平的共同努力中,尽自己的一分力量。"为此,他希望勃鲁姆运用他的影响,促使太平洋与远东和平协定的缔结。

勃鲁姆说:"我一直认为中国是远东的一个伟大国家,怀有和法国人民一样的向往民主和平的激情。"他向孔祥熙表示,法国将竭力与其他国家一起,推动签署远东与太平洋地区的普遍和平协定。

关于借款问题,勃鲁姆总理建议孔祥熙与法国财政部部长奥里奥尔及法兰西银行总裁拉贝里举行会谈。

孔祥熙在同奥里奥尔的会谈中,首先介绍了中国的财政经济状况。他说:"自1935年中国币制改革以来,中国的外汇兑换率保持平衡,中国的各行各业全面复苏。中国政府已下决心推行经济建设计划,在发展铁路、公路、航空等交通事业方面,已取得很大成绩。政府的新预算收支平衡,不需要举债来应付经常开支。"孔祥熙还说:"我们在伦敦有大量英镑,在纽约有巨额美元存款。这些钱长期没有动用过。"

既然如此富裕,为何还要向法国借钱呢?孔祥熙自有一番"高论"。他说:"目前的计划是在国外贷款以清理现有的内债。这些内债总计约20亿元,照现行市场利率,中国政府平均要担负8厘利息,如能用发行4厘新公债筹到足够款项以收回全部旧公债,政府每年可以节省8000万元。节省的这笔钱可全部用于经济建设。"孔祥熙直言不讳地表示,希望得到一笔数亿元的贷款,作为"中、法经济合作"的第一步。但又说不打算把这笔贷款汇回中国,而是存在法国银行,作为中国发行纸币的准备金,如果法国财政部有急需,任何时候都可动用这笔钱。

法国财政部部长奥里奥尔听了孔祥熙的这一席话,立即表示赞成孔所说的所谓中、法经济合作。但对于中国向法国政府借款之事,却又推说"目前法国金融市场困难较多,实难安排"。

碰了个软钉子,孔祥熙十分尴尬,他只好改口说:"借款问题并不迫切,我们不需要用借款来应付政府的经常开支。我们提出这个问题，只是出于增进中、法合作的愿望。"

这时，法兰西银行总裁拉贝里和法国财政部基金调拨司司长鲁夫侧身与奥里奥尔财政部长交换了一下意见。然后奥里奥尔说："我认为借款不是原则问题，原则上我完全赞成，问题只是这项财政安排应采取什么方式为宜。"他提出，由中国的中央银行和法国的银行安排一种信贷的方式，即可获得同样的效果。孔祥熙表示同意信贷这个主意，并问用什么方法来讨论这件事，以便作出具体安排。奥里奥尔回答说："双方可各指派一两位代表，作进一步讨论并安排细节。"孔祥熙对此表示赞成。

于是奥里奥尔指派财政部基金调拨司司长鲁夫、商业协议司司长阿尔芳；孔祥熙则指派翁文灏和郭秉文从事这项工作。不久，信贷问题谈妥，法国银行信贷予中国2亿法郎。

孔祥熙访法期间，还拜会了法国空军部部长科特，海军部部长杜帕克。在空军部，孔祥熙特别感谢科特和该部的殷勤款待，以及受邀在布尔歇检阅法国各型军用飞机的编队演习。孔祥熙自称对法国飞行员的技巧和法国飞机的优良性能留下了很深的印象。科特对孔祥熙说："我了解中国对发展空军极为关切，法国方面准备以同中国合作的方式，帮助中国建立国防中的这一重要兵种，不知孔副院长意见如何？"孔祥熙立即表示："这对中国将是大有裨益的。"他说："到现在为止，中国由于各种原因，大部分飞机是从别国购买的。几年前曾向法国订购过一批飞机，不过这些飞机并非最新的类型，没有达到满意的结果。现在如果要买飞机，要买最新式的。"

接着，双方商谈了飞行员训练问题。孔祥熙问科特："是否有可能让中国飞行员到法国空军各部门接受训练？"科特回答说："如果中国需要，他可以派遣法国空军专家去中国服务。"

此后，孔祥熙及海军部部长陈绍宽又同法国海军部长杜帕克会谈。孔祥熙说："中国鉴于增强国防，有必要发展海军。我们打算以订购几艘潜艇作为开端，不知法国海军是否可以帮助中国获得潜艇。"对于出卖潜艇这件非同小可的事，杜帕克回答得十分直率。他说："海军只管技术问题，中国能否从法国获得潜艇，不能由海军决定，你们可让中国驻法大使与法国外交部商谈，最后由法国政府决定。一旦法国政府在原则上批准，技术部门肯定会竭力相助。"

孔祥熙在法国进行了为期一周的访问，于6月6日离开巴黎。孔祥熙在法国期间，虽然开展了一些外交活动，洽谈了从法国借款及购买飞机、潜艇等事，但并未达成最后协议。中日战争全面爆发后，法国因怕引起日本方面的反对，并未积极支持和援助中国。

6月9日，孔祥熙抵德国柏林。当时德国在希特勒国社党统治下。希特勒自称"元首"和"帝国总理"，对国防军有最高统帅权。在外交上，法西斯德国当时已经与意大利签订了"轴心协定"，又与日本签订了"反共产国际协定"，德、日、意三国已结成了法西斯联盟。对中国方面，法西斯德国支持国民党政府"反共""反共产国际"，对中日两国之间的事情，当时态度尚未完全明朗。在这种情况下，孔祥熙访问德国，想取得希特勒的支持，也就是可以理解的了。

孔祥熙抵柏林时，世界政治军事形势日趋紧张，风云变幻。然而自然风光却是另一番景象，6月的柏林，阳光明媚，花团锦簇。威廉大街车站，缀满了绿色与金色的鲜花，悬挂着中、德两国国旗。德国经济部部长兼国家银行总裁沙赫特及其他职员，中国驻德大使程天放等到车站迎接。沙赫特在车站客厅发表简短欢迎词，对于孔氏接受邀请，访问德国，表示愉快。孔祥熙则感激沙赫特的欢迎，表示将借访问之机会，推进中德两国之邦交。随后，孔祥熙在沙赫特陪同下，乘车赴勃里斯多尔旅馆。

德国人了解孔祥熙的癖好，当天下午，柏林技术大学即邀请孔氏参观，并由该校校长亚尼姆授予孔祥熙荣誉工程博士。为免无功受禄之嫌，亚尼姆编造一番理由说："该校所以授予孔氏博士学位，首先是因为孔氏在国民经济建设

孔祥熙访问德国时，会见希特勒

上有显著成就，尤其是在多难之秋，为稳定中国货币做出了贡献；其次是因为孔氏在中德邦交上不断努力，特别是签订两国商务协定，并使之实行。"亚尼姆说的第一条是谎话，因为当时中国国民经济状况极为糟糕，退一步说，即使孔祥熙在这方面做了些事，也用不着外国人来加官晋爵。第二条确是实情，在两国邦交上，特别是在两国商务协定上，孔祥熙确实给德国提供了不少好处。孔祥熙被授予工程博士学位，心里自然高兴，他在答词中说："对于此次授予学位，本人深表感谢。这不仅为个人荣幸，亦是对中国认识之表现，是中德优良关系之象征。"

孔祥熙在德期间，还参观了克鲁伯兵工厂。不知是有心还是无意，厂主为孔祥熙出了一个小小的难题。在孔祥熙参观该厂时，厂主竟把他本人袖上所缀的克鲁伯兵工厂三圆圈厂徽袖扣摘下来，送给孔氏作纪念。孔祥熙一时没有礼物回敬，踌躇片刻，便把自己的一副翡翠袖扣解下，送给厂主作为回敬。厂主一看，孔氏的这份礼物极为名贵，于是，又从怀里掏出一只克鲁伯厂出产的三圆圈厂徽挂表，送给孔氏，弄得孔祥熙有点"却之不恭，受之有愧"起来，只好留下。

在官方，孔祥熙首先与德外交次长麦根森会晤。双方谈到了两国关系及日本与中德两国关系等问题。麦根森认为："中德友谊非常密切，去年德国与日本所订的反共条约，外间有种种传说，实际并没有牵涉到中国。"他要孔祥熙转达中国政府放心。孔祥熙则告诉麦根森："日本友谊是不可靠的，大战时，日本利用机会，夺取了德国在太平洋的岛屿，德国人该没有忘记。"孔祥熙说："至于反共，中国是真正反共的国家；日本标榜'反共'，实际是想乘机攫取苏联的西伯利亚。"在讲到对德国的信任时，孔祥熙说："中国因对德国信任，故一切军事秘密均对德国顾问公开，经济方面中德更加具备合作条件。"

接着，孔祥熙又访晤德国重要人物戈林。戈林是希特勒的主要帮凶，曾任德议会议长、普鲁士总理，1935年又兼任空军司令，1940年被封为绝无仅有的帝国元帅，其地位在纳粹群魔之上，希特勒一人之下。希特勒曾经说，我如果有不测之祸，戈林将是我党内和国家政权的全权继承人。

戈林不仅地位显赫，而且在德国政府要员中，是态度最傲慢的人，尤其有看不起中国人的心理。此次会晤，孔祥熙由一位德空军中校引导，在空军部客厅里空等了5分钟，戈林才拄着手杖慢腾腾地走出来。谈话中，戈林更表示出其傲慢的性格。他一开始就说，今天坦白谈话，不讲泛泛的套话。接下去就讲："去年德日签订'反共'协定，目的在反对第三国际，不涉及中国，但如中国共产党太猖獗，则将来德日两国非谈到中国不可。"孔祥熙告诉他："西安事变后，中共军队归中央收编，共党问题可说已解决。"戈林不相信孔祥熙的话，说"中国西北仍为共军占领，并未消灭"。孔祥熙又将国民党十年来"反共"经过告诉他，说"中国是真'反共'，日本的'反共'则目的在侵略西伯利亚"。并谈到日本夺取德属太平洋群岛的往事。戈林态度生硬地回答："日本是东方的意大利（意思是指意大利在第一次世界大战中背弃三国同盟反而对德作战），我们并不相信它。"孔祥熙见戈林态度傲慢，有些不高兴，语气也变得强硬起来："你们德国在远东采取哪种政策，同哪一国订约，我们不能干涉，可是我们要知道德国究竟是愿和中国做朋友，还是和日本做朋友？"戈林也感到孔氏语气不快，才渐渐改变态度，并表示愿和中国做朋友。但后来的事实证明，戈林说的是谎言，德国法西斯实际是日本侵略中国的帮凶。

孔祥熙访德的高潮，是拜见德国元首希特勒。当时希特勒住在上沙尔滋堡别墅，离柏林有大半天的路程。孔祥熙、陈绍宽、翁文灏、程天放等于6月13日清晨乘车出发，午前抵慕尼黑，随后分乘希特勒派的汽车4辆，前往贝许德斯加登镇，去上沙尔滋堡别墅拜会希特勒。

希特勒的别墅——鹰巢，建筑在半山腰上，海拔1000米以上。孔祥熙乘坐的汽车盘旋曲折而上。别墅大门外，有一大帮着普通服装的人，他们见有来客，高呼"希特勒万岁！"大门前只有两个警卫，在孔祥熙乘坐的汽车到达门前时，警卫将大门打开。汽车进门，一个转弯就到了希特勒住宅。

这是一幢两层楼的房屋。底层，入门是衣帽间，进去是小客厅，再进去是大客厅。大客厅不太宽，但是很深。前半段右边摆了一张大圆桌，十几把椅子，这是希特勒接见客人的地方，这次孔祥熙等也安排在这里就座。客厅左边是一个大地球仪。希特勒经常在这里拨弄，但它不是希特勒的玩物，而是其妄图称霸世界的象征。早在1926年，希特勒在《我的奋斗》一书中，就系统地阐述了他的野心：第一步是创建第三帝国，第二步是征服欧洲，第三步是称霸世界。在客厅里朝窗外望去，在群峰围绕中，

希特勒

有一个山谷，山景很秀丽，再由山峰空隙中向前望去，可以看到奥地利。希特勒是在奥国生长的人，他在此地建筑别墅，据说含有念念不忘"德奥合并"的意思。

孔祥熙等在大客厅稍候片刻，希特勒即从里面走出来。希特勒个子不高，身着军服，左袖上别着"卐"符号，上唇蓄一撮胡子，一双鹰眼放出刺人的寒光。经德外交部人员介绍，希特勒一一与孔祥熙等握手，然后分宾主就座。孔祥熙首先讲了他对希特勒仰慕的心理，希特勒也表示对蒋介石的敬仰，并问健康。孔祥熙接下去讲："四年前曾到德国，这次重来，见一切都大有进步，很佩服德国政府收效的迅速。"希特勒答道："四年来虽有进步，但不理想，政治家的眼光要看到几十年、几百年后，不能以目前小小的成就而满足。"希特勒转而谈到远东局势，假惺惺地希望远东国家如中国、日本，彼此友好合作，不要发生事故，如果中国日本的争执需要他做调解人，他愿尽力。在谈到中国内部问题时，希特勒认为，中国现在最需要做的事，是要把军政大权集中于中央，造就一个强有力的中央政府，这样，一切问题都不难解决。孔祥熙表示，中国要向德国学习，绝对服从一个领袖，德国领袖是希特勒，中国领袖是蒋介石。会谈中，孔祥熙又询问德国的外交政策，希特勒借此机会，极力掩盖其征服欧洲，称霸世界的野心，说欧洲平安无事，外国报纸讲德国如何准备侵略，都是无稽之谈，德国决不攻击他人，但也不怕他人来攻，如苏联敢来侵犯德国，德国用一个师的兵力就可以击败苏联的两个军团。唯共产主义有如"细菌"，人身受其侵入后，逐渐蔓延，难以收拾，因此德国对此不能不严加防范。希特勒的这番话，无一是实情，不是谎言，便是恶意攻击。

谈话结束后，孔祥熙向希特勒赠送礼物：一对朱红漆雕花瓶、一册精装宋画、一幅湘绣的鹰和两盒名茶。希特勒对朱红漆花瓶和湘绣特别欣赏，因未准备回敬孔祥熙的礼物，临时找了他本人的一张相片，亲笔签字后，装在一个皮夹里，送给孔祥熙。然后，又同孔祥熙等合影留念。下午五时许，孔祥熙向希特勒告别，汽车驶出希特勒别墅鹰巢。

孔祥熙回到柏林，又访晤了德国防部长白龙培，双方就具体问题进行商谈。白龙培装出一副慈善面孔对孔祥熙说："你们对德国有什么希望的事情，可明白相告，我们愿意帮忙。"孔祥熙向白龙培央求："去年所订以货易货办法（用中国钨砂、锑砂等换取德国军械），希望能顺利进行。"白龙培表示，德方愿继续执行过去签订的合同。实际上，德方更需要换取中国的物资，而他们之所以交换军械给国民党政府，是为了支持蒋介石打内战。

孔祥熙似乎也明白，德国法西斯与南京政府，只有在"反共"问题上的一致，在中日关系上，德国对中国的支持是靠不住的。因希特勒曾公开宣称，在国际关系中，没有永久的朋友，只有永久的利益。所以，孔祥熙也未把希望全寄托在希特勒身上。他在访德结束后，继而转向美国，向罗斯福求援。

1937年6月16日，孔祥熙离开德国，经法国查尔堡港，乘英国邮船"玛丽皇后号"赴美。6月21日，孔祥熙抵纽约，美国务院代表交际司长哈密顿，中国驻美大使王正廷等，到码头迎接。如同至英、德一样，孔祥熙一踏上美国国土，随即发表谈话，阐述对有关问题的看法。他说："余此次赴美，目的有三：一为向总统罗斯福、国务卿赫尔、财长摩根索致敬，感谢诸氏对中国币制改革的支持合作；二为解决中国外债问题；三为考察美国经济及工业发展之情形。"其实，举借外债是孔祥熙此次访美的主要目的。孔祥熙在谈到外债问题时称："中国现一切安排就绪，欢迎所有其他国家帮助合作，在友谊之竞争中，共谋中国之建设。"他又说："国际资本主义之现势，极利发行借款，而中国经济之发展，亦利于外国资本投资。中国政府将以海关岁入为至上担保。今年海关收入为4万万5千万银圆以上，其中以1万万5千万作为偿还外债之担保。中国举借外债，并非用于建筑铁路或开辟实业，乃限于接受长期贷款，为购买材料之用。"孔祥熙说这番话，目的是希望得到美国贷款，并用这种贷款购买美国物资，包括军用物资。

6月29日，孔祥熙拜见罗斯福。罗斯福是美国第32届总统，民主党人，杰出的资产阶级政治活动家。20世纪30年代中期，德、意、日法西斯结成侵略性的军事政治同盟，欧亚出现了两个战争策源地。面对东西方法西斯国家的加紧侵略活动，罗斯福总统采取了反对法西斯侵略的政策。但在和平主义、孤立主义势力的推动下，美国国会又通过了禁止向交战国出售军火的中立法案。这一法案，纵容了法西斯国家对其他民主国家的侵略行为。

孔祥熙在拜见罗斯福时，就中国的内政外交政策，尤其是中日两国日趋紧张的关系，作了阐述，要求美国给予多方面的援助。当时，罗斯福正在推行以"睦邻政策"为中心的对外政策，为将南京政府拉向美国一边，对孔祥熙提出的"援助"要求，答应予以考虑。但因美国国会此前通过了"中立法"，规定禁止向交战国运送武器、弹药及军事装备，"援助"不能公布于众。罗斯福只是示意建设银行公司董事长琼斯，贷予中国美金1千万元。这项贷款手续，不久即完成签字，并洽购了美国的军事物资。孔祥熙后又以商务借债名义，经罗斯福许可，订购了一批汽油，交由美国轮船公司运到香港。在转运时，美国方

美国总统罗斯福

面要求迅速运送,在中国海岸没有被敌人占领封锁以前,运进中国内陆。这批汽油的数量是十分保密的,但它在经过香港转口时,当时的香港政府所征收的保证金是750万元,可见这批汽油是一个不小的数字。当时中国是一个贫油国,"一滴汽油一滴血",这批汽油在抗日初期发挥了不小的作用。

孔祥熙在美期间,还同有关方面达成其他协议,如美国进出口银行准许中国赊购火车头20个,价值7.5万美元,订期5年偿清。又如中美两国成立"金银交换协定",规定中国政府以白银向美国财政部购买一批黄金,所购黄金暂存于纽约,以备急用。这些,算是孔祥熙在美国争取到的"援助"了。

美国虽在一定程度上支持蒋介石政府,以牵制日本,但中国抗日战争爆发后,美国又趁中日战争之机,与日本大做军火买卖。自1937至1940年,美国输往日本的物资总额达9.8亿美元,其中军用物资占7亿余美元。这样,美国国会通过的"中立法"中所规定的禁止向交战国运送武器、弹药及军事装备的条文,也就成为一句空话。

孔祥熙此次访美,不仅为南京政府求得了"援助",本人也有所获,又多了一个"博士"头衔。他在美期间,耶鲁大学授予他"博士"学位,理由无非是德国柏林技术大学所说那样,一为在国内经济建设上有"功",二为在两国邦交上做了贡献。至此,欧美大学赠予了孔祥熙三次博士学位,除此次出访在德、美各得一次外,尚有1926年欧柏林大学赠予的法学博士学位。

驻外使馆人员也跟着沾光。孔祥熙在访美期间,多次赴中国驻美使馆。当时中国驻美使馆所在区域混乱,这是从清政府接收下来的产业,屋宇虽已老旧,但仍可使用。孔祥熙认为,这有失国家体面,决定在双橡园重新买一幢房子,作为大使馆馆址,那幢旧房子,则作为使馆职员宿舍。不久从美国返回,途经法国,看到中国驻法使馆房屋陈旧,又替驻法使馆在富丽堂皇的乔治第一街,购置了一幢比较气派的房子。

就在孔祥熙赴欧期间,爆发了"七七事变"。因此,他也不得不"分向各国当局密询其对中日问题之意见及政策"。其结果是,"英方态度在实力充足

孔祥熙与英国海军司令蒙巴顿在交谈中

前似怕多事,德国……表示(欲)谋求中日妥协,美罗总统密称'满洲国'成立已有六年,兹不问法理若何,其存在已为事实。目下各国虽未承认,但将来必不免有一二国家与日在互换条件下开始承认。其余俄法等同或实力不足,或态度暧昧。"

7月19日,孔祥熙重返英国伦敦,除会见英国政界、军界要人外,还与银行家谈判,签订关于建筑广梅铁路与浦信铁路借款两批,共700万英镑。并商定俟机在伦敦发债券3000万英镑。7月26日,孔祥熙在伦敦接获蒋介石密电:大战已开始,和平无望,希在国际方面多所接洽。8月5日,抵巴黎,与法国银行团最后签订金融协定,贷款中国两亿法郎。8月10日,抵柏林,与德经济部长沙赫特重新讨论中德贸易问题。8月14日,抵捷,与捷外长罗夫达会晤,并向捷克斯高达厂购买步枪、轻机枪等军火一批。8月19日,再次赴德,遵医嘱,去巴德那海疗养,治疗眼疾。孔祥熙在德疗养一月余,9月24日,携带宋蔼龄及子女孔令仪、孔令杰,自意大利乘"维多利亚号"轮起程回国。

孔祥熙在马尼拉停留时,从菲律宾方面获得情报:日本预备中途劫船。于是孔祥熙改乘飞机，直飞香港，再从香港乘法国邮船"海素号"，于10月18日抵上海吴淞口。当时上海战事激烈，中国守军正在与日军进行淞沪会战，孔祥熙乘坐的"海素号"不敢靠近码头。在此情况下，法国领事乘小轮偷接。下午4时，孔祥熙在法大马路码头登陆。

孔祥熙此次出访欧美、周游列国，为期半年，除参加英王加冕典礼外，先后在英、法、德、比、捷、意、美等国开展了外交与借款活动，并订购了一批武器与军用物资，这对中国的抗战无疑起了一定的作用。但是，孔祥熙的欧美之行，并没有达到蒋介石和他所期望的由英、美等国向日本施加压力，迫使日寇延缓侵华的目的，恰恰相反，日寇的侵华战争升级正是在孔祥熙出访期间进行的。孔祥熙出访时，上海人声鼎沸，鼓乐相送；如今，上海已沦入敌手，人心惶惶，弹痕遍地。孔祥熙看到这一切，不觉有些胆寒心惊！他无心细想，匆匆忙忙上了汽车，沿着上海至南京的唯一通道，向国民政府驶去。

孔祥熙 全传
Biography of Kong Xiangxi

13

当家理财

抗日战争时期，孔祥熙先后任行政院院长、副院长，兼任财政部部长和中央银行总裁等职，成为主管行政事务和财政金融的首脑。

国民政府颁布了调整中央行政机构令，逐步建立起战时经济体制。通过增加税收，举借内外债，实施田赋征实，举办专卖事业等措施，战时财政得以维持。

孔祥熙为自己举行就任财政部部长十周年纪念大会，国民党的达官贵人们能为孔祥熙评功摆好吗？

1937年7月7日，日本帝国主义悍然发动了卢沟桥事变，中国守军奋起反击，中华民族的全面抗日战争正式爆发。面对日本帝国主义的侵略，7月17日，蒋介石在庐山发表谈话，他说："我们既是一个弱国，如果临到最后关头，便只有拼全民族的生命，以求国家生存。那时节，再不容许我们中途妥协。须知中途妥协的条件，便是整个投降，整个灭亡的条件。全国国民最要认清楚所谓最后关头的意义。最后关头一到，我们只有牺牲到底，抗战到底。"此后，国民党政府走上了比较积极的抗战道路。

1937年10月18日，孔祥熙从国外访问回国。

1938年1月，为了适应全面抗战的需要，国民政府实行改组。蒋介石以"身为最高统帅"，"前方战事紧急"为由，请辞行政院院长。国民党中央随即任命孔祥熙为行政院院长。1月3日，孔祥熙在汉口就职。

1939年11月，在重庆召开的国民党五届六中全会上，孔祥熙提出了一个"建议案"，说："为因战时需要，恳请蒋总裁自任行政院院长，以便政治军事统一指挥，而利于抗战建国工作。"这样，蒋介石复任行政院院长，孔祥熙改任行政院副院长。

在抗日战争期间，孔祥熙除了担任过行政院院长、副院长外，还兼任财政部长和中央银行总裁、四行联合办事处副主席、赈济委员会委员长等职，成为主管行政事务和财政金融的首脑。

为了有效地动员全国的人力、财力、物力,进行战时国防经济建设,支持持久的抗战,必须统一全国的经济力量,建立战时经济体制。但是,直到抗日战争爆发前夕,南京国民政府的经济行政与事业机构,重叠设置,政出多门,行动难以一致。

为了尽快从平时经济转入战时经济,国民政府对经济体制进行了一系列新的调整。在这些调整活动中,孔祥熙起了重要作用。

1938年1月1日,国民政府颁布《调整中央行政机构令》,规定:

(1)凡工作因战事影响,不能继续进行之机关,暂行停办或裁撤;(2)凡工作因与战事无关,不必继续进行之机关,暂时停办或裁撤;(3)凡某一机关之工作与另一机关工作性质重复者合并之;(4)凡工作有继续进行之必要之机关加强之;(5)凡工作有进行之必要,而尚无机关办理者创设之。

孔祥熙就任行政院院长后,根据上述规定,对经济体制进行调整,以建立适应战时的经济体制。

具体措施是:将原实业部改组为经济部,将军委会所属第三部、第四部、资源委员会、工矿调整委员会、农产调整委员会,以及国民政府所属之建设委员会、全国经济委员会所属之水利部分,一齐并入经济部内。将原属军委会管辖的贸易调整委员会改隶财政部、易名贸易委员会,并将国际贸易局归贸易调整委员会管辖。将农业调整处、四省合作事业办事处并入农本局。设立交通部,将铁道部及全国经济委员会之公路部分并入该部,等等。

调整后的中央经济行政机构见下图:

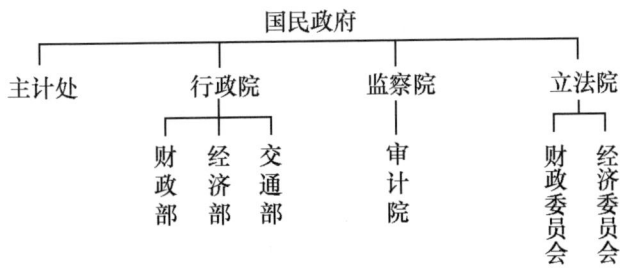

尽管这些调整并不彻底，但在当时险恶的形势下，毕竟改变了过去系统纷杂、政出多门的现象，具有鲜明的战时经济体制的性质，从而使国民党的各项战时经济措施得以推行。

在调整机构的同时，孔祥熙还颁布了许多经济法令和条例，强化对战时经济的统制。

在金融方面，颁布了《非常时期安定金融办法》，成立了"四联总处"。

1937年8月13日，日军向上海大举进攻，激烈的战斗，隆隆的炮声，使一些资本家惶惶不可终日。上海、南京等地迅速出现了挤兑风潮。正在国外访问的孔祥熙急令财政部采取措施。经孔同意，财政部急令各银行休业两天。随即于8月15日颁布《安定金融办法》，规定每户每周只能提取存款的5%，至多不能超过法币150元。同时命令中央、中国、交通、农民四银行于17日组成"四行联合办事处"。同年11月迁往汉口改为"四行联合办事总处"。孔祥熙把"四行总处"作为"战时全国金融之枢纽"。这些措施，有利于稳定金融，防止资金外逃。

1939年9月8日，重庆国民政府公布《战时健全中央金融机构办法纲要》，并改组"四联总处"，蒋介石兼任"四联总处"理事会主席，孔祥熙为副主席。这份《纲要》规定：四联总处"负责办理政府战时金融政策有关各特种业务"，"财政部授权联合总处理事会主席，在非常时期内，对中央、中国、交通、中国农民四行可为便宜之措施，并代行其职权。"1939年后，中央信托局和邮政储金汇业局也归"四联总处"管理。"四联总处"在各省市设立了分处。

从此以后，"四联总处"的工作范围大大扩展，职权进一步加重，蒋介石和孔祥熙完全可以决定战时财经和其他经济方面的一切问题。

在对农业、矿产、商业管理方面，颁布了《非常时期农矿工商管理条例》。1937年12月12日，国民政府颁布了《战时农矿工商管理条例》。孔祥熙任行政院院长后，对这一条例进行了一些修正，以《非常时期农矿工商管理条例》为题颁布。这个条例规定，对于燃料、金属及其制品、水泥、酒精、橡胶、电器、粮食、药品等重要的战略物资，军事委员会有权对其生产、销售进行监督。必要时，有权干预上述物资的生产和流通，以服从战争的急需，保证前线的供应。这一条例，开始了对战时经济的全面统制。

加强外汇管理方面，颁布了《购买外汇清核办法》，对外汇严格控制。从卢沟桥事变起到八一三事变止，国民政府共售出外汇750万英镑。在此情况下，财政部除宣布《非常时期安定金融办法》，防止资金外逃外，还与外商银行订立"君子协定"，要求各外商银行对投机与逃资购买外汇者，不予供给。但是，投机活动仍然如故。

不久，战局急剧变化，上海、南京相继失守。1938年3月，华北伪"联合准备银行"成立，日伪企图用伪"联银券"换取法币，再以法币套购外汇。国民政府财政部于1938年3月12日公布了《购买外汇清核办法》，同时制定《购买外汇清核规则》。规定从3月14日起，停止中国、交通、中国农民银行出售外汇，外汇之售出由"中央银行总行于政府所在地"即重庆办理。后因外汇"平准基金委员会"的主角英国委员（和以后的美国委员）都在香港，因此，办法中又不能不加上"但为了便利起见，得由该行在香港设置通信处，以司承转。"《办法》还规定，各银行因正常用途，于收付相抵后，需用外汇时，应填写申请书，送达中央银行总行，或其香港通信处。中央银行总行接到申请书，应即依照购外汇清核规则核定后，按法定比价，售与外汇。

鉴于外汇来源除国民政府掌握的金银与外币外，还有用出口货物换回来的金银与外币，因此在颁布清核外汇办法的同时，又公布了《出口货物应结外汇之种类及其办法》，规定商人运桐油、猪鬃、牛皮、茶叶、矿砂等24种货物出口，必须先向中国银行或交通银行把应得的外汇，以法币（每元换12.5便士）售结清楚后，海关才可放行。

为了加强对外汇的控制，孔祥熙依靠英、美政府的支持，成立了中英、中美平准基金，总数为美金1.2亿元。国民政府还于1941年8月成立了行政院外汇管理委员会，以此作为中国外汇最高行政机关，孔祥熙任主任委员。

尽管在当时的情况下，统制外汇的办法并不能在全国全面贯彻（例如上海，国民政府当时就无法控制）。但是，通过在国民政府所能控制的地区，实施统制外汇，毕竟对日本侵略者大量套购外汇的阴谋活动，有一定的遏制和打击。

经过一系列经济体制的调整，通过许多统制战时经济措施的实施，国民政府逐步建立起战时经济体制。

长期以来，国民政府的财政收入，主要靠关税、盐税和统税（包括卷烟、棉纱、面粉、火柴、水泥等货物的出厂税）。1937年预算，三种税收合计7.72亿元，占全年收入的77.2%。沿海又占这三种税总额的80%以上。但是，日本侵略者发动全面侵华战争以后，沿海地区很快陷入敌手，国民政府的税源受到了极大的影响。1937年度各税的实际收入不到4亿，加上特税，也不过5亿。

战争减少了收入，却增加了军费。在抗日战争前，预算内外军费加起来，约6亿元，数额已经很大了。全面抗战开始后，每日军费至少要500万，全年需18亿元，超过实际收入的3倍多。

民国年间的印花税票

在这种收入大幅度减少，军费支出急剧增加、入不敷出的情况下，为了维持战时财政，孔祥熙主要采取了以下措施：

（一）实施《公库法》

孔祥熙认为，战时国家财政"贵乎机动集中""统筹调度"。而为了便利财政上之统筹调剂，必先谋国库制度之改进。孔祥熙与立法院多次交换意见，制定了《公库法》。1938年6月9日，国民政府正式公布《公库法》，全文32条。1939年10月1日，《公库法》正式施行，各省市县库则于次年1月1日正式施行。按规定，政府各机关的一切收入，均集中于各级公库，不得各自为政，以消除虚伪、中饱之积弊。这样，国库网随《公库法》的实施而在各地形成。到1944年11月，全国有总分支库收税款经收处1020个单位之多。

在《公库法》施行以后，孔祥熙又对财政收支系统进行了调整。国民政府的财政收支系统，几经变更。1934年5月，在孔祥熙召开的"第二次全国财政会议"上，就将建立全国财政收支系统，列为讨论的重要议题。1935年7月，国民政府公布了《财政收支系统法》，共51条，划分财政收支系统为：中央、省、县三级制。抗日战争爆发后，孔祥熙又认为，为了战时财政的需要，应该改变以前的收支系统。因此，他于1941年提请国民政府讨论改订财政收支系统的问题。这样，1941年11月28日，国民政府公布《改订财政收支系统实施纲要》，将中央、省、县三级制收支系统，改为二级制国家财政系统与自治财政系统。这实际上是将原有的省级财政，纳入国民政府的中央财政系统。通过这一改变，孔祥熙进一步强化了对财政的控制。

（二）增加税收

孔祥熙说："战时筹款方法有七种：借债、增税、发钞、募捐、动用备战储金、变卖产业、征发。"这里且从他的增税说起。

孔祥熙认为："战费之填补，应以增税为主。理由有四：1. 以增税为填补，非如公债之将来尚须偿还；2. 备充公债基金，维持国家信用；3. 有力出力，有钱出钱，负担公平；4. 课奢侈品以重税，施行战时社会经济政策。但增税仍有下列缺点：1.手续较繁，收入较迟缓；2.人民感受痛苦，影响作战意志；3.产业负担较重，妨碍经济恢复。"

孔祥熙增税的手段很多，主要是用新三税来取代关、盐、统旧三税。所谓新三税，就是货物税、直接税和食盐战时附加税。货物税，主要是把过去的统税和烟酒税合并而成，包括货物出厂税和货物取缔税。此外，矿产税及战时消费税也同属货物税性质。通过这项税收，为国民政府弥补了部分财政赤字。以1940年至1942年为例，这三年的货物税收入约为350亿元，占同期整个税收的约24%。直接税，是直接按纳税人或其财产价值征收的税。当时规定，属于直接税系统的有印花税、所得税、非常时期过分利得税、营业税和遗产税5种。1940—1945年度，直接税收入约为250亿元，占同期税入总额的17%左右。食盐战时附加税，是通过专卖进行的，异常沉重，抗战后期，此税几乎占整个税收的一半。

孔祥熙推行的新税，虽然为国民政府开了一点财源，可是坑害了百姓。举几个小小的例子来说，如开征竹木税后，一把扫帚收一元，一个粪箕收五角，一把锅刷收三角；又如棉纱改为征实对象后，将本来应免税的自织土布，每匹都要剪下两尺来作为税捐；在四川一些地区，一只鸡、一枚蛋、一棵白菜、一根葱都有税。到后来，新税越来越多，人民不堪其苦。

（三）举借内外债

孔祥熙解决财政困难的另一个办法是借债。他说："借债优点有五：1.得款迅速，可以应急；2.得款易多，便于支持战费；3.人民不感受压迫；4.利用游资，无伤国民经济；5.使后人分担战费。然仍有下列三弊：1.不易长期持久；2.使战后财政难于整理；3.易使社会信用膨胀，物价高涨。"权衡利弊，他认为还是一个好办法，因此首先决定发行内债。从1937年下半年起，先后以"救国公债""建设公债""军需公债""国防公债""赈济公债"等名义，发行大量债券。1937年8月，南京国民政府财政部第一次发行战时救国公债5亿元，人们虽然对南京政府的战前公债十分厌恶，但仍然认购了一半。相当于当时法币

此张"救国公债"正面上部盖有"财政部"的方形红色印章

发行量的20%左右。人民群众的认购公债活动，对支持抗战，弥补财政赤字，起到了一定作用。1937年到1938年，南京国民政府的国库赤字有40%是用出售外汇和认购公债弥补的。到1944年，已发行法币内债150亿元，外币内债3.2亿美金。在发行债券活动中，摊派不公和舞弊营私的现象日甚一日，各种债券最后已没有什么信誉。

由于法币日益贬值，孔祥熙又"致力于外债之举措"。当时主要债权国是美国、苏联和英国。抗战期间，对美有8项借款，总额达7.478亿美元；对苏有5项借款，总额达3.06亿美元；对英借款，计12项，总额达1.23亿英镑。此外，还向法、比、德等国借款。举借外债总金额为美金10.5485亿元；英金1.56亿镑；法金10.3亿法郎；国币1.2亿元。在抗战中后期，由于美国已对日宣战，还供应国民政府大宗军火。对此，孔祥熙感激涕零，称美国是真正的朋友，希望给予更多的援助。

（四）大量发行钞票

增税与借债虽然解决了财政方面的一些困难，但仍不能满足庞大支出的需要。为了填补财政赤字，只有靠发钞了。孔祥熙说："战争紧急之时，正常收入来源，不能接济，利用政府发钞办法以为筹措，既可应急，又能刺激生产。发钞之利，一是收入迅速，一是数额易于增多。"因此，他在抗战初期就决定了增发纸币的方针。但开始不知是增发法币，还是另发一种新流通券好？1939年1月，国民党五届五中全会最后对发行新券加以否定。该会认为："如果另发流通券同时与法币通行，准备既不相同。如准相互兑换，则与发行法币无异；如不相互兑换，势必发生两种价格。"因而最后决定："军费所需及收买物资，仍以法币；法币不足，可以增加筹码。"

孔祥熙在征得国民党中央全会关于法币增加筹码的许可后，即指示中央银行大量发行钞票。据国民党官方公布的数字，1938年发行额为23.1亿元；1939年为42.9亿元；1940年为78.7亿元；1941年为151亿元；1942年为344亿元；1943年为754亿元；1944年为1895亿元；1945年为10319亿元。实际上还不止这个数字，就是这个数字，到1945年也比抗战前1936年的12亿元，增加了八百多倍。

由于国民党中央最后选择了用增发法币的办法解决财政困难的政策，孔祥熙在此后就更加依赖增加发行货币。结果，物价的狂涨与纸币的滥发像两匹脱缰的野马，一齐向前飞奔。由于滥发钞票，法币1元的购买力，在1938年尚合值战前6角，到1939年只值2角8分，到1940年底只值8分，自此递降到1943年底只合值0.5分，到日本投降前的1945年6月已只合值5毫。也就是说，这时的法币2000元才合值战前法币1元。通货膨胀的政策，使广大人民群众遭受了极其残酷的剥削，而四大家族却从中攫取了大量的社会财富。

孔祥熙理财之道，是一手抓钱，一手抓粮。抓钱，即如上所述，主要靠增税、借债和滥发纸币。抓粮，就是田赋征实了。

所谓田赋，就是旧时的土地税。在封建社会，田赋是政府收入的大宗，国家财政向来以此为砥柱。明朝中期以前是征收实物的。明朝嘉靖年间实行"一条鞭法"后，停止征收实物，改征银两，由实物税转为货币税。无论实物税或货币税,在中华民国建立前,财政素无中央与地方之分,田赋收入全都纳入国库。民国初年,曾筹议将田赋划为国家与省两级收支系统,但未正式推行。1927年南京政府建立后,将田赋划归地方收入系统,仍是征收货币税。

抗战爆发后,沿海沿江城市为日寇占领,许多富庶地区沦为战区,粮地日益缩小,另外战时支出日益增加,大量人口向内地迁移,这样就使军粮民食越来越紧缺。田赋征实就是在这种情况下出现的。

1940年11月,孔祥熙向国民政府提出一个解决军粮民食问题的提案。他说:"吾国田赋,现以国币征收,本为顺应时代进步之办法,但目前粮价飞涨,以过去所定之税率,征购现在粮价飞涨后之田赋,显不妥当,为适应时势所需,平衡人民负担,可恢复旧制。"孔祥熙这里讲的恢复旧制,有两层意思:一是将1927年以来已划归各省的田赋税,重新收归中央政府;二是将明嘉靖年间以来,已经实行了四百多年的货币税,重新改为实物税。孔祥熙的这一提案,经国民党中央五届八中全会批准后,从1941年夏季起,在全国施行。

为使田赋征实得以落实,孔祥熙制定了许多具体措施。首先是建立机构。他在财政部设置了整理田赋委员会,统筹一切田赋征实事宜。同时规定各省县设立田赋管理处,并由省财政厅厅长和县长兼任处处长。县以下则在适中的乡镇设置经征办事处,其设置原则,以使粮户纳粮往返不超过60里为标准。这样就在全国撒下了强迫农民纳粮的网络。

其次,孔祥熙又确定了征额和折征标准。各省征额应依当年田赋正附税总额,每元折征稻谷两市斗。如云南省1941年度田赋正附税额为1500万元,依每元征两斗的规定,应征稻谷300万担;贵州赋额为520万元,应征稻谷100余万担;广西赋额为900万元,应征稻谷180万担。1942年度征实额又增加一倍,规定每元折征稻谷4斗。孔祥熙在解释为什么要增加一倍时说,购粮标准,应视各地粮产丰啬情形决定,不需征额一致。这样就可随心所欲的加码了。不产稻谷的地区,则征收杂粮、小麦、玉米、粟谷、豌豆、青稞、大豆等,孔祥熙样样都要,而且把各种类间的相互折合比率压得很低。

孔祥熙还反复对田赋征实人员说，要做好此项工作：第一，要坚定信念。他说，田赋征实虽古已行之，但废置数百年，现在是新政。任何新政的推行，必先坚定信念。不仅征收人员要坚定信念，还须唤起民众的认识，支持政府。第二，要争取行政助力。他说，田赋征实任务繁重，故规定为各省市县政府最重要之中心工作，并令各省政府委员、各行政督察专员出巡督征。只要各级共同努力，朝野合作，征实就能按期完成。第三，要周密控制。他说，办理田赋征实，外勤工作特别重要，要派出大量人员督导催征。为此，孔祥熙要求财政部派50人以上赴各省，各省派200人以上至各县，各县处人员在旺征期间，应全部出勤。孔祥熙还要求财政部在各地聘请通讯员1000人以上，与本部直接通讯，遇有难题，随时指导解决。

由于孔祥熙采取了这些措施，田赋征实收到了效果。1941年征收4500多万担，超额完成0.39%；1942年征收6600多万担，超额完成1.75%；1943年征收6400多万担，超额完成2.55%；1944年征收5400多万担，完成80%。4年共征收实物2.3亿担，接近配额数。

但是应该看到，这种征实的掠夺是很残酷的。首先它表现在人民负担的异常沉重上面。如1941年后，陕西一省每年除负担600万担粮赋外，百姓还要负担所谓八战区、五战区、二战区代购及地方各级公粮。据西安《民众导报》载，陕西耀县中山乡1944年每亩旱田除缴纳粮麦2斗2升外，还要出公款8000元，合麦4斗，计每亩负担在6以上。是年关中大熟，每亩收成在2担光景，公款公粮要占1/3。1942年，如以田赋较重的四川为例，稻田每亩平均收获4市担，而60%要被国民党政府以各种名目搜刮去。

对劳动农民来说，负担更为沉重。因为田赋征实采取的是比例制而不是累进制。例如在四川长寿县，一个收入为4500担租谷的大地主，缴纳田赋150担，占其总收入的3%。而在高县，一个收入10担的小自耕农，须纳田赋1担3斗3升，占总收入的13%。地主缴纳占其收入3%的田赋，是轻而易举的。但一个农民缴了13%的征实田赋，如果还要应付其他捐税，就不能养活自家人了。这不是"有粮者出粮"，而恰恰是"无粮者出粮"。再说，从表面上看，田赋征实是土地所有者缴纳的，但实际上，地主总是想尽办法，把他们的负担直接或间接、一部或全部转嫁到劳动农民身上。所以，劳动农民是掠夺的最终对象。

这种田赋征实，还给人民，特别是劳动农民带来很多额外负担。因为它是通过县、区、保、甲系统摊派的，县长、区长、保长利用职权，从中取利，上面要一担，下面便要二三担。这种浮派、侵吞，给农民增加的额外负担是不轻的。国民党粮食部的一个视察员，在1942年9月写的报告中承认说："各地经办人员浮收、冒斗、勒派等影响之普遍，如未身临各地，几难置信。经职分在卢县、纳豀、古宋等地调查，50粮户中，有37户在浮收、冒斗、勒派三种方式之下，多上原粮一半者6户，多上原粮3/10者11户，多上原粮2/10者20户。"这个可能还是被国民党官员缩小了的事实告诉我们，人民额外负担是多么严重！

孔祥熙一开始就宣称，田赋收归中央，改征实物，目的是为了解决战时军粮民食问题。这方面也确实起了作用。从拨作军粮来看，据国民政府公布的数字，历年所拨军粮占征实谷麦数，1941年度为79.85%，1942年度为57.07%，1943年度为52.99%。历年军队受粮补给人数，1941年为425万人，1942年为512万人，1943年为546万人，1944年为681万人。

从配给公教人员食粮来看，从1941年7月开始，给中央公务员及其眷属以一家4口为限，每人每月可购平价米2斗。从1942年10月开始，公务人员的食粮免费酌发，拨出数额以年岁为标准，31岁以上者月领米1市担，26岁至30岁者8市斗，25岁以下者6市斗，工役一律6市斗。发给实物的范围，至1943年扩及11省。据不完全统计，配发给中央及省县各级公教人员的食粮，除平价购买和折发代金者外，1943年至1945年免费配发部分，计谷麦约6700万担。

从调剂民食供给来看，当时在国民政府所在地重庆及各省重要消费市场，开设了一些民食调剂处，尽管价格昂贵，有钱者仍可买到一些食品。据统计，自1941年至1944年，四年间拨供售济民食，调节市场的粮食，约为3000万担。

其他部分,则为四大家族所占有,成为他们手中的投机商品,成为后来打内战时国民党军队的军粮。还有的则为国民政府的层层爪牙所吞没。

1942年,抗日战争进入第五年。国民政府的财政愈来愈趋于困难,物资供应愈来愈紧张。在此形势下,孔祥熙决定举办专卖。

所谓专卖,就是把若干重要消费品归由政府独占经营。当时实行专卖的消费品有盐、糖、烟类和火柴四种。

食糖专卖:

食糖专卖是1942年2月15日开始的,先在川、康两省实施。孔祥熙派曹仲植为食糖专卖局长、刘泗英为副局长,专卖局设在内江,并在重庆、资阳、简阳、金堂、泸县等17处成立办事处。筹备期间,孔祥熙指示财政部转向中国农民银行拨借1000万元,作为资金;预算中规定1942年度的专卖利益为1.2亿元。接着又成立了粤桂区专卖局和闽赣区专卖局,粤桂区局设于桂林,闽赣区局设于南平,在8、9月间实施食糖专卖,开征专卖利益。

按照食糖专卖条例,本应对专卖物品实行收购。但要全部实行收购,需用大量资金,孔祥熙觉得这样划不来,所以暂不收购,只照所谓收购价格30%征收"专卖利益",其中15%为代征统税,按照这一年度所列统税数字划拨转账。从第二年度起不再列统税预算,不必再行划拨统税,收购价格的30%,完全入专卖利益账。

食糖专卖一实施,糖价即开始上涨。为了抑制物价上涨,1943年1月,蒋介石采纳彭学沛的建议,实行所谓"硬性限价政策",美其名曰"涨价休战",即自命令公布之日起,一切物价不许再涨。但蒋介石没有考虑专卖物品的生产主要在民间,如不调整,就会生产不足,供应失调,使专卖收入减少。由于蒋介石不同意调整糖价,勒令一切糖类照旧价出售,结果甘蔗也照旧价强行出售。蔗农不够成本,又不能不急于出售,遂大遭其殃。小本经营的土法制糖商也大都亏本;中间商人不肯蚀本出售,自然发生黑市;社会上买不到限价的

抗战时期，孔祥熙在重庆嘉陵宾馆前留影

糖，也责难起来。蔗农活不下去，自然也闹起事来了。

1943年夏，四川省政府主席张群从成都坐汽车去重庆，路过内江时，糖坊、漏棚的代表在渡口挡住他的去路，围拢来请愿。蔗农则把甘蔗砍下来，在公路上堆了一里多长，阻止他的汽车前进，表示抗议。张群到重庆后，对孔祥熙讲了途中发生的事和四川人民的不满情绪。孔祥熙则责备专卖机关，没有把政策向群众宣传清楚。实际上，国民政府的这种时而涨价、时而压价的随心所欲的物价政策，是无法讲清楚的。

烟类专卖：

1942年5月，孔祥熙公布了烟类专卖条例，首先在川、康两省和鄂西实施。烟类专卖局长刘振东、副局长王宪，都是孔祥熙的亲信。在筹备期间，即由财政部转向中国农民银行垫借500万元，作为开办费。接着河南、闽赣、粤桂、苏浙皖、陕西、贵州、湖南、云南、甘、宁、青先后实施，分支机构遍及后方各省。

按照烟类专卖条例，本应实行收购。但这需要一大笔资金，又往往是赔本生意，孔祥熙不肯这样做，所以也同食糖专卖一样，采取贴用"专卖凭证"办法，按收购价的50%，征收专卖利益。同时开始办理存货登记，并登记承销商和零售商。

烟类专卖一开始，就遭到民族资本家和个体手工业者的反对。专卖局不但要登记存货，而且要派员驻厂，动不动就挑剔刁难，这就使得生产卷烟的民族资本家很恼火。受专卖直接影响的，是流亡到后方来的难民所经营的手工卷烟。过去他们自制自销，顶多只纳一点统税，现在却要缴纳统税加专卖利益，贴上专卖凭证。无证的手工卷烟，动不动就要被没收。过去他们可以摆一个香烟摊，自己出售，而现在却要登记为零售商，才能出售。登记要花钱，至少要送礼，这对他们来说是一大负担。于是，在烟类专卖局和手工卷烟业之间，展开了一场尖锐的斗争。

火柴专卖：

1942年夏，孔祥熙发布火柴专卖条例，并决定在川、康、黔三省先行试办。火柴公司总经理为刘鸿生。食糖、烟类专卖设专卖局，而火柴专卖则设专卖公司，其原因据说是刘鸿生（民族资本家，上海火柴大王）只肯做经理，不肯做局长。公司成立后，即派员分赴贵阳、成都、合川、泸县、乐山、广元、雅安等地设立分公司。后又派员分赴他省，筹建滇、闽、甘、宁、青、陕、粤、桂等省分公司。于是火柴专卖分支机构，遍及大后方各地。

照火柴专卖条例规定，火柴应实行收购，专卖火柴发售价格，由专卖机关按照收购成本和专卖利益为标准，分别核定公告；专卖利益平均为收购成本的20%。但因收购需要大量资金，也以暂不收购为原则。专卖火柴一律贴用专卖凭证。由于刘鸿生在四川长寿设有火柴原料厂，控制火柴原料，所以火柴专卖公司和四川、西康、贵州、陕西、甘肃等本地火柴商发生矛盾。战时火柴原料无法进口，后方厂商必须仰仗他分配原料，而他又在孔祥熙的支持下，担任了火柴专卖公司总经理，后方火柴厂商无法与他竞争，一个个被他挤倒。后方的厂商遂联合起来，向"财政部"请愿，曾引起一度的风潮。

孔祥熙虽然举办了各种专卖事业，在大后方各地实行了专卖，但他难以解决专卖事业中发生的种种矛盾。

首先是物价政策和财政政策的矛盾。孔祥熙举办专卖时，中国已进入抗战的第五年，通货膨胀、物价飞涨，而在战时举办专卖，与和平时期有所不同。在物价政策方面，要求稳定专卖物品价格；而财政政策方面，则要求增加专卖收入，这是一个无法克服的矛盾。按四大家族的要求，是要增加收入，来弥补越来越大的财政亏空；而一般舆论的要求，则是稳定物价。大家认为既然政府举办了专卖，控制了专卖物品，就要求专卖物品价格稳定，至少不要带头涨价。国民政府一方面要求提高专卖利益，另一方面却要求专卖物品价格压住不动，于是只有剥削生产者及制造商。结果是生产萎缩，产量减少，质量降低，厂商不满，供应困难，黑市猖獗。而生产越萎缩，专卖收入越减少；供应越困难，黑市越猖獗；社会舆论也越不满。这些矛盾，孔祥熙是无法解决的。

其次是官僚集团和民族资本家的矛盾。专卖事业是由官僚集团举办的，而专卖物品烟类、食糖、火柴的生产、制造、运销，却都掌握在私人资本家手里。例如，在卷烟方面，当时有宋子文系的南洋兄弟烟草公司，孔祥熙系的华福卷烟公司，还有四川、云南本地的许多烟草公司和战时逃亡到后方来的难民手工制造卷烟，本来已时常发生矛盾，举办烟类专卖后，由于在政策面前的不平等，更是闹得不可收拾。

另外还有四大家族内部的矛盾。由于孔祥熙派系与宋子文派系之间有利害冲突，孔在举办专卖时，往往扶植自己的势力打击宋系势力。如孔祥熙在开办卷烟专卖时，曾指示烟类专卖局长刘振东对华福卷烟公司特别关注。华福烟是一级烟，和南洋兄弟烟草公司所生产的一级烟展开竞争，而南洋烟草公司恃有宋子文做后台老板，对烟类专卖局并不买账，专卖局则往往加以刁难。于是，烟类专卖局和南洋兄弟烟草公司之间的斗争，演变为孔、宋二系之间的斗争。

孔祥熙的专卖事业，从1942年初到1944年底，前后共办了3年。当然，在激烈的战时状态下，国家对经济采取一些临时性的管制措施，对军队和民众必需的某些日用消费品采取统制的办法，是必要的。但是，孔祥熙等人在制定和实施举办专卖等经济管制政策时，对由此增加财政收入寄予厚望，而不顾广大消费者的利益，也不大考虑为数众多的中小资产阶级的合法权益，使他们获利很少或无利可图，这就严重地影响了后方生产的发展。同时，由于国民党政府贪污成风，越是专卖的物品，越是显得货物奇缺，专卖品常常流入黑市，这便带动了物价的上涨，造成了经济状况的不断恶化。

在孔祥熙任行政院院长、行政院副院长，主持抗战期间国民政府财政金融事业期间，蒋介石曾带头为孔评功摆好，大唱赞歌，以掩饰孔祥熙、宋蔼龄的劣迹，并调和孔同国民党内其他派系的矛盾。

1939年9月11日，孔祥熙六十大寿，国民政府为了表示对这位当家理财者的敬意，五院首长、部会主管、封疆大吏、经济界头目一起出动，群集重庆为其祝寿。各方馈送礼品，琳琅满目，难以计数。蒋介石在馈赠"孔院长庸之亚兄先生六秩寿序"中称："庸之先生以孔子之后，而服应总理之教，深知笃行，终其身而不倦。抗战以来，任行政院院长兼管财政部，艰难撑拄，于兹两稔，忧劳况瘁，非寻常可堪。"蒋介石还把孔祥熙比作楚汉相争时，为刘邦主管军食的鄑侯，说"昔楚汉相持于荥阳京索间，鄑侯填抚关中，主管军食，遂以破楚。"孔祥熙"继主政枢，总持大计，其所规划，不止一端，困心衡虑，有非前史所可比拟者。"蒋介石所赠寿序中的这番话，开了国民党大肆吹捧孔祥熙的先例。

听到蒋介石的这番赞颂，孔祥熙受宠若惊，感动不已。他对其部下说，我今天完全是由蒋先生的支持而上来的，蒋哪天不相信我，我哪天就滚蛋。

1943年11月1日，国民政府为孔祥熙就任财政部部长10周年举行纪念大会。大会在战时首都重庆举行，异常隆重，各界要员与来宾600多人参加，蒋介石颁布了颂词：

孔祥熙的生日宴会

度支之任，经治国用，遭时艰虞，厥责弥重。
未战之先，为战之备，革法图法，实惟至计。
方战之时，肆应益劳，排除万难，黾勉夕朝。
冉二十载，鬓发已苍，继是戮力，为国龙光。
下关民力，上计邦储，自强不息，日居月诸。

在蒋介石的带动下，国民党要员为孔祥熙大唱赞歌。宋子文说：本人以往曾一度担任财政部工作，深知抗战财政，有一般人想象不到的困难。因为平时财政办理不善，其失败仅是负财政责任者个人，战时财政办理不当，那就不仅是个人的失败或政府的失败，而是全民族国家的灭亡。因此在抗战六七年当中，孔兼部长担当艰巨，为国家辛勤奋斗，卒能克服一切困难，使抗战经济能平稳发展，不但军事需要不虞匮乏，就是经济建设也能齐头并进。这种成就，实在是对国家民族的伟大贡献，为历史上显著功绩。

何应钦以参谋总长兼军政部部长身份向孔祥熙致贺。他说："抗战迄今已达六年多，战争开始时，敌人根据我国当时经济与武力情况，估量我们最多只能支持一年半载，不料后来在财政方面意外坚强。财政部在孔兼部长策划下，对长期抗战之所需，均能供应无缺，不虞匮乏，而使我们的军事形势稳定下来。现代战争为消耗战，经济较武力尤为重要。战争所需之粮秣弹药，无一不赖财政维持，战争之胜负，全视财政有无办法。中国抗战能转弱为强，转败为胜，表面看来是前方将士浴血牺牲的结果，殊不知财政实为重要因素。目前敌人在我国，深陷泥潭的陆军有一百多万，被牵制的空军有五分之一，这庞大数字的敌军，随时在被消灭中。这种功绩，就是因为财政上有办法，能强力支持军事的结果，也是孔兼部长苦心孤诣大力维持的功勋。现在前方将士，士饱马腾，军粮无缺，均为孔兼部长所赐。我谨代表全国陆海空军将士，向孔兼部长致以十二万分的谢意！"

国民党要员对孔祥熙的吹捧简直到了无以复加的地步。当然战争是需要财政经济作后盾的，尤其是现代战争。但中国抗战所以能长期坚持，转弱为强，转败为胜，并不是孔祥熙的功劳，经济上乃是由于全国人民勒紧裤带，支持了战争。孔祥熙身为国民政府要员，掌握财政经济大权，在大敌当前，民族危难之际，虽然也做了些事，但把战争时期的军粮民食说成孔祥熙所赐，显然是错误的。

在国民政府为孔祥熙就任财政部部长10周年举行的纪念大会上，孔祥熙本人也讲了话。他的讲话，实际是在自我表彰。他唯恐别人不了解自己的"功绩"，一讲就是办了十件大事："1.废除苛捐杂税，以苏养民生；2.实行关税改革，整理内外债，以树立国信；3.建立国家金融机构，以奠定金融基础；4.实行法币制度，以统一币制；5.创办直接税，以开拓税源；6.施行主计制度，以执行预决算；7.推行公库制度，以稽核收支；8.改正国家财政收支系统，以期达到平衡预计之目的；9.举办田赋征实，以调节军粮民食；10.举办专卖事业，以创造国家资本，调节社会供应。"孔祥熙说："这些成就的取得，也并非都是个人的劳绩，上赖国父（指孙中山）遗教与领袖（指蒋介石）指导，下赖民众拥护和同仁辛劳，以及同盟国家，尤其是美国在财政经济上的帮助。"看来他还算有点自知之明，没有全贪天之功以为己功。

孔祥熙进而讲到了他理财的三大诀窍：第一，是"政重于财"。他说"办财政的人，病在看重财，而忘了政，因管钱的最怕闹穷，所以往往在财字上多用心，而忽略了政，殊不知政没有办好，财便愈闹愈穷。"第二，"民重于官"。他认为，对漏税逃赋的无知商民，处罚不妨从轻；而对中饱舞弊的官吏，处罚应当从重。一切税源的启发蓄积，只要藏富于民，都不妨酌量宽大；一切征收输将对象，最好是有钱者多出钱，然后推及于普通人民。善执政者，驭吏严，驭民宽，足为理财者所取法。第三，是"事重于人"。他说，每用一人，应先问其对这事内容是否明白，办理这事的技能是否精熟。只要其人对事务能负担得起，操守足以付众，不管是仇是亲，识与不识，都应在可用之列。

孔祥熙的这三大诀窍虽然说得不坏，可他实际做起来却不是这样。

孔祥熙最后在检讨十年来财政上的收获时说："本人十年前到部的第一天，就怀着两个愿望：第一个愿望，是要以财政补助国家政策之统一；第二个愿望，是要以财政促进民生主义之实现。从十年来之情形看，第一个愿望已稍可自慰，第二个愿望却未能实现。"这里，孔祥熙倒是讲了一点实话。他的财政政策，没有也不可能促进孙中山先生提出的民生主义的实现，给中国人民带来什么好处。

民国年间，孔祥熙作为政府要员，先后任国民政府中央银行、中国银行、农民银行行长，实业部、财政部部长等职，他管了一辈子的钱，国人戏称其为"财神爷"。家里的财产何上万贯。就是这样，也不能说孔祥熙对"钱财"的追求欲望已满足，在他的一生理财生涯中，有一件长期以来鲜为人知的事情，那就是孔祥熙在他的老家山西太谷县有一家一直暗地里经营了30多年的私人银行。当时，孔除了在政府当他的财政部长外，还念念不忘和割舍不下素有"中国乡下金融鼻祖"之称的太谷县和自家后院里经营金融货币的银行。

孔氏老家的私人银行名为"山西裕华银行"，是孔祥熙1915年春，出资10

万元在山西太谷县创办的,对外声称的名义资本金为200万元。这年,孔祥熙结束了在日本东京为孙中山整理党务的工作,同宋蔼龄一起回到山西太谷县。手头有了点钱又不甘寂寞的孔祥熙,受祖辈和山西金融中心太谷票号商人的影响,一心想在家乡的地盘上搞点金融业,赚钱扩大自己的资本。山西裕华银行的创办即是孔祥熙用私人资本初涉银行金融界小试牛刀的开始。

银行开办后,孔祥熙只做他的东家,不显山不露水,人前人后仍然做着政府的事情,外人根本就不清楚山西裕华银行是他的私人企业。当时,山西裕华银行的总经理由他的一位族辈孔泗坛担任。孔泗坛的经营方式只是山西票号商人的一套老规矩、旧作风,没有自己的管理发展战略。

业务也以汇兑、放款、发行钱票等为主,为使银行的经营风险降为最低,据闻,孔泗坛的经营手段也仅仅是把孔祥熙初期创办银行的十万元私人资本存入美国在天津的花旗银行而获得经营效益。不过,传闻归传闻,山西裕华银行的发展战略最终还是融入了西方经济思想和孔本人的经营方针,他自己较多的私有资金对银行的运作起着决定作用。十多年后的1928年,总经理孔泗坛还乡,山西裕华银行一改过去保守的经营模式为开放搞活式的发展,又开办了上海分行和山西运城办事处。上海分行的业务主要偏重于经营证券,运城办事处则偏重于盐务买卖与异地汇款。两处的年利润均在500万元左右。

1939年抗战初期,日军入侵,山西裕华银行由太谷县孔祥熙的老宅院转入我国西南重镇重庆,设立了渝庄,继而改为总行,增资2000万元。

1945年抗战一结束,山西裕华银行总行就迁到了金融之都上海,同时,恢复了天津分行,资本金增加到1亿元法币。由于私欲的驱使,为追求利润的最大化,此期间的孔祥熙还用山西裕华银行30余年赚到的数百万美金把南京路外滩上的"沙逊大厦"买了下来,作为他的银行办公地方使用。山西裕华银行全行员工也由早先的十几人发展到近200名。但是,在此没有经营多久,上海解放后,山西裕华银行财产被人民政府收为国有。从此,山西裕华银行结束了业务。

孔祥熙 全传

Biography of Kong Xiangxi

14

宋蔼龄在抗战中

日本报界宣称：宋家正在逃离战争蹂躏的中国。

正在此时，宋氏三姐妹联袂来渝，成了陪都的新闻焦点。

宋蔼龄利用其特殊身份，参加战时妇女运动，进行宣传鼓动，推进由斯诺夫妇倡导发起的工业合作运动。

在外国作家和港台一些学者的笔下，宋蔼龄一生与金钱打交道，敛财方面颇有一手，对政治却不十分关心，基本上不属于政治人物。另外，旧中国流传着宋蔼龄、宋庆龄、宋美龄三姊妹"一个爱钱、一个爱国、一个爱权"的说法。纵观宋蔼龄一生，平心而论，她同样有过比较光彩的两段历史和经历。一段是从辛亥革命到与孔祥熙结婚前，一段是抗日战争时期。虽然后一段她利用推销战时公债等机会，做了一些不光彩的手脚，乘机发国难财，但她同时又从事战时妇女运动，在战时救济和社会福利事业方面，做了一些有益于国家、民族的工作，客观上为坚持抗战起到了一定的积极作用。

抗战中的三姐妹

抗日战争爆发后，中国人民面对的是一个财力、军事技术装备都比中国雄厚优良得多的强大敌人，要战胜日本帝国主义，争取民族解放战争的胜利，必须动员全国民众参加，进行持久抗战。宋蔼龄认为妇女占全国人口一半，是抗战一支重要力量，"在各种保证我们取得最后胜利的力量里，最显要最值得注意的表现，就是妇女界的活动……"因此，宋蔼龄利用其行政院院长夫人的特殊身份，积极参加战时妇女运动。

出席庐山妇女谈话会。抗战开始以后，全国妇女积极投身到了神圣的民族自卫战争中，在伤兵的慰劳与救护、战时孤儿保育及宣传组织民众方面，发挥了很好的作用。但是由于妇女运动分别由各党各派领导，发展很不平衡。为了广泛、普遍地动员全国妇女参加抗战，1938年5月20日—25日，全国各党各派、各团体及无党派的妇女领袖、妇女工作者40余人，在江西庐山举行座谈会。宋蔼龄作为国民党方面的代表，与共产党方面代表邓颖超、救国会代表史良等一道出席了座谈会。会议本着团结抗日的精神，研究讨论了动员妇女民众、鼓励妇女参加生产事业、改善妇女生活及妇女团体联络等战时妇女工作，决定在新生活运动促进会妇女指导委员会的基础上，进行改组扩充，使之成为全国妇女总的组织机构。

全国妇女指导委员会包括了各党派、各界的代表，其成员政治主张迥异，即团结，又有斗争，有时甚至还比较激烈，"每到三八节，都要为宣传口号问题发生严重争论"。但它仍不失为第二次国共合作期间建立起来的"一个真正的统一战线组织。国民党、共产党和无党无派的妇女站在平等的地位，参加会议讨论"。宋蔼龄与大家相处比较融洽，和史良等是好朋友。宋蔼龄还十分重视与各阶层妇女的友好关系，多次在公开场合发表妇女界应团结起来共赴国难的意见。1940年4月7日下午4点，宋蔼龄应邀出席在宋美龄私邸草坪上举行的在渝妇女各界茶宴，高兴地与大家见面并讲话。宋蔼龄说："能够认识大家是很兴奋的事情。我虽然在国外（其实是香港。编者注），心却一直记挂着重庆……我希望全国姊妹们继续努力工作和彻底合作，因为只有合作，才能得到

1940年，宋氏三姐妹合影

真正的团结！我在这里答应各位姊妹，我们要以忠诚来贡献祖国，这只是为了一个可以在短时期内达到的目的——造成一个新的强盛的中国。"

捐赠和募捐是妇女运动的一项重要内容，宋蔼龄在捐赠和募捐方面做了许多工作。据美国女作家埃米莉·哈恩在《宋氏家族》一书中披露，早在1932年上海一·二八抗战时，宋蔼龄捐了8万美元，建立了一所配有400张病床的培德（音译）医院，不久又募集了一笔资金建立了一座大医院，能收治1000名伤病员，缓解了上海医院床位拥挤，伤员救治困难的状况。《申报》曾以《孔祥熙夫人赠棉被背心》为题，报道宋蔼龄"捐赠棉被420件、背心2000件，送交驻沪办事处，转前方将士运用"的消息。

1937年上海八一三抗战中，宋蔼龄又慷慨解囊，出钱购买了3辆救护车、37辆军用卡车献给军队。她还特意送给由宋美龄担任秘书长的航空部队20多辆军用卡车以作运送机械和驾驶员之用，并定做了500套皮衣送给空军飞行员。宋蔼龄还不时地运送粮食到上海租界的难民营，救济难民。

创办全国儿童福利会。日本帝国主义的大举入侵，导致无数儿童流离失所，饥寒交迫。为了抢救民族后代、培养无家可归的难童，使之健康成长，中国妇女慰劳总会筹设了战时儿童保育会，1938年3月10日在汉口召开成立大会，宋蔼龄一次就承担了100名战时难童的生活费用。孔祥熙、宋蔼龄还创办了全国儿童福利会，由宋蔼龄主持日常工作。每到儿童节，宋蔼龄不是亲自到战时儿童保育院与那里的难童欢度节日，就是出资购买礼物送给小朋友。1940年儿童节前夕，宋蔼龄视察了重庆儿童保育院，"见儿童极为活泼可爱，颇为欣慰，特于昨天（国民政府规定每年四月四日为儿童节。编者注）儿童节，购买大批精美糖果，计九百余份，赠送该院难童"。

抗战时期，宋氏三姐妹在重庆第五陆军医院慰问伤病员

担任"伤兵之友"理事。随着战争不断扩大，大量的伤病将士源源不断地送往后方救治。全国成立了"伤兵之友总社"，孔祥熙担任理事长，宋蔼龄也是理事之一。上海沦陷前，宋蔼龄迁居香港，在那里兼任了香港"伤兵之友协会"会长，把一部分精力和钱用于了帮助伤员方面，保证每个伤员出院或退伍时，都可得到一套新军服、一包食品和一些零用钱。1940年，宋蔼龄参与全国"伤兵之友总社"发起的征集伤兵之友活动。这项活动在4月21日结束时统计，全国共有伤兵之友70万人，捐款133万余元。

1940年4月8日，宋蔼龄邀请她的两位妹妹——宋庆龄、宋美龄，前往伤兵之友总社医院——重庆陆军第五医院慰劳伤兵。

第五陆军医院坐落在嘉陵江北岸相国寺。宋蔼龄一行到这里视察,照例地有一大群随从和新闻记者簇拥在她们身前身后。在医院院长和科主任的引导下,宋蔼龄三姐妹来到三号病房第一张病床前站了下来,认真听取了主治大夫介绍伤员伤势及治疗情况。宋美龄轻轻地拍了一下伤员的肩膀,接着又往前走。下面一位是一个腹部重伤的老兵,刚刚死去不久,宋庆龄含着泪花,走到死者床前,将手中捧着的一束鲜花放在死者床头柜上,然后亲手拉起白床单盖在死者面部。邻床的伤病员目睹此情此景,一个个都抽泣起来。宋蔼龄显得有些激动,她脱下白丝手套,挨个与躺在床上的重伤员握手,并以"伤兵之友总社"理事名义,从随从手中要过一袋袋伤兵之友总社募集的慰劳品轻轻地放在他们的床头。

宋蔼龄沿着一间间病房,一排排病房往下视察,不停地伸手与伤员握一握,说些慰劳和鼓励的话,分发慰问袋。

从病房出来,宋蔼龄一行又来到医院手术室,旁观了一次手术。她不时地吩咐医生:"轻些,再轻些。"离开手术室时,宋蔼龄又对医院领导和医生说:"你们要多给他输血、多用点好药,钱由我付。"

1940年初,宋美龄由于健康原因到香港暂住,与迁居香港的宋蔼龄、宋庆龄相聚。名声显赫的宋氏三姐妹同时相聚在香港,就给企图瓦解中国抗战斗志的日本军国主义者提供了攻击的把柄。日本报界宣称:宋家正在逃离战争蹂躏的中国,要到某个中立国或地区过和平日子。为了回击敌人的攻心战,鼓舞士气,宋蔼龄、宋庆龄决定随宋美龄到当时的陪都重庆工作和生活。临行前,宋蔼龄姐妹作了一件惊人的事——一同出现在香港大饭店用餐。舆论界称赞宋蔼龄等人的行动,向世界昭示了抗战到底的决心和实际行动。

1940年3月31日,一架中国航空公司的专机DC-3号从香港启德机场腾空而起,向北飞去。正午时分,专机飞临重庆上空并开始着陆。早在此迎候的国民政府军事委员长侍从室主任张治中,待飞机停稳,舷梯上走下宋蔼龄、宋庆龄、宋美龄三人，便抢前一步，"啪"的一声立正，开始向宋氏三姐妹致欢迎词。宋蔼龄因随机有特备的氧气，兴致很好，在与张治中等人寒暄几句后，便一头钻进了一辆小轿车，随着满载武装警卫的压道车引导，驶出机场开往重庆城内。

宋蔼龄三姐妹联袂来渝，成了陪都的新闻热点。

4月2日，中央社发了专讯："孔夫人、孙夫人暨蒋夫人于3月31日联袂来渝。孔夫人暨孙夫人尚系初次访问战时首都，彼等对于增强抗战力量，咸备最大热忱，故此次利用蒋夫人赴港疗养返渝之机会，相偕同来。三位夫人同来后方，将共同从事抗战建国之工作，致力于奠定新中国基础，发扬中国旧有光荣。据悉三位夫人将视察各种合作事业与救济机关。"重庆各大报纸进行了转载。

《新华日报》4月3日发表短评，欢迎孙夫人，向初次来渝的宋蔼龄致敬。4日又对宋蔼龄等人的活动作了追踪报道，发了消息："孙夫人、蒋夫人、孔夫人等昨（三日）视察新生活运动妇女指导委员会，与该会全体工作人员合摄一影……嗣三位夫人接见妇指会高级干部训练班学员并与高干班学员同用午膳。午后三夫人驱车赴歌乐山，视察战时儿童保育会第一保育院。"

宋蔼龄到重庆后的数月间，参加了不少的社会活动，除了出席各种会议和向抗战团体发表讲话，参观了工厂、学校和机关外，到电台发表对国外听众的演说、视察公共防空设备，则是她的两项重要活动。

1940年4月18日，宋蔼龄应重庆中央广播电台及国际广播电台之请，于7时45分向美国播音，由美国NBC电台转播全美。那天凌晨日机空袭重庆，电台工作人员以为宋蔼龄不会来了，然而7点半，她的座车准时驶进了中央广播电台大门，接着进入了地下播音室。

在播音员向美国听众介绍了宋蔼龄的身份后，她便对着麦克风讲演起来。

宋蔼龄首先对美国对中国抗战的支持表示感激之情，她说："当我向美国讲话时，我感到并且深知，我正在向真正同情中国的朋友们讲话。在不断捐赠我们最需要的救济金中，我们看到了这种同情。因而，在我们与日本帝国主义进行生死存亡的战斗中，我们始终都没有孤立的感觉。一想到友好的美国人民站在我们一边，我们的内心就充满了深厚的感激之情。"

宋蔼龄接着痛斥了汪精卫叛变投敌的卖国行为，她愤愤地说："南京那幕可怜的丑剧，那所谓政府也者，完全是一个笑话，这是人类智慧上的一个侮辱。它不能代表中国，它只是政治污水中的渣滓，这些日本所利用的工具，是中国人人所诅咒的叛徒，世界上任何具有自尊心的国家，都会加以唾弃的。"

宋蔼龄在谈到中国人民万众一心，怀着必胜的信念时，告诉美国听众："中国各将领间是毫无问题的团结一致，他们充满了异常坚强的继续抗战的决心。抗战到现在，已经快三年了，我们的军力，只有比以前更为强大，同时我们在财政经济上，也已经有抗战到底的计划和准备。在中国西部，我们已经建成了人力物力的储蓄所，在需要的时候，随时可以取来备用。"宋蔼龄在说明了妇女在抗战中的重要作用外，还特别强调了"全国民众对于兵士观念的改变。以前大家把兵士看作庸人，地位是很低的，现在却完全不同了。现在我们有国民军，军队和民众一起工作，民众也和军队一起工作，这种团结一致的精神，也足以击败敌人的。"

在另一次讲演中，宋蔼龄再次表示："我把美国看成我的第二故乡。在那里，我度过了学生时代，你们中的许多人怀念我，我也深情地怀念你们……你们如何帮助中国阻止日本人的侵略？我们知道，我们得到你们的同情和道义上的支持，我们表示感谢。但是我们需要的不止于此。我们需要你们物质上的支持。我们需要武器和军火。我们需要帮助成百万无家可归的无辜妇女、儿童和数以万计的伤员。"

宋蔼龄还于1942年"三八妇女节"对英讲演，呼吁英国政府和人民以及世界上一切同情中国的朋友，支持中国抗战到底。通过不断地对外国听众的演讲，宣传了中国人民抗战的决心和行动，有力地争取了世界正义人士站到了中国人民一边，宋蔼龄为此付出的努力是显而易见的。

重庆是座雾城，每年10月至翌年4月，浓雾总是滞留在这里，笼罩着山城上空。由于气候条件的原因，日本飞机总是避开雾季、集中在4—9月实施轰炸。太平洋战争爆发后，日本飞机大批调走，但仍保留了数百架飞机准备轰炸西南，重点轰炸重庆。1942年初，眼看雾季即将过去，山城居民重又面临敌人飞机骚扰、人心浮动的局面。宋蔼龄为了显示对国民安危的关切，决定抢在雾季结束之前视察重庆的防空设施，鼓舞斗志，安定人心。

宋蔼龄先从公用防空设施开始视察。重庆的防空设施分为公用和民用两大类。公用防空洞系由各军、公单位拨款，一般都选择在依山傍岩的优良地势处开凿，水泥托顶，比较坚固，且通风设备良好。但这种防空洞出入需要专用通行证，或付钱才能入内，不对老百姓开放。高级官员及工商业家均各自备有小型专用防空洞。宋蔼龄每到一处防空洞都要钻进去，这里瞧瞧，那里摸摸，从表情看出她对工程质量并不真心关心，想得最多的是建筑费用，因此翻来覆去地总是对随行人员讲："花了一点儿钱不要紧，只要造价合理就行。"

在视察过公用防空洞后，接着视察民用防空洞，这些防空洞是抗战爆发后仓促建成的，地势差、设备简陋。防空洞里既没有水泥托顶，又很少通气设备，仅在洞内钉了两排木凳，每隔50公尺点一盏煤油灯，用以照明。尤其糟糕的是洞口的木栅是由里向外关闭，设计不合理，一旦人多拥挤，就把木栅抵死拉不开。在设备如此简陋与公用防空洞对比强烈的民用防空洞前，宋蔼龄心情起了变化，脸色阴沉，不满意地对随行人员说："应该把你们这帮人关在这种洞子里！"

宋蔼龄在重庆某些工作、生活情况，新闻媒介做了文字和图片报道，现在仍能找到一些记录她活动的照片。当时一些外国记者在文章中评论，宋蔼龄的活动产生了明显的影响，起到了鼓舞人心的作用。

宋蔼龄在抗日战争时期所做的工作中，还有一件便是推进"工合"事业。

"工合"时下鲜为人知，当时却喧闹一时，它的全称叫"中国工业合作协会"，最早是由美国友人斯诺夫妇倡导发起。1937年11月，斯诺夫妇从解放区参观回到上海，参加了上海各界爱国人士和社会名流的"星一聚餐会"。在会上他提出沿海工业区已沦陷,后方工业品很缺乏,应以合作社方式动员后方的人力、物力,从事生产、支持抗战的建议,得到了与会者一致响应,决定成立"中国工业合作社设计委员会"。大家一致推选当时任上海工部局工业科长的新西兰友人路易·艾黎为该委员会的召集人,起草一份在全国范围内组织3万个工业合作社的计划。1938年5月,"星一聚餐会"成员和斯诺、艾黎等国际友人以及英国外交官亚历山大、美国参赞文森等再次开会,研究这份计划。大家认为,要在全国范围内开展组织3万个工业合作社运动,一方面应保持自己的群众性和民主性,另一方面应该尽最争取国民党政府在财务上行政上的支持,以便顺利地开展工作。会后派人携带计划到汉口,初步取得了国民政府行政院长孔祥熙的同意。孔祥熙还答应聘任艾黎为技术顾问,负责筹备组织工作。艾黎当即辞去上海工部局工业科长职务,于6月初由上海经香港到达汉口,找孔祥熙报到。据艾黎回忆,孔祥熙的态度比较冷漠,不大愿意搞了。但在武汉各抗日救亡团体的影响下,他最后又勉强同意,答应由政府拨资500万元。8月15日,"中国工业合作协会"(简称"工合")在武汉成立,下设区办事处、事务所、指导站。因为孔祥熙是行政院院长,"工合"要在各省设立机构,开展工作,有没有孔祥熙的支持大不一样,所以协会理事长一职还得推选他担任。

孔祥熙虽然口头上答应拨款500万元支持工合工作,但实际上到武汉沦陷为止只拨给"工合"20万元。然而在国民政府全部迁往重庆后,孔祥熙对工合的态度来了个180度的转弯,变得异常热乎起来,不仅答应拨给的500万元兑了现,而且亲自过问协会的组织和人事安排。

孔祥熙态度前后变化判若两人,原因何在?据当时担任"中国工业合作协会"组织组组长的卢广绵回忆,孔祥熙当初接受担任"工合"理事长的名义原是被动的,但由于当时是国共合作的局面,人民群众抗战情绪很高,舆论界特别是《新华日报》和《大公报》又对工合运动给予了广泛的报道和大力的支持,孔祥熙认为可以通过工合捞到一些个人的政治资本。又据艾黎分析,工合运动由于全部采取使他的私人银行能进行剥削的小工业方式、经济上也有利可图。从现在见到的资料来分析，影响孔祥熙对"工合"态度变化的又一个因素，是宋蔼龄对"工合"事业的异常关心。

根据孔祥熙的提议，也是为了表示对蒋介石的支持，宋美龄担任了"中国工业合作协会"名誉理事长。在其位，谋其政，宋美龄挂着名誉理事长头衔，总得多少做些工作装装门面，但由于她还有其他社会工作，精力难以专一，便把宋蔼龄也拉进"工合"，提议她担任主任。宋蔼龄是很乐意在由孔祥熙担任理事长的组织中任职的，但她这次推说不愿意抛头露面，只答应挂个顾问的虚衔。然而，宋蔼龄对工合运动兴趣颇浓，一点儿也不比孔祥熙"逊色"。

宋蔼龄认为工业合作运动与她前几年设想通过创办实验工厂的形式消除劳资对立的计划是不谋而合，殊途同归，当时宋蔼龄设想在城乡建立许多模范村，模范村中有实验工厂、棉厂、学校和母亲训练中心，并备有自来水和电，以帮助妇女从家庭工作中解放出来。宋蔼龄还构想将工厂的股份作为工人的奖金，这样就可以使老资格的工人成为股东之一，资方和劳方和谐共存。她反复地向人说："也许行不通，但值得一试，就算是小规模亦可。当进行这项工作时，我们还可以尝试去解决别的问题。例如童工的雇用并不是口头就可禁止的。雇用童工固然不对，但如果不工作就要饿死的话，也就不能怪父母要送孩子去做工了。我们应该逐渐减其工作量，直至完全消除为止。"

宋蔼龄这种超阶级的设想在实际中注定行不通的，因为正如宋蔼龄自己所说："除非资本家自愿帮助劳工"。工合运动的发起，使一度搁置了的设想再度在宋蔼龄的脑海中出现。她主动去找技术顾问艾黎，研究工业合作社计划，异想天开地要求将她的一些理论付诸实践。宋蔼龄在工业合作运动众多生产部门中都进行投资，但对纺织业及其生产情况则表现了特别的兴趣。1939年，她投资建立了一座小型纺织企业。美国女作家埃米莉·哈恩断言，这与宋蔼龄孩童时，其父宋耀如热衷经营制造丝绸的经历有关。虽然宋耀如当年投下的一笔巨额资金因化学师去世配不出染方而告吹，但30年来，父亲对人造丝绸的兴趣肯定一直储存在宋蔼龄的记忆中。

宋蔼龄为推进工合事业的发展，曾先后亲临重庆郊区及成都，视察工业合作事业。

1940年4月5日下午，宋蔼龄在"中国工业合作社"总干事刘广沛的陪同下，来到重庆郊外参观设在那里的工业合作社。宋蔼龄先参观城郊附近的军毯合作制造厂。该厂工作效率高，产品质量好，宋蔼龄听了负责人的介绍后大加赞美，并对工人生活状况频加询问。宋蔼龄在车间见一位女工工作甚为勤奋，而背上还背着一个婴儿，颇受感动，当即对刘广沛说应该为各合作社建立一个公共育婴室。

接着宋蔼龄一行又参观了一个印刷合作社。该社距工业合作总社不远，共有42名职工。她依次视察印刷及装订各部门，均感兴趣，对工友倍加慰问。宋蔼龄临走时还称："中国之印刷艺术，如能以合作方式奠定其基础，必有可观。"

宋蔼龄视察重庆郊区各工业合作社后不久，又于1940年4月22日晚由渝飞抵成都，视察那里的工业合作事业。《新华日报》在4月29日引载中央社成都航讯，详细地报道了宋蔼龄等视察成都工业合作事业的情形："孙孔蒋三夫人于4月22日晚抵蓉，25日下午四时相偕至中国工业合作协会成都事务所视察，该所成立于1939年2月1日，已组织之社数共为52处，以纺织为最多，计37社，其次则服装3社，丝织及织袜各2社、印刷、机械、皮鞋、制药、卷烟、洗染、联合等各1社，共有社员507人，此外并有纺毛女工5000人。"

四时前，该所即集合纺毛女工数百人，在华美女中广场上设置毛纺机照常工作。三位夫人驾临后，群起立为礼，并唱欢迎三夫人歌，即由该所主任粟君致辞报告工作，继由社员代表致欢迎词，并合唱社歌，乃请三位夫人致训词。孔夫人首先致辞："今日到此参观，与各位热心工合事业之朋友及努力工作之职工社员相见，无任欣慰。此次由渝来蓉，沿途所经各县，曾先后参观各种妇女工作，新生活妇女指导委员会指导下之各种事业、成绩皆佳，对于生产事业，尤觉快慰。今日我国一面抗战、一面建国，合作社之目的，于协助抗战工作以外，更求民主主义实行，是以余希望工合事业在各地普遍的成立，同时更希望各合作社均有完美之成功。"

宋蔼龄致完训词，接下来是宋美龄、宋庆龄致训词。致辞完毕，"乃由社中职员陪往参观工合出品展览会。先到毛纺班，见有女工正在工作，再到美术劳作展览室，内有绣花及挑花两班，内有二十余人，从事于挑绣工作。"宋蔼龄等视察询问，颇感兴趣，美国摄影师格里芬当场摄成电影，与工业合作社其他影片一并寄往欧美放映宣传。

宋蔼龄等人的成都之行引起了强烈的反响，一名外国通讯记者说："在成都之行以前，我一点儿也不欣赏这几个女人。对于我们来讲，在旅行中，住住小旅馆是习以为常的事，臭虫和飞机声都没什么。但是绝难想象孔夫人那样的人也能对此怡然自得。在成都的一次空袭中，她们不顾旅途劳顿，微笑地出现在大家面前，真是精力过人。连我们之中最强壮的人都不太吃得消空袭，她们却好像没事一样。"国民党中央通讯社也在一些报道中称誉宋蔼龄"对工业合作社素具热忱，故此次视察尤堪注意"，"孔夫人之热心赞助尤为合作事业发展之主动力量"，"合作事业得有今日之成绩"，宋蔼龄等"皆有力焉"。

由于"工合"适应了战时经济发展需要，不但得到了国内各方的支持，而且也得到了国际上的赞助，发展非常迅速。"工合"组织几乎遍及整个大后方，甚至深入到了敌占区和游击区。1941年11月15日，孔祥熙在重庆作"中国工业合作运动之现在与未来"的演说，对三年来工合运动做了总结。他说：

"工业合作运动，在国内普遍发展，迄今不过三载"，"已获初步成功。三年以来，在16省地区内，设立合作社近2000个，动员失业工人荣誉军民及难民达15万之多，皆使其参加战时生产工业。每月生产总额逾2000万，产品种类，达百十余种，举凡军需民用之物，几已样样俱全。"

1942年，国民政府却因"工合"与积极坚持抗战的中国共产党合作而不满，竟不顾许多人的反对而宣布停止提供给"工合"经费，一些"工合"领导人遭到迫害，"工合"运动受到了极大的挫折。抗战胜利前夕，曾经轰动一时并得到了像宋蔼龄、孔祥熙、宋美龄等国民党显赫人物支持的"工合"事业，除了解放区外已名存实亡了。

孔祥熙 全传
Biography of Kong Xiangxi

15
与日本的秘密"和谈"

孔祥熙通过多条渠道同日方秘密接触。他同德国驻华大使陶德曼会谈，希冀陶德曼"调停"。派人同萱野、板垣、中村等日方人物来往，谋求与日妥协。

在对日"和谈"活动中，孔祥熙究竟是何种心情？

在孔祥熙与宋子文二人中，蒋介石比较喜欢并信任孔祥熙。1938年1月，国民政府为了建立战时体制，任命孔祥熙为行政院院长。同年6月，宋子文愤愤地对潘汉年说："蒋之所以用孔作行政院院长，这是为准备与日本谈判和议。"蒋之用孔，原因很多，宋子文的这段话有很大的片面性。但是，中日战争期间，蒋介石确曾通过孔祥熙多次与日方进行秘密交涉。由于除孔祥熙外，他的大儿子孔令侃等人均参与其事，因此，有的人称之为"孔家的和平运动"。

在中华民族面临亡国灭种危险的形势下，蒋介石国民党虽然被迫宣布实行抗战，但又同日本进行妥协求和活动，梦想在敌人的炮火声中和刺刀底下实行"和谈"。1937年冬，蒋介石、孔祥熙通过德国驻华大使奥斯卡·陶德曼进行的对日"和谈"活动便是一例。

11月5日，德国驻华大使陶德曼遵照本国政府训令，将日本的和平条件在南京向蒋介石面递。在场的仅有孔祥熙。蒋介石对德国政府的"调停"表示感谢，并说"这些条件提供了一个谈判的基础"，但他又表示："假如日本不愿意恢复战前状态，中国不能接受日本的要求。中国如同意日本的要求，国民政府将会被舆论浪潮所冲倒"。"政府倾倒了，那么唯一的结果就是共产党将会在中国占优势。这就意味着日本不可能与中国议和，因为共产党是从来不投降的。"因此，蒋介石极力要求保密，并请陶德曼转告日本方面，对初步谈判情况应严守秘密，以此作为议和谈判的初步条件之一。

1937年8月23日，日军在上海将中国俘虏捆绑起来，准备屠杀。
该照片有日本军方"不许可"发表字样

11月9日，德国军事顾问团团长福根霍森，受陶德曼的指示，亲自向蒋介石夫妇和孔祥熙表示，战局严重，并危言耸听地说长期战争下去，中国经济将陷于崩溃，中国将会"赤化"。

11月28日，陶德曼又与当时已迁到汉口办公的行政院副院长孔祥熙会晤，接着在29日与外交部部长王宠惠会谈。陶德曼在提出日本的议和条件并向孔祥熙和王宠惠作了试探之后，要求再次与蒋介石见面。

在蒋介石与陶德曼会谈前的12月1日，德国外交部部长向中国驻德大使程天放劝说："为中国利益着想，不宜拒绝日本的和平提议；如果迟延下去，中国国家解体的危险也会越大。"

12月2日，蒋介石与陶德曼第二次会谈。会谈时，蒋介石表示：对德国表示衷心感谢，中国愿意接受德国的调停，"但我们有两个极重要的条件：（一）在恢复和平的全部过程中，由德国通过调停予以帮助。（二）中国在华北的主权和行政权不得改变。"最后，蒋介石再三要求，无论是德方还是日本，对于初步的谈判，特别是条件，要保守秘密。

陶德曼"调停"之事还在进行中，战局发生了变化。1937年11月初，上海国民政府守军败退，日军长驱直入，12月13日攻陷南京。此时，日本速胜的妄想重新抬头，侵略气焰更凶，日本外相广田又向德国驻日大使狄克逊表示，以前所提的条件现在已不够了，还须进一步予以明确。12月21日，日本决定了新的四项要求：（一）中国必须放弃容共、抗日、反"满"政策，与日、"满"两国合作，实行"反共"政策；（二）在必要地区设立非武装地带及特殊政权；（三）中、日、"满"订立密切的经济合作协定；（四）中国须付给日本所要求的赔款。

"占领南京前谁先杀死百人"比赛的日军第十六师团九联队野田毅少尉（右）和向井敏明少尉（左）

12月26日，陶德曼将上述条件转达给孔祥熙。孔祥熙经与蒋介石商议，虽然认为日本提出的条件苛刻，但并没有因此放弃妥协求和的念头，他们只求日方宽延期限，并要求对四项条件作出具体说明。12月30日，日方通过陶德曼，就四项条件向国民政府作了具体解释：

第一项，首先是要中国承认"满洲国"，并表示有积极排除共产党的证据，不过并非要求中国参加防共协定或废除中苏互不侵犯条约。

第二项，所谓"非武装地带"，是指：内蒙古、华北、上海附近已为日本占领区。所谓"特殊政权"，是指：内蒙古方面，须具有和外蒙古相同地区的"自治政府"；华北方面，就连转达人陶德曼也不明了日方的意图；上海方面，则是在公共租界与法租界以外的地区，设立"特殊政权"。

第三项，关于经济协定，是指关税与商务方面。

第四项，所谓"赔偿"，一部分为战费赔偿，另一部分为日本财产损失的赔偿，另外日军的占领费用也须由中国负担。

孔祥熙在对日和谈问题上，心情仍然是矛盾的：一方面认为日本的条件苛刻，难以接受；另一方面又害怕谈判不成，战事进一步扩大，难以维持四大家族的统治地位。所以仍想向日方妥协。但日方表示，没有商量余地。1月12日夜11时55分，离日本限期中国答复其条件的时间还有5分钟，这时，陶德曼想作最后努力促使蒋介石与孔祥熙等接受日方的条件，国民政府也生怕关了谈判之门，因此，最后对日本提出了一个不置可否的答复："日本的条件太广泛了，中国政府希望对新条件知其内容和性质，以便仔细研究，获致最后决定。"1月15日，孔祥熙又给日本外相一件照会说："中日两国间现在进行的武装冲突对两国有种种灾难性的后果，诚为极不幸之事。中国仍盼望与日本达成真正的谅解，以维持东亚的持久和平。我们已表示迫切希望知道日本所提条件的性质和内容，因为我们要尽一切诚挚的努力，以谋求两国间的和平象征，有了这个添加的材料，我们就可以更好地对日本所提的条件来表示我们的意见。"

但是，此时日本已决心要用武力征服中国。1月14日，日本已决定不以国民党为谈判对手，两天后并正式通知德国，认为中国的答复不能令人满意，谈判中止。1月17日，德国外交部训令陶德曼通知中国政府，德国的传信人任务已告终了。至此，陶德曼的"调停"活动以失败而告终。1938年1月18日，日本政府命令驻华大使川越茂回国。1月20日，孔祥熙命令驻日大使许世英回国。这样，中日两国的外交实际上断绝了。

陶德曼"调停"失败后，孔祥熙又通过贾存德与日本人萱野长知的关系，谋求同日本侵略者的妥协。

贾存德和孔祥熙是师生和同乡关系。从1928年起，贾就在孔祥熙手下做事，同孔关系密切。1937年夏初，贾存德从他的一个朋友韦竹轩（朝鲜人）处，获得日本人石原"对华作战计划书"和摄制的日本驻沪武官处所藏的"江阴要塞图"，以及日本武官府训令上海武官处相机杀害日本人以引起淞沪事变的借口等情报。其中有关我国防要塞的"江阴要塞图"上盖有武官处的极密图章，对各处山形水势绘录详细，连水的深浅部位都注在水面图上。这些情报都经孔祥熙的长子孔令侃手，送国民政府参谋部。后来日寇侵华所采取的手段及行动计划，均证明当初所供情报属实，因而贾存德也更加受到孔祥熙的器重。

1938年春，贾存德又从韦竹轩那里获得消息，说国民政府外交部前任次长樊光带着北平日本浪人山本荣和（当时北平汉奸组织维持会的幕后主持人）给孔祥熙调解中日和平的意见书，去汉口找孔祥熙去了。韦竹轩还告诉贾存德，说有一个叫萱野长知的日本大亨，早年曾参加过孙中山在日本东京组织的同盟会，会讲中国话，来到上海有特别任务，并问贾存德是否愿意认识萱野，如愿意，他有办法通过萱野的朋友松本藏次（在上海做特务工作）来介绍关系。贾存德为了刺探日本情报，便托韦竹轩介绍先认识了松本藏次，然后又认识了萱野长知。

经过几次会见，萱野得悉贾存德是孔祥熙的心腹之人，便对贾百般拉拢。在1938年2月的一次会谈中，萱野对贾存德说："我和孔先生是朋友，中日是兄弟之邦，不应以兵戎相见。对前途我很想给孔先生写信，又怕引起误会，不得其人代送。"贾存德向萱野表示，有适当人到汉口时，一定告诉他。这次谈话后，贾存德即给孔祥熙写了一封密信，报告了他认识萱野的经过及谈话情况。5月初，贾存德准备亲自去汉口找孔祥熙，临行前去见萱野，萱野托贾带了一封信给孔祥熙。萱野在信中表示，怀念孙中山过去在日本东京活动时所领导的同盟会的旧友，继而谈到目前中日交战犹如"萁豆相煎"，最后谈到孔如有意出来解决"阋墙之争"，"化干戈为玉帛"的话，他愿出来斡旋奔走。

贾存德从上海乘船经香港赴汉口途中，在香港先找到了孔祥熙的秘书王良甫和孔家长子孔令侃。经王良甫与孔令侃的安排，5月6日，贾存德经港飞汉，会见孔祥熙。22日，孔祥熙复函萱野长知，陈述侵华战争对日本的危害，要求萱野做日本"少数军人"的工作。函称：

敝国坚持抗战,纯为自卫起见。故解铃系铃,仍在贵国少数军人之手。先生欲自救以救人,必设法使贵国少数军人早日醒悟,必先使其了解此次战事对于贵国之利害。

同时,孔祥熙并致日本浪人首领头山满一函,内容大体与致萱野函同。6月1日,贾存德携带孔祥熙函回到上海,与萱野、松本会谈。贾称:武汉等地"抗战极坚决","人心镇定如昔"。他转达了孔祥熙的意见:要求日方"放下屠刀,使我领土完整,为东亚两大民族千年万年谋真正共存共荣"。"苟能利和平,即敝屣现院长地位,亦愿与二位共同奋斗"。萱野表示:"拟回东京联络同志作后盾,然后分谒内阁、军部、重臣、元老,征求意见,一致以谋和平之早日实现。"他并说:"余老矣,士为知己死,蒙院长不弃,同情管见,余誓以老命报之。"7日,萱野与松本飞返东京,和头山满密议,接着,与近卫首相、宇垣外相会谈。17日返沪,对贾存德称:近卫、宇垣对孔祥熙函件都表示同情。萱野并要求与孔祥熙择地会见。

日方积极,孔祥熙却表现得很冷静。6月25日,孔祥熙的秘书李青选致电贾存德,指示他说话须"慎重",电称:"事关重要,一言可以兴邦,一言可以丧邦,应付失宜,危险至巨。现在彼方既感困难,我方尤须沉着,如过急反以示弱,更难得当也。"其后,李青选一再致电贾存德,声称孔祥熙"不便轻易离汉",要贾了解日方"切实办法",并要求萱野长知亲笔开明"真实条件"。

日方一方面宣称条件不高,日方表示:"日将领同士兵,除海军一部分外,多已厌战。今次日提和平条件,极平正,绝不使孔院长为难。除经济合作、防共产外,无苛求。"另一方面则要求解散国民政府,蒋介石下野,由孔祥熙出面组织政府。28日,贾存德再电孔祥熙,告以萱野意见:

此事至难而不难。盖双方着重顾全颜面,中国之颜面重在军队退出,领土完整,日本之颜面重在解散抗日政府,老蒋暂行下野,从新组府,任之孔院长。老蒋下野,换汤不换药,故难而不难者,即此之谓也。

萱野认为在上海不便,要求与贾存德共同赴港谈判,并要求面见孔祥熙。7月3日,李青选电告贾存德,明确拒绝解散国民政府、蒋介石下野等条件,但表示可以孔祥熙下野作为转圜。电称:

> 彼方果有诚意,当以可能条件与我商洽,否则漫无边际,可不必谈。如军部所提,非唯政府不能因人要求而解散,委座不能因人要求而下野,且全国民众亦不能允许委座下野。此等话实使夫子无办法说出。前曾与兄谈及,现在最高行政当局本为夫子,如果彼方以为无法下台,夫子本人情愿牺牲地位,以为彼方转圜面子。

萱野长知等并不十分同意近卫"不以国民政府为对手"的声明,听了孔祥熙愿意牺牲院长地位的表示后,便表示可以不坚持要求蒋介石下野。

7月6日,贾存德、萱野长知、松本藏次等转到香港谈判。此前,孔祥熙的秘书乔辅三和日本驻香港总领事中村丰一的谈判已经开始。谈判中,贾存德等提出,希望日军暂勿进攻汉口。

8月初,贾存德带了萱野亲笔写的关于中日和谈的先决条件的信,再次经香港乘飞机到了汉口,在民用机场下机。当时机场的气氛很紧张,稽查员对乘客一个也不放过地进行细致搜查。轮到查贾存德时,贾自恃为孔祥熙办要事傲气十足,拒绝检查,而稽查员的态度却很强硬,说是奉蒋介石的命令,除了端纳外任何人都要检查。双方争执到稽查处处长办公室,还是僵持不下,最后孔祥熙不得不亲自出面打来电话,贾存德才得以放行。

当贾存德急匆匆地赶到中央银行时,孔已在客厅等候。贾即将萱野的信交给他。孔祥熙看完信后说:"在稽查处他们怎么样?"贾说:"奉院长命令没给他们看。"这天,孔祥熙又安排贾存德同马伯援会面。马曾是继孔祥熙之后中国留日本东京青年会总干事,和孔祥熙及萱野都是挚交。孔祥熙的这一安排,给贾的活动增添了力量。

不久,贾存德与马伯援一同到了香港,住在九龙饭店。到香港后,孔令侃即给贾、马各送来1000元钱,作为给孔祥熙办事的辛劳费。8月中旬,贾存德回到上海,将孔的信送给萱野。9月上旬,萱野与松本两人一同来香港,开始与马伯援会谈。约一周后,孔祥熙又派居正的老婆来香港参加会谈。因为居正老婆过去在东京流亡时,曾将她三岁的儿子寄养给萱野,孔便利用她和萱野的这种关系来进行谈判。在会谈中,蒋、孔方面对于日本方面提出的两个先决条件没加否认,但要求日本天皇裕仁下诏,声明休战和撤兵,恢复1937年7月7日事变前的原状,然后由孔和板垣约会地点与日期,正式会谈,解决纠纷。但萱野与松本一来代表不了日本当局,二来也没有谈判诚意,以致会谈一直拖延数日,没有什么结果。这时冯玉祥在重庆指责说:"有人在香港借和平运动,阴谋破坏抗战阵营。"孔祥熙因马伯援与冯玉祥私交至深,怕外界舆论,便召马伯援

汪精卫与东条英机在一起

回重庆。但居正老婆仍在香港与萱野等不时往来接触，继续所谓"和谈"。

1938年12月24日，马伯援又突然由重庆乘飞机来到香港，说汪精卫昨日出走，下落不明；并说，当他临上飞机时，孔祥熙派李青选到机场密传指示，说孔与蒋两人都受了汪的骗，现在汪精卫的出走，一定是单独投降日本。孔要我们在港、沪大力活动，千方百计采取一切措施，打击和阻挠汪精卫的组织政府活动；同时要设法从侧面暗示萱野，如果日本方面支持汪精卫等少数人组织政府，其结果只会使中国延长抗战，是不利于中日全面解决纠纷的。

汪精卫出走后，萱野的态度转为强硬，很快终止了和孔祥熙代表的会谈。1939年元旦前夕，他借口回上海过年，离港返沪。但孔祥熙仍对"和谈"存有幻想，不久又派人专程到上海，带了他亲笔签名给贾存德的信，要贾立即将信中内容转告日方。信的内容是：七七事变后，希特勒曾电示德驻日大使赫伯特及驻华大使陶德曼对中日战争进行调解。当时中日双方亦均同意德大使从中斡旋。但中国表示不能订城下之盟，后由陶德曼转去东京五相御前会议表示了此种意见。日方当时曾表示"尊重"中国颜面，"不攻"南京，先协商"休战"。孔某接此电后，正当中政会同仁商讨和平方针问题之际，不料日方不顾信义，侵犯南京，肆意残杀，使和谈陷入僵局。继而头山满又来函表示，希望战区不要扩大，仍愿进行调解"阋墙之争"。终因日方无诚意，扩大侵略，以致亦无结果。日本近几十年来，军备力量较中国方面强，但中国领土之大，人口之多，物资丰富，外力增援，日本国力长期消耗于中国，如此下去，势必旷日持久，两败俱伤。如果邻国乘机挑衅，又将以何种力量起与争雄乎？此又不禁为杞忧者。据闻日本军人近来气焰嚣张，虽日本天皇也多予以姑容。此次侵华"元老重臣"及"社会名流"多不谓然。萱野这次毅然调解，事虽未成，孔某个人已表感激。唯解铃系铃还在于日本，希望萱野归去多注意这方面工作，以减少前途障碍，云云。

贾存德看了孔祥熙的这封信，明白其用意是想继续保持同日方的来往，谋求妥协，尽快结束战争。所以贾存德便将此信给萱野过目。萱野将信拿去数日，估计已将原信摄影带走。孔祥熙本希望萱野回东京后，能有下文，但萱野一去如泥牛入海无消息。这样，孔祥熙同萱野的来往也就此结束了。

一路不通，另走一路。孔祥熙通过萱野"求和"失败后，又令贾存德通过其他关系，寻找新的门路，继续进行"求和"活动。

贾存德不负孔祥熙的厚望，1939年夏，他又找到了新的途径。贾存德这次首先找的是旧日相识的福建人王子惠。王当时任伪南京维新政府实业部长职务，同日本主和派人物闲院宫、畑俊六总司令及川海前总司令等人都有密切关系。贾存德与王子惠接洽后，王即表示愿为"和平"奔走。贾即将王子惠的情况电告孔祥熙，孔复电要贾与王保持密切联系，同时还指出，希望王子惠辞去伪南京维新政府实业部长职，以便伺机去东京团结主和派人物抵制主战派，以利早日恢复和平。王子惠接受了孔祥熙的意见，辞职后不多时，在1939年9月就到东京去了。

王子惠去东京半年多，1940年4月返回上海，向贾存德报告所获，说已将日本主和派人物闲院宫金子伯爵和裕仁天皇的叔父柳某及头山满等人联为一起。从前这些人是分头各自活动"和平"，而现在则联合一致，认为：1.军部及在华日军首脑板垣征四郎想从速全面结束对华战争；2.和谈以重庆政府为对手，反对支持汪精卫政权。贾存德将上述情况报告了孔祥熙。

5月间，王子惠又给贾存德送来板垣亲自用铅笔写的中日"和谈"五项条件的草稿，其主要内容是：1.共同防共；2.中日经济合作；3.取消汪精卫政权；4.休战；5.撤兵。王子惠还对贾存德说，板垣亲口讲：如孔同意五项条件，板垣即亲自签名作正式公文送孔，然后约定会谈日期、地点，并希望对此条件在6月6日日本裕仁天皇下诏承认汪精卫政权以前表示态度。王子惠还说，日本已同英、法订立密约，封锁滇缅、滇越路以及香港、广州水陆空交通三个月，以协助日本试探和平。王还一再说板垣急切希望与孔会面。

6月下旬，贾存德带着板垣提出的五项条件的铅笔草稿及其他文件，由上海经香港到达重庆，向孔祥熙汇报。孔对板垣提出的五项"和平"条件，表示可以接受，并告诉贾存德说蒋已令胡宗南屯兵50万于陕甘宁边区，全力对付共产党。

但日本在提出五项"和平"条件的同时，又采取军事行动，施加压力，先后连续数次出动飞机轰炸重庆，炸毁了孔祥熙的范庄寓所和舫庐寓所，绑架了孔祥熙在上海寓所的管事姚文凯，并封锁了港渝飞行线以及滇缅、滇越公路。这一连串的胁迫，使孔祥熙大为烦恼。孔曾当面对贾存德说："日本人搞的什么鬼，一面叫我斡旋和平，一面又滥炸我的寓所，并将我的管事绑去，严重地妨碍我的工作及向蒋进言之机。"孔要贾存德给王子惠打电话询问日本人究竟为了什么。

由于日军的轰炸，加上国内各方面对孔祥熙的"和平"运动风传甚烈，孔祥熙自然有所顾忌，不能不暂时收缩一下。一方面由孔二小姐出面，将贾存德撵出他的寓所，并要贾暂时隐蔽，避免外人猜疑；另一方面孔祥熙本人则装病到南温泉寓所休养，不上班、不出席会议、不接见宾客，以便暂时避开"和谈"之事。

7月底，孔祥熙在南温泉寓所又接见了王子惠派来的蔡森。当孔问及近来情况时，蔡森告诉他："王子惠此次由日本东京归来，对前途极表乐观，主要成绩是将几年来分散的主和派团结为一体，使主和力量一致压迫军部，从速全面结束对华战争。主和派已派人来华向板垣征四郎提出东京元老重臣及社会名流的要求，要板垣结束对华战争。"孔祥熙听后，令贾存德和蔡森共同将王子惠一年来奔走"和运"工作的情况写出书面报告。书面报告写出后，孔祥熙又指定他的机要秘书李青选修改，最后送给了蒋介石。

孔祥熙与日本人搞的所谓"和平"运动，实际上是看蒋介石的脸色行事的。在此期间，孔祥熙曾对贾存德说："近来中央同仁看委员长（蒋介石）时，都是准备两份不同的报告，遇着他高兴时送上左手报告，遇上他沉闷时送上右手报告。既无忠诚的诤言者，也无肝胆相见的人，所以'和谈'事也不好办。你也不要着急。"

8月10日，蒋介石以探病为由，亲往南温泉与孔密谈。蒋、孔此次谈话内容虽从未透露，但从孔的安排方面，可以看出蒋、孔是愿意接受板垣的五项条件的。孔要蔡森去上海告诉王子惠，必须拿到板垣亲笔公文，以作为板垣会谈的保证；同时送蔡森许多钱作为活动经费。另外，孔又命贾存德到上海去监视王子惠和蔡森的活动，并在重庆散布烟幕，说贾存德恐遭逮捕已逃跑，用以表示他们和日寇的勾结是贾某所为，与当局无关。这些做法，除了当事人，当时是无人知晓的。

蔡森回到上海后，王子惠便正式代表孔祥熙与日方进行"和谈"。第一次谈判，日本方面参加的是板垣的代表岩奇清七，孔祥熙方面则由王子惠为代表，并有蔡森、贾存德两人列席，地点在王子惠的江湾寓所。所谓会谈，实际上是他们早安排好的。在会上只岩奇清七一个人说了一席话，最后就要中国人在记录上签字。这种"宣判画押"式的会谈，在世界上也少有，大概只有半个世纪以前，李鸿章代表清政府到日本去签订《马关条约》时有过这种先例。会议经过是这样的：

会谈开始，首先由王子惠宣布，为郑重起见，必须作记录。接着就是岩奇清七发言，他说："日本明治维新多赖首相伊藤博文的英明辅佐，才有富强的基础。所以今天日本、朝鲜各界都尊视蒋委员长为新中国的伊藤博文，中国的维新大业必须由蒋委员长领导才能成功。因而日本方面考虑到对防共问题究竟由哪一方面提出为适当，我们认为把防共问题改由中国提出才恰当。因为要共同'防共'，中国方面就需要邀请日本在华北边区枢纽地留兵协助。而中国是独立大国，外国派兵来参加'防共'，在国际观瞻上有伤中国颜面。如果对共同防共出自中国邀请，则日本留部分兵力协同防共，不会引起国际轻视和猜疑。"接着蔡森发言，所说的都是一套歌颂中日"共存共荣"的卖国求荣的话。而王子惠则洗耳恭听，闭口不言。贾存德看形势不对，明白了这次会谈原来是王子惠勾通日方首先布置好了的，于是拒绝了签字，会谈也不欢而散。

孔祥熙同日本方面的"和谈"是通过多渠道进行的。据日本外交档案中记载，1938年夏，孔祥熙曾派他的秘书兼驻香港的代理人乔辅三与日本驻香港总领事中村举行过会谈。

如前所述，日寇在其速战速决的战略方针破产后，改变了对华策略，在进行军事进攻的同时，又施展了所谓和平谈判的手段。1938年6月初，日本内阁局部改组，新任外相宇垣在对外国记者谈话中称：当中国方面发生根本变化时，日本打算和谈。宇垣谈话发表后，孔祥熙叫乔辅三在香港设法与中村总领事会面，打听日本方面的所谓"根本变化"是什么意思，同时查明日本方面"和平"谈判的意图。

1938年6月23日夜，乔辅三与中村总领事会面。中村在听取了对方的希望后，接着打听孔祥熙提出"和谈"要求的经过。乔辅三说：本年4月佐藤少将来访时，完全没有讲和的希望，以后随着时间的推移，感觉到这种战争究竟为了什么？应该继续到什么时候？现在，连负责人也深深感到这一点了。他又说：目前虽有一部分激进论者反对"和谈"，但这是可以依蒋介石的意志改变的。中村又问：虽然以孔院长为首的负责人希望和平，但是中国方面从国内外看来，对"讲和"有无阻碍呢？乔答复说：从苏联和其他国家当前与中国的关系看来，"和谈"是没有什么障碍的。在内政上，主要是共党问题，如果和谈成功，共产党当然分裂，这个问题可待将来解决。乔辅三接下去又说：孔祥熙和汪精卫、何应钦等都非常友好，并和各党派亲近，是至今不变的和平主义者。蒋介石本身，内心也是希望和平的，这不用说，但立场上不便说出口。下野问题，蒋本身毫无介意，不过周围的人不是那么容易说出口，到今天还不能得出结论。至于宋子文虽然反对"和谈"，但仍以蒋的意见为转移。同时战争拖长了，中日两国都有可能受到与远东有关各国的利用。"和谈"不要第三国参加，希望在两国之间秘密进行。

6月28日，乔辅三再次根据孔祥熙的训令找中村，希望尽快接到日本方面对"和谈"条件的回答，乔私下对中村说，这件事当然不是经过与蒋介石协议过的，同时乔反复要求把孔祥熙希望有条件地"和谈"的诚意，充分转达给宇垣大臣。

7月13日，乔辅三又根据孔祥熙令去见中村。乔对中村说，他已把过去会谈的情况作了书面报告，昨日深夜接孔祥熙电话通知，汉口方面诚意希望和平，现在就看日本方面是否真有诚意？这次会见后，乔辅三于15日乘飞机至汉口，接受孔祥熙对"和谈"的看法。

7月18日，乔辅三带着孔祥熙的意旨飞回香港，当夜又与中村会谈。乔向中村转达了孔祥熙的下列意向：

第一，孔祥熙对中日目前情况感到非常遗憾。日本只想用武力解决中国，中国军队却不容易屈服，同时中国人民的怨恨也日益加深。这样，中日两国必然两败俱伤。在此期间，英、美、法、俄各国，日益扩充军备，日本即使推倒了中国，但由于自身疲惫的结果，中日两国必将同归覆灭。因此，必须早日转向中日共存共荣的路线；

第二，即使日本维护临时、维新两政府，但是这两个政府都没有真正的群众支持，只是受日本的援助，维持占领地区局部治安而已。两个政府的实力怎样，日本了解最深，将来如果日本与其他国家有事之秋，它们反而是日本的累赘；

第三，过去因种种缘故，曾有日本人与国民政府接触，但会谈是不连续的，结果有始无终。这次开始与日本政府负责人之一的中村总领事会谈，并依其指引直接提出解决时局的条件，不胜欣喜，但是仔细研究过去日本首相、外相、陆相等的声明，即使充分了解外务当局的远大立场，但因受军部破坏，所有企图恐终成泡影，历史的覆辙是值得忧虑的；

第四，关于中国依据特意的鼓励提出解决建议，希望在汉口沦陷前迅速完成，如果汉口失陷，讲和就困难了；

第五，停战是最理想的，希望两军在协定成立时就地停战；

第六，蒋介石自西安事变后，事实上是国家元首，集全国众望，因而承认日本要他辞职是困难的。

中村对于上述意见问答说，关于日华共存共荣论，彼此同感。今天的改造内阁，没有军部、外务省的区别，完全是全国一致的内阁，因而这种顾虑实为杞人忧天。中村答应将孔的这些具体建议转达日本政府。但他又说，如果蒋介石不辞职就很难说话。

接着乔辅三又提出了下述孔祥熙起草的和平条件，征求中村的看法："（1）中国政府积极实现对日好感，停止一切反日行为。希望日本也要为远东永久和平，为中日关系好转而努力；（2）'满洲国'以签订中、日、'满'三国条约而间接承认。其次深切希望'满洲国'自发地成为'满洲'自由国，给中国人民以好感；（3）承认内蒙古的自治；（4）决定华北的特殊地区非常困难，但中国承认互惠平等的经济开发；（5）非武装地带问题，有待日本的具体要求提出后解决，中国军队不驻防，希望由保安队维持治安；（6）虽然还未充分讨论，但清算与共产党的关系，或签订加入'反共'协定的特别协定等，必须再加研究；（7）中国现在非常荒芜而且穷困，因而无力支付赔偿。"

中村看了孔祥熙提出的上述和平条件后，提出：除蒋的辞职是重要的先决条件外，对日本来说，当然还有其他要求。中村尤其认为，下列几项是必须满足日本要求的：第一，"满洲国"既成事实，不容更改国名；第二，日本在华北有不同于其他国家的特殊地位，如果只是说在全中国平等互惠，把日本的地位与各国同一看待，不能满足日本要求；第三，日本方面最重视防共，希望中国方面加强防范；第四，中国必须承认向日本赔偿的原则。

对中村提出的上述要求，乔辅三回答说：日方划定华北的特殊区域，从中国方面来看，容易引起领土分离的误解，有困难，希望不限于华北，而在全中国进行经济开发。关于防共问题，乔辅三说：国共两党是注定要分裂的。如果中日"和谈"实现，即使不从国民党方面放手，共产党方面也会自动离开。关于赔偿问题，乔反复说中国方面没有力量赔偿。关于"满洲国"问题与蒋介石下野问题，乔辅三在7月18日与中村会谈时未发表意见。

7月19日，乔辅三与中村继续会谈。中村一开始就提到蒋介石辞职的问题，说如果双方一切都谈妥了，剩下的只是蒋的辞职问题，就是因此而引起和平交涉破裂时，蒋还要坚持保存现在的地位吗？乔辅三回答说：情况已经这样，蒋的处境是困难的，应该下野的。乔辅三说是这么说，但实际上别说他这个小小的孔祥熙的秘书，就是孔祥熙也决定不了蒋介石的下野问题。至此，孔祥熙通过乔辅三与中村的会谈结束。

在日本侵略者的军事压力和政治引诱下，孔祥熙通过各种渠道，秘密地同日方来往，搞了不少妥协活动。但是，在民族危难之际，在全中国人民的抗日救亡运动的压力下，孔祥熙最终没有接受日方的极为苛刻的条件，从而表明了他的抗日态度。

孔祥熙主和，有其思想原因，也有其策略目的。

1937年10月，孔祥熙自欧洲返回南京。11月，德使陶德曼受日本政府之托，向中国政府提出议和条件，孔祥熙力主接受。他在被任命为行政院院长后，仍经常对抗战前途表示悲观。1938年6月18日，日本大本营发出准备进攻武汉的命令。26日，长江要塞马当失陷，武汉形势日益危急。在7月2日的国防最高会议上，孔祥熙力主与日方妥协。10月24日，统帅部下令放弃武汉。当日，王世杰在汪精卫处参加谈话会。日记云："汪、孔均倾向于和平。"

可见，孔祥熙之主和，有其思想基础，他的议和活动和他的思想状况有其一致性，反映出在日军的锐利攻势下，国民党和国民政府内部一部分人对抗战信心的动摇。

孔祥熙不是一个自作主张的人。他的议和活动显然得到蒋的默认和支持，有些事情曾向蒋汇报。因此，孔祥熙的议和活动应该看作蒋介石全盘对日策略中的一招，曲折地反映出蒋介石的内心矛盾和两手策略。蒋介石长期认为中国实力不如日本，与日本作战，中国必败。从九一八到卢沟桥事变，蒋介石终于走上了抗战的道路，他采取的是一面作战，一面和谈的两手政策，根据不同形势，交互为用，以便进可以战，退可以和，左右逢源。孔祥熙曾说："蒋先生向来的做法，是找一部分前进分子，找一部分落伍分子，听两派的意见，从中采取一点。"

在对日策略上，孔祥熙与蒋介石之间有时也有分歧。1938年11月3日，日本近卫内阁发表第二次声明，对"不以国民政府为对手"的强硬政策有所修改。在此情况下，国民党内主和势力增强。12月9日，王世杰等到重庆黄山官邸议事。蒋介石主张坚持抗战方针，但孔祥熙却表示和议亦当考虑，"并以敌人将由桂攻黔为可惧"。10月中旬，孔祥熙对合众社记者有一次谈话，被外人视为意在请罗斯福出来调停中日战争，引起蒋介石不满。27日，蒋介石在赴南岳召集将领会议之前，约孔祥熙与王宠惠谈话，"嘱勿向美国表示盼其出面调停之意"。孔、王都是主和派，受了批评之后，先后向蒋要求辞职，蒋一度考虑接受孔的要求。

不过，将孔祥熙和蒋介石的议和活动完全视为信心不足也未必妥当。

16 与美国的关系

在孔祥熙的授意下，胡适与美国财长摩根索进行桐油借款的谈判，中国希望美国贷款4亿美元。

孔祥熙与摩根索在美国归还所赊欠中国政府的垫款问题上，各执一词，互不相让。

美国派陆军中将史迪威来华，他6个头衔中5个职务蒋介石无法干涉。"史蒋风波"骤起，孔祥熙站在哪一边呢？

抗日战争爆发后，南京国民政府最初的对美政策是促使美国联合英法出面，调解中日争端，尽快地通过外交途径结束战争。美国是在远东地区有着重大利益并且是可能卷入远东的国家中唯一有实力向中国提供帮助和援助的大国。因此，国民政府重新调整了对美政策，把争取美国对中国的大量军事、经济援助，作为战时外交政策的重要内容。行政院院长孔祥熙提出了"我于外交、军事、经济各端，莫不集目标于华盛顿"的对外关系准则，并在其主持下竭力付诸实施。

1938年9月17日，国民政府特意任命素称美国之友的胡适，接替王正廷为驻美全权大使，兼顾借款、购械、宣传、募捐等具体工作。当时胡适正在欧洲参加一个学术会议，孔祥熙发电催促胡适直接从欧洲到美上任，并寄予很大期望，电称："（适）此次赴美，国家前途利赖实深。列强唯美马首是瞻，举足轻重、动关全局、与我关系尤切……务希设法运用促进。"胡适接电后，于9月28日从英国起程，10月3日到达美国，6日正式到任。同时，孔祥熙委派美国财长摩根索所信赖的上海商业储蓄银行总经理陈光甫，以"国民政府财政部高等顾问"的身份去美国活动，请求美援。

胡适、陈光甫在孔祥熙的授意下，与美国财长摩根索等人开始了第一笔借款谈判——桐油借款。中国方面提出以提供工业原料桐油为担保，希望美国贷款4亿美元。在对华贷款问题上，摩根索和国务院亚洲司司长项白克的态度比较积极，但罗斯福总统主张这项贷款交换的主要条件是蒋介石必须保证继续抗日，提出了借款2000万美元的意向。为了满足罗斯福所提条件，蒋介石在10月30日发表了《为武汉撤退告全国军民书》，表示"宁为玉碎，不为瓦全"的抗战决心并将要点电致罗斯福。孔祥熙也在许多公开场合，表示中国政府继续抗战的决心。这样在1938年12月15日，经过美国国务院及商业部协商，桐油贷款由罗斯福总统批准，1939年2月8日，中美双方正式签订协定、双方协议：由美国进出口银行和中国世界贸易公司出面，美国给予中国2500万美元的商业贷款，用以购买美国商品，但不得购买军火、飞机、汽油等重要工业品；中国则以22万吨桐油分5年运美出售，以售款偿还本息。年息四厘半，每半年偿付一次。

中美桐油借款成立后，国内法币汇率剧跌至战前1937年的46%，英国虽然向中国政府提供50万英镑的信用贷款和500万英镑平准基金贷款，但杯水车薪，于事无补，法币汇率继续下跌。国民政府急电胡适、陈光甫设法联系美国，向中国提供7500万美金现钞，帮助维持法币。孔祥熙在致胡适电中说："我国币制关系各国在华商务利益至巨，币制动摇，与其在华产业价值关系尤为密切，维持我国法币，亦即以保其权益。……若再不援助，则一旦情形恶化，美在我国资产及商务，势必无法立足，同归于尽……倘美限于法令，亦请以变相办法，即予经济援助，解我危难情形。"孔祥熙这里所指的变相办法是指将美国对英国的债权划拨中国政府名下7500万美元，由中方直接向英国收款。孔祥熙在给胡适的另一封电报中建议："查欧战时，英负美债甚巨，迄未偿还……能否可运用由美转移债款与我，或委托我国代收。"重庆国民政府再三电示胡适、陈光甫抓紧向美国要求贷款或划拨对英债权，维持法币价值，但进展不大。

1939年9月6日，孔祥熙密电胡适"即日设法亲谒美总统"，面陈罗斯福：

美国"空言道义同情，无补时艰"，应当机立断，"予我以实际之援助"。8日，胡适去白宫恳请第二次贷款，用滇锡作抵，罗斯福即让他去与摩根索商谈。经胡适交涉后，同年10月，陈光甫开始与美财政部谈判，但进展缓慢。12月6日，陈光甫向美方力陈："中国抗战已逾一年半，一切物资都亟待补充"，"务请早日拟定办法"。胡适于同月12日再见罗斯福。1940年1月13日，胡适又在往见罗斯福请求迅速定议后，同陈光甫一道拜见了美国联邦贷款主任琼斯，声明中国一定不中途讲和、绝不投降的立场，要求美国迅速答应向中国提供贷款、援助抗战。

琼斯对中国债信持怀疑态度，迟迟不肯答应贷款。为了向美方声明中国确有债信，孔祥熙在1940年2月19日给陈光甫发去电报，指示陈光甫转告美方："桐油运美关系债信，历经督饬主管倾力以赴，并一面提高购价，整顿运输，以便增加产额运量。截至去年年底，已运出24200多万吨，在约定期前决可交足而有余。"3月7日，琼斯宣布从美国援助芬兰的贷款中划拨2000万美元给重庆国民政府，规定年息四厘，还期7年，售锡得款可以"自由支配"；陈光甫认为此次条件较之上次贷款优惠，蒋介石即致电罗斯福表示感谢。孔祥熙在3月8日给胡适、陈光甫的回电中颇有微词，认为条件较之上次优惠、较之芬兰似尚偏苛，"急令尽变原议"。胡适、陈光甫接电后，对孔祥熙出尔反尔不满。胡适责问孔祥熙"自九月至三月，兄（指孔）与光甫往来电报盈寸，均无异议……而今急令尽变原议，光甫与适此时实难如此翻覆"。孔祥熙回电对此作了解释："中、芬同为抵抗侵略，美方对芬并无担保，显已脱离商业性质而趋于政治援助之途径。此种情形，内外皆知，国内诸人对此极为注意……参政会开会在即，更恐引起质问，势将无以为对。倘若言而无效，则我等〔责〕尽亦属问心无愧。迭电奉商、实则于此。"陈光甫仍然向孔祥熙发牢骚："这次负病来美，承嘱全权办理，不料竟不为老友所见信。兄对局外泛论未能尽置度外，徒增弟方困难。"蒋介石见贷款尚未签约，陈光甫又有托病告退回国之心，便急电陈光甫取消前议，一切照美方条件办理。孔祥熙也不好再坚持原议，在给陈光甫的文电中多方恭维，称陈光甫是"公忠报国"；在美期间往返磋商，苦心筹划，使他极为感佩，绝无不加信赖之理；希望陈光甫多方设法，早日促成借款，至于所需滇锡，无论如何困难，决当照办：经过胡适，陈光甫与美磋商，4月20日，中美双方正式签订《华锡借款合约》，款额2000万美元，中方以4万吨一号九九成色滇锡为抵押。

陈光甫在完成第二次借款后，离美回国。他回顾赴美乞援经历，临回国前奉劝蒋介石、孔祥熙，"今后抗战必须基于自力更生之原则"，"我先自助、人方助我。否则，求人之事难若登天"。陈光甫的劝告并不能改变蒋介石、孔祥熙全面依靠美国的外交政策。在陈光甫离美后，国民政府又继派宋子文前往美国求援。在整个抗日战争中，中国获得美国借款8次，共7.478亿元美金及大量物资援助。这一方面为国民党政府克服抗战期间出现的财政困难，坚持抗战提供了物质基础，另一方面又在巨额财政贷款和大量租借物资的名义下，美国从财政、经济、军事、政治等方面控制了国民党政府。

促进对美宣传。孔祥熙认为"对美宣传至关重要"，是取得同美国"合作日密，后援增多"的关键。孔祥熙在1939年初拨款2万美元给胡适、陈光甫作为宣传费用。1940年10月13日，胡适致电孔祥熙报告宣传费用只余3千多元，提请政府续拨相当款项，充做宣传之用。孔祥熙又从财政预算中拨款1万美元先汇美国，并向胡适表示以后还将追加拨款。驻美中国大使馆因经费问题与美国人贝尔发生法律纠纷，孔祥熙考虑到贝尔曾受雇做宣传工作，虽然未经政府令准，原不可理，但现时正值外交运用紧急之时，不得不息事宁人。因此，孔祥熙指示中国大使馆照贝尔要求的7.8万元，如数照付。1939年7月，孔祥熙在美国国庆节那天，以中美文化协会会长的名义，在重庆中央广播电台对美广播祝词，宣传中国抗战，争取美国支援。中国外交部通知胡适就近与美国"全国广播公司"和"哥伦比亚广播公司"接洽，由纽约、旧金山两地电台转播10分钟。

孔祥熙夫妇与史迪威（左二）

1941年12月8日，日本轰炸美国在太平洋的海军基地珍珠港，太平洋战争爆发。1942年1月1日，美、苏、英、中等26个国家在华盛顿发表了《联合国家共同宣言》，结成了国际反法西斯统一战线。2日，蒋介石致电罗斯福，应邀担任中国战区最高统帅，并请求罗斯福总统指定一名高级将领来华出任中国战区统帅部参谋长。1942年2月，美国陆军中将史迪威受命来华赴任。美国陆军部授予他6个头衔：美国驻华军事代表、中缅印战区美军司令官、美国对华租借物资管理统制人、滇缅公路监督人、在华美国空军指挥官、中国战区参谋长。

约瑟夫·史迪威（Joseph Stilwell，1883—1946），美国佛罗里达州巴拉特卡市人。1904年西点军校毕业，参加过第一次世界大战，担任过美国驻华大使馆武官。1926—1929年出任美军驻天津的第15步兵团营长、代理参谋长，晋升中校。当时马歇尔任该团副团长、代理团长，两人在此结识。史迪威曾多次来华，会讲中文。第二次世界大战珍珠港事件之后，美国参战，史迪威于1942年晋升中将，并被派到中国先后担任中国战区参谋长、中缅印战区美军总司令等职务，不久又晋升为四星上将。在华任职期间，他充分认识到无论是从政治、经济，还是从军事方面来看，都很难依靠国民党去战胜日本侵略者。同时，他认为中国共产党代表中国的新兴力量，对共产党给予同情。为了更好地了解中共实际控制的地区，史迪威极力主张派美军观察组赴延安访问。在他的推动下，1944年7月，第一批美军观察组终于抵达延安。后来的事态表明，此举具有重大的历史意义。史迪威将军在政治上同情中国共产党，支持中国的民主和进步事业。

蒋介石要求美国派来一名高级官员充任参谋长，原认为是要听他指挥的，但史迪威来华时的6个头衔中5个职务蒋介石无权干涉；蒋介石指望通过美国的高级官员获得更多的美援、装备他的军队以便日后对付共产党，但是美国政府却授权史迪威监督统制美援物资的使用，以加强中国军队对日作战的战斗效能。这样就围绕着史迪威指挥权限、援华物资分配权及由史迪威统帅中国军队等问题，美蒋之间存在着矛盾和分歧。坐在美蒋矛盾火山口上的史迪威，来华后又处处秉承美国政治旨意，力图全面控制蒋介石集团，由此而引发了"史迪威事件"。

在"史迪威事件"的前前后后，孔祥熙、宋蔼龄夫妇，从维护蒋介石集团的共同利益出发，对史迪威有拉有压，逼其向蒋介石屈服。

1943年9月，史迪威以参谋长的名义建议蒋介石"转移西北的兵力来阻止日军"，即要把蒋介石封锁陕甘宁的50万大军和共产党的军队调出来打日本，并准备拨一部分武器装备给共产党的军队。史迪威的建议遭到了蒋介石的坚决反对，要求美国撤回史迪威，但是遭到美国政府拒绝。孔祥熙、宋蔼龄等人认为此时不宜与美国关系搞僵，因此出面四处活动。宋蔼龄利用大姐的关系促使宋美龄劝说蒋介石保持冷静和安抚史迪威。9月13日下午3时，史迪威突然接到宋美龄的邀请，请他到蒋介石在重庆的住所新开寺，同她和她姐姐蔼龄会晤。宋蔼龄、宋美龄告诉史迪威，她们对于战备状况之糟感到震惊，很希望想点办法改变中国无所作为的状态。她们同意史迪威关于何应钦是作梗的主要障碍，必须把他撤换掉的看法，并敦促史迪威施加压力。作为回报，宋

蒋介石夫妇和史迪威

蔼龄、宋美龄承诺在蒋介石面前替史迪威说话。史迪威在日记中写道:"我们签订了攻守同盟。不论出于什么原因,她们现在很当真,或许我们能获得一些成就。"

果然,宋蔼龄、宋美龄又于9月15日、18日、20日、25日和28日,分别在新开寺蒋介石家中或孔祥熙家里与史迪威会晤。两姐妹告诉史迪威有人正在策划撤换他,转告了人们抱怨史迪威的那些话:他曾叫俞飞鹏"土匪";他在备忘录上签名是"美国中将",而不是"委员长的参谋长";他"傲慢",讨厌中国人,说中国人不是好东西。的确,史迪威在日记中,在讲话中,常常斥责和谩骂国民党政府与蒋介石本人。史迪威估计,中国军队每天发布的战报,其中至少有90%是假的。他觉得美国"支持这个腐朽政权"和"由盖世太保(指戴笠领导的特务组织)支持的一党制政府"根本是错误的。

宋蔼龄与宋美龄向史迪威透露,蒋介石现在受到各方面压力,只要他去向蒋介石说几句道歉的话,事情就过去了。以"醋性子乔"诨名著称的这位美军将军，为了避免被免职，只好强压住心中的怒火，于10月17日跑到蒋介石那里去演出由宋氏两姐妹导演的这场戏。史迪威对蒋介石说：他唯一的目的是为了中国好，如果他有错，那并非有意。蒋介石与史迪威握手言和。蒋介石在这天的日记里写道："最后允史迪威悔改留任，重加信用。"史迪威认为这是一次"该诅咒的经历"，"感到不是味道"，他在心中愤愤地想：一条响尾蛇没有发出响声就咬人了。

1943年11月6日，蒋介石请史迪威商讨拟定在开罗会议上的提案。在重庆南岸的黄山别墅，史迪威看到宋蔼龄和宋美龄也在座，宋美龄以开玩笑的口吻称呼史迪威"乔大叔"。那天史迪威对蒋介石的印象是"这条响尾蛇温存极了"。宋蔼龄后来也说：蒋介石那天情绪"喜悦非常"，对于同史迪威的谈话"不仅感到高兴而且愉快"，"是我们从来没有过的最令人满意的谈话。"

这样发生于1943年9、10月间的史蒋风波，因宋蔼龄、宋美龄等人从中斡旋而暂时平息，但是史蒋之间的矛盾并未消除且愈积愈深，导致了1944年9、10月间的总爆发。

1944年4月，日本帝国主义为挽救其在太平洋战场的失利，加紧了对中国战场的攻势，发动了豫湘桂战役，中国国民党军队溃败。美国政府担心国民党军队完全崩溃和投降，影响太平洋方面作战胜利。7月7日，罗斯福向蒋介石发出"紧急建议"，要求由史迪威"统率中美一切军队，授以全责与全权，以调度和指挥必需的行动而阻遏敌军的深入"。蒋介石虽不同意，又不敢公开反对。因此，一方面他于7月8日复电罗斯福，表示"原则赞同"；另一方面又电在美游说的孔祥熙宣传："史迪威今已控制中国全部租借物资，若再统率中国全国军队，加上装备中共，后患将不可测。"7月15日，孔祥熙去白宫拜谒罗斯福总统，对史迪威全权指挥中国军队面陈意见："中国军队有历史、地域、系统种种复杂情形，除法令外，尚须倚赖个人情感以为维系，统率人选之威望、资格与人事关系皆极重要，非凭一客籍将领发号施令即可收效。史迪威能否胜任愉快，以熙私人观察，甚有疑问。"

就在孔祥熙在美国拜谒罗斯福的时候，留在重庆的宋蔼龄也在出面阻止史迪威出任指挥中国一切军队的职务。她找了一个机会把史迪威请到范庄孔公馆，对史迪威说了一大通软硬兼施的话，概括起来有这么四层意思：一、中国军队凭历史讲关系重感情，这样的军队交在你手上是不会听你指挥的，你怎么办？这不但与个人名声有关，而且对中美远东合作不利。二、美国派你到中国来是与中国政府合作，不是与某一党某一派合作，你口口声声夸奖共产党，不怕有干涉中国内政之嫌吗？三、蒋委员长是中国战区最高统帅，你是参谋长，参谋长的职务是辅助统帅，绝无取而代之之理。四、如果中国军队完全交给你指挥，日本人就会抓住这个口实，宣传"中国已经沦为美国的殖民地，美国的政策是用亚洲人打亚洲人的办法，以遂其侵略野心"，这有损于美国的政治形象。

史迪威对由他指挥中国军队，事实上存在的困难是非常明了的，因此表示服从蒋介石的指挥。但罗斯福于8月23日、9月18日致电蒋介石坚持要他任命史迪威统率中国军队，并对蒋迟迟不任命史迪威提出严厉指责，要蒋对由此引起的一切不良后果，承担个人责任。

罗斯福的指责，逼使蒋介石不得不摊牌了。当9月19日，史迪威将罗斯福那封电报当面交给蒋介石时，蒋介石怒火冲天，他在日记中大书："实为余平生最大之耻辱也"！他决心赶走史迪威。9月25日，蒋介石以备忘录形式送赫尔利电转罗斯福："来电（19日电）所言，自当尊重尊意，但有三点不能稍事迁就：一、我之立国主义，即三民主义不能有所动摇，故不能共产主义之赤化中国；二、立国命脉，即国家主权与尊严，不能有所损伤；三、国家与个人人格不能污辱，即不能接受强制式之合作也，否则，任何牺牲均所不恤。"蒋介石还表示："今事实证明史迪威非但无意合作，且以为余反为尔所指挥，故此事（任史迪威前敌总指挥一事——作者注）因此停止。"蒋介石电告孔祥熙，称此事不解决，"纵使盟国作战胜利而我国格已失，虽胜犹败……予已下最大决心，如有人前来说情，应严正拒绝，并请从速撤换"。两天后，蒋介石又电令孔祥熙不可在美国要求任何接济，迅速回国，"以示决心"。

蒋介石的强硬态度，使罗斯福"面临一种抉择：或者是强压蒋介石接受史迪威将军掌管全中国的军队；或者是向蒋介石拒绝将内政考虑让位于作战努力的态度表示屈服。罗斯福选择了阻力最小的一条路。结果是蒋介石赢了"。10月1日，孔祥熙报告蒋介石说，霍浦金斯已经告知他，罗斯福准备召回史迪威。原来孔祥熙在接到蒋介石的电报后，即约霍浦金斯密谈，言中国抗日所独立支撑七年之久，蒋介石的声望和士兵的民族意识是最大的因素。孔祥熙又说，如果以史迪威统帅，这两种因素都将受到损害，10月4日午间，罗斯福正式约见孔祥熙于白宫，通知中国政府美国准备召回史迪威。10月8日，美军参谋长联席会议副参谋长麦克纳奈请孔祥熙转告蒋介石：罗斯福已经作了最合事实的让步办法，务必体念美方困难。10月19日，罗斯福致电蒋介石，任命魏德迈接替史迪威。20日下午史迪威乘飞机离开中国回国。史迪威成为美蒋矛盾发展的牺牲品，1946年10月12日，史迪威将军病逝。在史迪威事件中孔祥熙夫妇始终站在蒋介石一边，起了推波助澜的作用。

1944年6月，"国际货币基金会议"和"橡树团会议"在美国举行。孔祥熙以中国国民政府行政院副院长兼财政部长及中央银行总裁的身份出席。行前，蒋介石又给孔祥熙委以"中华民国政府主席蒋中正私人全权代表"名义，给他一项非常特殊的使命——催还垫款。

原来自1941年12月8日，太平洋战争爆发，美国卷入战争后，美国陆空军来华人员日益增多。美国派驻欧洲、北非等地军队的食品补给都是由美国本土运去。中国为了谋求美国多运军火、弹药、汽车等军用物品到中国，孔祥熙等人向美国政府建议，美军在中国需要的食品和生活必需品，由中国政府负责供给，不必远涉重洋从美国运来。美国为了轰炸日本本土，控制制空权，又在我国西南地区的昆明、成都等地修建了7个供B-29远程轰炸机起降的飞机场。修建费用,按照中美协定,由中国先供给美方所需修建机场的人力、物力,用记账的方式赊欠,待战后再行结算。中国因供应美军军需及修建飞机场两项,共垫付法币6亿美元左右。由于1943年11月开罗会议上,蒋介石向罗斯福申请10亿美元贷款不得要领,国内经济出现严重困难。蒋介石一方面用准备停止供应美军军需向美国讨价还价,希望提供贷款;另一方面又特意叮嘱孔祥熙在美国加紧活动,尽快让美国拨还所欠垫款,以解燃眉之急。

为交涉方便起见,孔祥熙携带蒋介石的亲笔信,面谒罗斯福总统,蒋介石在信中提及孔祥熙,说他"对于中国政治、经济及财政方面之情形,充分明了",希望罗斯福"予以最大之信任,而与之开诚商讨"。

孔祥熙赴美之时,正是日本帝国主义加紧扩大侵略,国民党正面战场屡屡失败的严峻时期。美国政府对蒋介石军队大量需求美援而又不努力作战不满。美国驻华大使高思向华盛顿建议:由于中国的军事和经济形势恶化得非常快,给中国提供再多的贷款也无济于事。高思在报告中还透露,中国官员"从我们花费在战争上的钱物中捞取了大量美元"。史迪威对蒋介石动不动以退出战争相威胁的行为更为不满,认为这是在搞讹诈。因此,孔祥熙到美后,罗斯福对孔祥熙重又提出再给中国10亿美元贷款没有答应,但修建飞机场和代供军需所赊欠中国政府的垫款无法拒付,只好原则上同意拨还,细则请孔祥熙和美国财政、国防两部磋商解决。美国财政部长摩根索同意拨还垫款,但在计算形式上不同意孔祥熙提出的按中国官方汇率1美元兑换20元法币折算,主张按当时1美元兑换200元法币的美金黑市作价计算。孔祥熙据理力争:美国在华人员均系官价兑换,收进付出不应有两种不同价格;再说中国垫付款项是随时垫支的,美金市场亦时有变动,即使按市价折算,也不能以1944年为准,而应按同期市价分别计算,孔祥熙要求美方提出各垫付时期美金市价,以便计算,但美国方面提供不出这方面的资料。

孔祥熙与摩根索私人交情不错,但这次在折算方法上,两人各执一端,互不相让，常常争得面红耳赤。摩根索愤愤地对孔祥熙说："孔博士，你何必因公事而与我伤私人感情！"蒋介石得知情况后，去电告诉孔祥熙不必过于坚持己见，以免伤了个人和气，损害两国关系。

经过中美双方多次谈判、反复磋商，最后在外汇折合率问题上取得了比较一致的谅解：所有驻华美军使用的中国法币，分先后两次清算，第一次按照中国方面的意见，以中国中央银行结汇官定价格核算。第二次稍微折中，另订汇率清结。这样孔祥熙绞尽脑汁，好不容易从美国挖出了1亿多美元现钞，其余的战后结算清偿，为国民政府索回了一笔外汇，为解决重庆国民政府财政困难，算是立下了汗马功劳。孔祥熙也由此而得罪了美国人。

在美期间孔祥熙除了参加两个会议，催还垫款，促美撤换史迪威等活动外，还做了两件事。

一是在美国国会讲演。在整个第二次世界大战期间，被邀请到美国国会里讲演的只有荷兰女王、英国首相丘吉尔、宋美龄等少数几个国家元首及政界要人。孔祥熙能被邀请到国会讲演，也可以看作是美国政府对他在抗战期间苦力支撑财政的奖赏吧！孔祥熙在讲演词中，首先强调中美两国历史悠久、友谊及合作之重要；其次对美国在中国艰苦抗战期间所提供的各项援助表示谢意；最后介绍："中国自七七抗战以来独撑战局，艰苦备尝，前后方军民，为抗战壮烈殉国，受祸之惨，非他国所能比拟。"现在抗战已进入关键时期，呼吁美国朝野上下扩大对中国军事、经济援助。

二是购买3亿美元黄金。为了充实加强法币发行准备，制止通货膨胀，孔祥熙提出向美国购买了3亿美元黄金。孔祥熙算了这样一笔账：美国黄金官方价格为每英两售美金35元，中国市场黄金价格是法币3万元1两，美金1元折合法币200元（黑市），美金一百元折合法币2万元，在我市场只能买到黄金6钱6分，可我们用美金100元可买到美国官价黄金3英两，相差近两倍，等于半卖半送给中国。因此，孔祥熙多次拜见罗斯福，详陈中国购买这批黄金不仅对维持中国法币裨益甚大，而且等于美国对中国的一次经济援助。罗斯福出于美国希望中国拖住日本，减轻美军在太平洋压力的目的，同意出售黄金，并指示美国用飞机帮助中国政府运回重庆。抗战胜利后，蒋介石利用这批黄金发行"黄金储蓄存款"，积集了一笔打内战的经费。

孔祥熙在美活动历时9个多月，直至1945年初夏才回到重庆。

孔祥熙 全传

Biography of Kong Xiangxi

17
与各派系的关系

孔祥熙采取"以毒攻毒"的办法，派人打入韩复榘的部队。

戴笠和孔祥熙关系一向不好。戴笠拿出一张500万元的支票送给孔祥熙，孔不记前仇，给了戴笠一张放行烟土的护照。

宋蔼龄认杜月笙的姨太太姚玉兰为干女儿，孔令侃还买了一辆最新式的轿车赠给杜月笙代步。杜月笙对子女说："孔祥熙先生对于我的恩德，你们永远不可忘记。"

孔祥熙表面上是"哈哈孔"，信守中庸之道，对人不做过分的事，其实这是种假象。他对蒋介石忠诚不贰，与国民党各派系却都有矛盾，经常钩心斗角。

其一，孔祥熙与韩复榘的关系。

韩复榘原是冯玉祥的部下，和孔祥熙素不相识，也没有什么冤仇。但韩在20世纪30年代初，出任山东省主席后，视山东为禁脔，不把南京国民政府看在眼里，这样就造成了韩部军官在山东各海口及各地包庇走私的机会。山东成为华北走私的一个主要地区，官商勾结，军队保护，使孔祥熙这个财政部部长十分头痛。从1935年到1936年，山东烟台、龙口、利津、羊角沟、虎头崖等海口，每次轮船或帆船靠岸，公开装卸大批私货，海关人员多与驻军有联系，或者驻军代替了海关职务。因此影响了整个华北关税收入。

在这种情况下，孔祥熙的亲信财政部参事李毓万，提出了一个"以毒攻毒"的办法，即

韩复榘

派人打入韩的军队内部，利用韩的一部分军队的力量，来制止军队走私。孔祥熙同意采用这种办法，并随即派人开始行动。

先由李毓万把九江海关税务司李桐华找到孔祥熙的上海公馆，指示李桐华再找关系去山东拉拢韩部一个叫李汉章的师长。李汉章在此前不久，到庐山参加军训经过九江时，和李桐华同桌吃过饭，见过一面。孔祥熙交给李桐华一部从美国新买来的最新式手提式收音机，要他送给李汉章，并要李桐华到山东后和李汉章伪称是亲兄弟，公开在济南住些日子，欺骗韩复榘及其部下，然后再想办法在山东设立海关稽查处。

李桐华带着礼物到济南和李汉章见面后，即密谈孔祥熙的意图。李汉章过去虽和孔祥熙没有过直接交往，和李桐华也只是一面之交，但见有了巴结大人物的机会，也就一拍即合。他按照李桐华的口径，逢人便说，我哥哥是九江海关税务司，这次专程来看我。他还在家里邀请了些军、师、旅长吃饭打牌，叫李桐华不动声色地参加，说和他哥哥多年不见面，这次趁休假机会来山东看望。李汉章比李桐华小4岁，虽然年龄上说得过去，可李汉章是河南沈丘人，而李桐华是安徽阜阳人，说成是亲兄弟又怎样能自圆其说呢？李汉章说他哥哥幼小时就信基督教，跟神父到安徽阜阳读书，后来由教父送到湖北同文书院读外文书，代他填了阜阳的籍贯，他自己也不知道，毕业文凭领下来才发现。因为关系不大，也就没有改正。这一番鬼话，当时居然也就瞒过了众人，连韩复榘也相信李汉章有这样一个亲哥哥了。

第一步走通后，孔祥熙又派李毓万带着他的亲笔信，到济南见韩复榘。李对韩说，财政部想在华北设一个海关稽查处，孔兼部长特派我来征求韩主席意见，并请协助。另外由李汉章向韩建议说，财政部想在华北设海关稽查处，不如我们推荐几个自己人，把稽查处设在济南。韩很信任李汉章，因李汉章在韩部军、师长中是一个最年轻、精悍而又会讲话的人。于是李汉章便推荐了他"哥哥"李桐华，请韩向孔祥熙保荐李桐华为财政部海关山东稽查处处长。这套把戏果然把韩骗住了。韩认为海关稽查处虽是中央机构，但还是控制在自己人手里，非常满意，即向李毓万提保李桐华任山东海关稽查处处长。李毓万佯言自己不能做主，须请孔部长批示。数日后，财政部复韩电照准。这些官样文章，做得像真的一样，完全实现了孔祥熙的愿望。

李桐华接到任命后，随即在济南纬二路一座花园洋房里设立了财政部海关山东稽查处。同时，李汉章又推荐了一些稽查员，不久即分布到各海口开始缉私。这种"以毒攻毒"的办法果然有效，各地驻军听说韩主席派李师长的哥哥为海关稽查处处长，认为韩主席下令缉私，声势煊赫，非同小可。这样一来，以往那些包庇走私的中级军官，都怕被查出毛病，也下令部下协助缉私。从此在山东海口装卸私货的事少有了。

孔祥熙为了进一步分化韩部，又要李桐华说服李汉章拜孔为老师。李汉章果真向孔祥熙写了门生帖子，表示忠孝到底。孔祥熙又把财政部鲁豫硝磺局局长一职，嘱李汉章派人担任，作为收门生的礼品。

孔祥熙的这一阴谋终于暴露了。李桐华在缉私中查到一批私货白糖5000包及大批进口香烟、呢绒等，这批私货原是山东省政府秘书长张绍堂勾结商人包运的。这一下子激怒了张绍堂，立刻用电话告知李汉章说，你哥哥查了一批私货，也就是和你哥哥一样的私货，你看请韩主席来处理好吗？李汉章一听这话不对头，马上乘车到张绍堂公馆里面谈。原来李汉章的这套骗人把戏，张绍堂已有所知。李汉章怕张拆穿西洋镜，只得请求张与他合作。结果，不仅把这批私货发还给张绍堂，而且把孔祥熙本来是给自己人的鲁豫硝磺局局长一职，也让给张绍堂派人担任。

这件事虽然缓和下来了，但海关稽查处里的职员大为不满。因为查着私货，职员是有奖金提成的，而且这批私货数量不小，奖金也可观。现在发还给张绍堂，必然损害缉私人员的利益。于是一海关职员向韩复榘写匿名信，说出了事情真相。但信首先被省政府秘书长张绍堂拿到，拆开一看，大吃一惊，马上告知李汉章说，有人给韩主席密报你哥哥是假的，来山东是为财政部做秘密工作的李汉章怕韩对自己以军法处置，立即叫李桐华先离开济南，回南京向孔祥熙报告西洋镜已被内部人员拆穿，在山东的海关稽查处即请取消。同时，李汉章又送一部分钱给韩的太太，预备韩问他时好有话回答，以后韩的太太和张绍堂都住韩面前替李汉章措辞掩盖，又值时局日趋紧张，韩也就不追问了。

在海关缉私"以毒攻毒"事件以前，孔祥熙也同韩复榘进行过斗法，甚至不惜将亲生女儿也作为分化韩部、勾结韩部军长孙桐萱及其弟孙桐岗的工具。孔祥熙之所以这样做，固然是蒋介石一心一意要搞垮韩，而孔因山东财政的特殊化，对自己已大为不利，也非要搞垮韩，以除心腹之患不可。

孔祥熙为什么看中孙桐萱兄弟呢？因为孙桐萱在韩部高级将领中，有雄厚的势力，同时孙又是韩最信任的心腹，只要把孙桐萱拉过来，就能打乱韩复榘的阵脚。孙桐萱有一个弟弟孙桐岗，曾在意大利学习航空，当他在航空学校毕业之际，正是国内宣传航空救国的时候，他偷偷驾驶一架意大利木制飞机，从意大利飞回中国。此事曾轰动全国，孙桐岗也成为众口喧腾的风云人物。为此，上海名人杜月笙，还花12万元购买了一架飞机赠给孙桐岗。孔祥熙也想利用这位风云人物，作为自己政治上斗法的工具。

为了拉拢孙桐萱，孔祥熙指示李毓万和财政部山东中央银行总经理马铎秘密勾结，答应将鲁豫统税局驻济南分局主任一职，由孙桐萱派其亲信担任。孙桐萱得了这个位子，即向孔祥熙呈了门生帖子，表示愿拜孔为师，为其效劳。为了进一步结成裙带关系，孔祥熙又暗示李毓万出面，给孔家大女儿孔令仪做媒，介绍给孙桐岗为妻。这样的政治结婚，可以达到买透孙氏兄弟的心。可是，这个如意算盘没有打对，因为两个当事人都不同意。孙桐岗这时已有了挚爱的女友，并不同意和孔家"千金"结婚。孔小姐也不同意，她得悉这一阴谋时，火冒三丈，非常愤怒，在上海闹得难以收场。孔祥熙只好作罢。

孔、孙两家联姻虽未成为事实，但韩复榘的部将孙桐萱终被孔祥熙拉了过去。后来韩也慢慢地知道孔要搞垮他的势力，矛盾越来越突出，韩复榘虽然狡猾多端，但毕竟是地方军阀，而孔是朝廷相官，加上孔巧妙地利用韩复榘与蒋介石的矛盾，胳膊拧不过大腿。抗战爆发后不久，1938年1月，蒋介石终于以韩不抵抗日军，丢失山东为借口，将其捕杀。

其二，与翁文灏的关系。

经济部是抗战时期国民政府的新设机构，1938年3月由原来的实业部、农林部、建设委员会、经济委员会、军委资源委员会等机构合并组成，由翁文灏任部长，秦汾任政务次长，何廉任常务次长。

经济部成立初期，主管的业务范围极为广泛，凡全国的战时生产及经济统制，全属该部执掌。这就必然触犯各方面的权益，引起各派权势的妒忌和反对。特别是掌握财政大权的孔祥熙派系对此更为不满，使经济部在建设资金和开展业务各方面受到限制。1939年，经济部常务次长何廉兼长农本局，主管全国的粮食、花纱布业务；商业司长章元善兼长平价购销处，主管日用百货的管制。当时由于国民党军队节节败退，沿海工业城市相继陷落，造成后方物资枯竭，特别是粮食、花纱布、日用百货紧缺。经济部虽用"封存""限价"等手段来进行控制，仍不能满足军需民用，物价上涨，黑市充斥，引起蒋介石的不满。孔祥熙及财政部次长徐堪等利用这个机会，在背后煽风点火，大造舆论，攻击经济部营私舞弊，使蒋介石极为震怒。为此，蒋命令军统头目戴笠去经济部逮捕了商业司长章元善，将其关进重庆土桥监狱。主管粮棉的经济部次长何廉也险些入狱，部长翁文灏自请免职。

蒋介石虽然听信了孔祥熙的谗言，其实他心里明白，物资奇缺，物价飞涨的主要原因，是由于大片国土的沦亡和战时的巨大消耗。他之所以要亲自下令逮捕章元善，威吓何廉，无非是要找一个替罪羊，用曹操杀粮官的手段，来平息全国军民对政府在粮、棉、日用百货供应方面的不满情绪。

此后，蒋介石经与孔祥熙商议，对经济部业务职权作了调整，先将经济部所主管的粮食业务全部划出，在行政院内另设院属粮食局，改派四川地方实力派、民生公司总经理出任粮食局长；同时又将经济部所主管的花纱布业务改由棉纱行业巨头穆藕初掌管；又将经济部直辖的平价购销处的职权大大加以缩小，使之形同虚设。不久，粮食局改为粮食部，由孔祥熙的亲信徐堪任部长；

经济部主管的花纱布业务则由孔祥熙的财政部接管。

翁文灏自知不是孔祥熙的对手,在遭受这次打击后,曾自请免职,后经蒋介石挽留,虽继续担任经济部部长,但始终心有余悸,对有关经济管制方面的业务,再也不敢也不愿去染指,而只是专心去经营该部所辖的资源委员会的企事业了。

其三,与何浩若的关系。

孔祥熙与何浩若的斗法是间接的。经济部改组后,原有问题不仅未得解决,反而变本加厉,特别是花纱布到1941年底混乱到了空前未有的程度。蒋介石以稳定物价、加强统一管制为借口,企图将后方花纱布直接控制在自己手中,于是在1942年2月,又命令经济部设立的物资局,执行管制后方花纱布任务,由何浩若担任局长。自经济部改组后,花纱布是由孔祥熙亲信穆藕初管制的,现改为何浩若掌管,孔祥熙自然不会轻易让出,但又无奈这是蒋介石的安排,不便亲自出面,只好让其亲信穆藕初与何浩若斗法。

当时穆藕初为农本局总经理,农本局虽在经济部物资局之下,但穆藕初直接秉承孔祥熙的意志办事,根本不把翁文灏、何浩若放在眼里,一开始就采取不合作态度。如纱、布已实行统购统销,但棉花向来控制在穆藕初手中,何浩若就统不起来。何浩若规定每周由农本局同纱厂结付纱价一次,穆藕初则阳奉阴违,公开对纱厂负责人说,纺织事业,兄弟是在行的,何浩若毕竟是外行,此事应该多与兄弟商量商量,听听兄弟的意见,事情才能办好。可是何浩若也自命不凡,趾高气扬,以政治经济专家自居。在物资局存在不到一年的时期中,何、穆一直明争暗斗,其中最使何难堪的有三件事:

第一件事,是规定陕西棉花征购价格之争。1942年初物资局设立后,何浩若设宴招待各纺厂负责人,席上说了许多漂亮话:当前后方要务是安定人民生活,动员人力、物力支援前线抗战。管制花纱布,是物资总动员的重要一环。管制方针是奖励生产,平抑物价;管制方法是以花控纱,以纱控布,以布控价;管理步骤是先统制棉纱,再统制棉花,然后再统制布匹。他还表示,各纱厂所需原料,保证由农本局负责供应。何浩若开始认为,这种方法步骤是可以顺利进行的,没有料到棉花收储业务掌握在穆藕初手中,竟不让他过问。第一步棉纱统制实施了很久,第二步棉花统制却走不动,致使纱厂得不到原棉。

纱厂用棉得不到农本局供应,不得不向市上采购,棉商乘机抬价,黑市直线飞涨。纱厂以黑市价高,就到产棉区陕西自行购运,而棉商以有利可图,也到陕西抢购,于是陕西棉价发生极大波动。这样闹了半年,棉花黑市越跳越高,市场混乱现象日益严重。蒋介石得知此情后,在国家总动员会议上对何浩若提出了严厉指责,要何立即采取有效办法,统制棉花市场。在此情况下,何浩若宣布陕棉实行统购统销,并亲自去西安,决定征购棉花10万担,价格为每担900元。

这个消息传到重庆,穆藕初大发脾气,认为价格定得太高,立即签呈行政院副院长孔祥熙,建议将陕棉征购价格核定为每担600元,孔即批准。何浩若在陕西一无所知,还认为经济部一定按照他的签呈办事。过了几天,经济部关于征购陕棉的正式部令到达西安,何见核定的棉价是600元而不是他自己规定的900元,大为惊愕。何向来独断专行,言出如今,900元征购价格早已当众宣布,现在减了1/3,无法向各方交代,只得悻悻飞返重庆。

何浩若从西安回到重庆,才知又是穆藕初捣鬼,拍桌大骂老混账不止,气得3天没有到局。但他知道穆藕初的后台是孔祥熙,无可奈何,最后只得忍气吞声。

第二件事,是调整重庆棉纱征购价格之争。物资局在1942年2月开始实施棉纱统购统销时,核定纱厂棉纱征购价格为20支纱每件6900元,16支纱6400元,10支纱5600元。后因棉花与机油价格上涨,成本日高,各纱厂强烈要求调整价格。何浩若迫不得已,从8月开始对各支纱调高价格20%至25%不等,并决定棉纱征购价格以后每隔3个月调整一次。但又遭到穆藕初的反对。11月,国家总动员会议开会,蒋介石亲自主持,当何浩若汇报关于调整棉纱征购价格问题后,穆藕初即发表反对意见，说纱价一文也不能加，理由是各纱厂均有存棉，不能按现棉价核定成本。何浩若听了非常恼火，立即起而反驳，说调整价格一文不能减，理由是生产工厂不能当天买米下锅，当然有一定储备的原料，如不按照现在棉价核算成本，厂家生产势必日趋萎缩。会上，翁文灏支持何浩若意见，也主张调整纱价。孔祥熙则支持穆藕初，说"细阅穆老呈文，不无理由，应该再研究研究。"翁、何这时才明白，穆藕初为什么来参加这个本来没有他的会议，原来他又直接向孔上了签呈，是孔祥熙为此事叫他来列席的。蒋介石明知何浩若的理由充足，但又碍于孔祥熙的面子，就说"纱价可以调整，但幅度不要太大，请翁部长与孔部长会后再商量核定。"会后，翁、孔根据蒋介石的旨意，纱价调高50%。

第三件事，是撤销农本局之争。调整棉纱征购价格的风波虽告平息，但何浩若与穆、孔之间的矛盾，更加尖锐了。何浩若到各纱厂宣扬穆藕初压制纱价，引起各纱厂对穆积恨越来越深，称穆藕初为"木偶"，说起"不搬掉这个木偶，我们纱厂就没命了"。各纱厂也有后台。如豫丰纱厂束云章与穆藕初发生矛盾后，就去找宋子文，把穆不供应纱厂原棉，压欠纱厂纱款，阻挠调整纱价，造成纱厂生产困难，以及穆历年在陕西以低价向棉农迫收棉花，最近又故意压低陕棉征购价格，造成陕棉逐年减产等情况，向宋做了汇报。宋子文对穆藕初为孔祥熙的走卒，夺取了他对棉花市场的控制权，本已怀恨在心，现在听了束云章的这番话，认为报复时机已到。于是便在国家总动员会议开会时，根据束云章供给的材料，对穆藕初提出了严厉的指责，并特别强调了关于陕棉减产问题的严重性。

蒋介石在会上听了宋子文的发言，勃然大怒，立即指令行政院对穆以撤职查办处分。1942年12月2日行政院拟令云："农本局总经理穆湘玥（穆字）对于业务有阳奉阴违、推诿卸责、贻误要公情事，应予撤职查办。"翁文灏与何浩若过去对穆藕初倚仗孔祥熙，骄横专权，胡作妄为，只是干生气，没法对付他，现见穆受撤职查办处分，心里自然痛快，犹如拔了一个眼中钉。但他们不知道这是束云章在宋子文面前的一言之功。

孔祥熙对穆藕初当然不会坐视不管,只是因为问题是宋子文在会上揭发的,又见蒋已发怒,不便于马上为其袒护。浪头一过,孔祥熙就到蒋介石面前极力为穆开脱,说穆压低陕棉价格,是"忠实贯彻委座加强管制价格的方针,用心未错"等。蒋介石也是个喜怒无常、反复无信的人,听了孔祥熙一席话,对穆的撤职查办,也就没有下文了。过了些时日,孔系报纸《时事新报》忽然发表消息说,穆藕初有复职的呼声。何浩若看到这个消息当然有戒心,便想趁穆尚未复出时,撤销农本局这个机构,以谋彻底解决。

不久,行政院举行会议,何浩若在会上提出撤销农本局,在物资局下另设一个购销处,统一管制花纱布购销业务。孔祥熙一听便知道何浩若提出此案的目的是想彻底解决穆藕初,也就是堵塞孔控制花纱布的道路,于是坚决反对。孔祥熙说:"农本局是半官性质的官民合组机构,不能用政令撤销。"又说:"我也认为管制机构多了,有物资局,有农本局,还有管制司。当初委座成立物资局,原希望把花纱布管好,但一年来毫无成效,实有负委座苦心。如嫌机构重叠,我建议委座撤销物资局,今后如何把花纱布管好,再从长计议"。这次会议,是蒋介石以兼院长身份亲自主持的,他听到孔说"有负委座苦心",顿时脸色一沉,显然表示对何不满。待孔说完,蒋介石不容何浩若分辨,即以口令式口气作结论说:"孔副院长讲得有道理,农本局撤销缓议,物资局着即撤销,业务暂交农本局接管。"何浩若本想以撤销农本局来彻底解决穆藕初,万没想到反而撤销了物资局,彻底解决了自己。

孔祥熙斗倒了何浩若,但农本局仍隶属翁文灏经济部。1943年初,他索性把机构也争过来,把农本局改隶财政部。不久,又把农本局改为财政部花纱布管制局,派其亲信尹任先为局长,穆藕初为副局长。至此,孔祥熙取得了后方花纱布的全部控制权。

其四,与戴笠的关系。

抗日战争时期,国民政府的后方缉私和检察机关林立:关税方面,有海关外勤人员，水运方面，有缉私舰艇；盐务方面，有盐务税警，并有武装配备；统税方面，有统税稽征员，并设立查验所；公路方面，有公路管理稽查处，检查货物运输；国民党军统特务还在各地设有统一运输检查处，表面上是检查军人走私，实际上是无恶不作。此外，还有宋子良主持的西南运输处，在滇缅公路上运输军火，并检查商运。

这些检察机关，因无统一规章，经常彼此发生冲突，往往甲要放行，乙要扣留，商人叫苦连天。其中尤以戴笠手下的军统特务分子，横行无忌，在金城到遵义的公路上，公然抢走已经报关完税的商货，逍遥法外，海关人员畏之如虎也不敢过问。

这些检察机关之间发生冲突，便经常告到上级机关，于是财政部、军委会、交通部之间，也经常发生争论。财政部认为，货运检查，事涉缉私、征税、补税，应由海关统一检查。军委会则认为，抗战时期军事第一，尤其军人走私，财政部无权也无力加以制止，只有军统才可取缔。交通部则认为，该部有统一管理公路运输之权，应该由公路管理稽查处检查货运。三部会几经磋商，结果决定成立缉私处。

缉私处设立后，遂将原盐务机关的税警科，税务机关的查验所，以及安徽、福建、广东等省的地方查缉机构，先后撤销，而分别把缉私和征税的任务，交由缉私处和海关接收办理。

因缉私处当时是一个无所不缉的权力机构，谁都想插手这块宝地，所以首先在缉私处长这个人选上发生了争夺。孔祥熙因戴笠枪毙他手下的中央信托局科长林世良有私怨，不肯让戴笠做缉私处处长，在给蒋签呈的时候，请委派杨虎做缉私处处长，因杨虎为孔亲信。但蒋介石却把杨虎二字圈去，改填戴笠二字，因戴笠效忠蒋多年，是蒋介石信得过的人。最后

戴笠

缉私处还是落在戴笠手中。

戴笠做了缉私处处长以后,又把缉私处扩大为署,把军统局的人员大批调来,牢固把持,不让他人插手。他们名为缉私,实际上是带头走私,一方面从后方走私到沦陷区,另一方面,又从沦陷区私运违禁物品到后方来。但出口大宗毒品,必须有财政部发的证明文件才能通行。戴笠和孔祥熙关系一向不好,所以没有弄到这张护照。于是便拿出一张500万元的支票叫人送给孔祥熙。孔祥熙见钱眼开,也不记前仇,给了戴笠一张放行烟土的护照。戴笠终于把几十卡车的烟土送出了国境。官官相护,是为了各自得到好处。后来孔祥熙下台了,戴笠对他也不买账了,1945年,孔的手下苏浙区烟类专卖局长王巽之从贵阳走私禁运卷烟和盘纸出口,被三桥统一检查站查获,戴笠一直告到监察院。孔祥熙托人向戴笠说情,并提到以前曾放行烟土事。戴笠不仅不予理睬,反说孔祥熙历来支持走私。这时孔祥熙说话不灵,王巽之失去了靠山,终于被撤职查办。

自从缉私署成立后,海关在后方的权力缩小,仅仅限于征税补税,所有查缉的任务,完全归了缉私署。这种情况,直到抗战胜利,日本投降,沿海沿江各关恢复海上、江上缉私,才有所改变。尤其是在上海,海关100多年来,有它传统的权力,缉私人员既多,海上缉私舰队又有武装配备,所以海关又收回了缉私的权力。这时孔祥熙虽然下台了,戴笠也于1946年因飞机失事摔死了,然而军统和海关的摩擦,始终没有停止。

其五,与陈果夫的关系。

孔祥熙与陈果夫是国民党四大家族中的老关系户,他们之间交往甚多,同为蒋家王朝效劳。但实际上矛盾也不少,无论是在人事上还是金融上都有过争夺,高秉坊一案算是其中一例了。

高秉坊何许人也?此人系山东博山县人,金

陈果夫

陵大学农学院毕业，一直是孔祥熙手下的总务"人才"和亲信。说起高秉坊，他和孔家还有一段小小的插曲。还在孔祥熙任实业部部长时，高在实业部做总务司长，同时又是孔家的"总管"。孔的孩子每天上、下学，都要总务司安排汽车迎送，他们还经常到实业部各办公室内打骂吵闹。高自以为是孔多年部属，关系密切，摆出所谓家长式的面孔，在孩子头上轻轻地拍了一下。孩子们哭着回家，向宋蔼龄哭诉高秉坊打了头。打孩子，欺老娘，属员犯长官，这还了得。经高秉坊多次赔礼请罪，事情表面上平息，实际上宋蔼龄还是愤愤不平。不久，孔祥熙接替宋子文任财政部部长，所有部内司、处长以上人员也草拟了名单，高秉坊又是名单上内定的总务司长，正等着跟孔祥熙走马上任。谁知好梦难圆，当拟定名单提交宋蔼龄审核时，宋对高秉坊的总务司长提出反对意见，说你（指孔祥熙）既然喜欢高秉坊，给高什么位置都不管，就是不能给高做总务司长。凭这几句话，高的总务司长吹了。孔祥熙在接任前夕，临时把赋税司长与总务司长姓名用笔勾转了一下。于是高秉坊迷迷糊糊地当上了财政部赋税司司长。

高秉坊跟随孔祥熙多年，深知官场的风云变化，通晓官场秘诀。他常私下对人说，政治上就是玩钱、玩人。有钱，才能兜得转；有人，才能捧得高。要钱要做得手脚干净，要人要有用处目的。这几句话，既是从孔祥熙那里学来的为政箴言，也是他自己在官场的亲身体会。

抗战中期，高秉坊主管财政部直接税署。为培植亲信，控制财政部所属各税务机构，他在重庆开办了一个"财政部税务人员训练班"。没想到，此班一开，即得罪了CC系首脑陈果夫。因陈果夫在当时国民党的中央，以"中央政治学校"为CC系的干部培养所，作为把持政治之计，不但CC的嫡系要由此出身，就是高考及格人员，在"中央训练团党政班"受训后，也须再到中央政治学校研究部受半年的复训。这就好比是基督教的洗礼一样，必须受了洗礼，才能认为是自己人，正因如此，陈果夫不容许高秉坊另设任何训练机构。

高秉坊自知不是陈果夫的对手，于是建议孔祥熙向最高当局提请派遣当时担任全国学生军训的教导总队队长桂永清兼任税务训练班训育主任。孔祥熙如议转呈,当即批准,由财政部正式函聘桂永清为税务班训育主任。这个办法,不仅封住了陈果夫的口,而且刺痛了陈果夫的心。

桂永清是黄埔系的主要骨干,是得蒋介石信任的陆军中将,对CC是不大买账的。因此,他很乐意地接受了这个小小的兼差,而且干得很起劲。税训班初办无地址,桂永清就慨然让出他的孝陵卫总队部的一个课堂和几间营房,借给税训班使用。这真使陈果夫哭笑不得,只好瞪眼干生气。

1942年,各省市所办的营业税奉命合并于直接税,统一征收,并由高秉坊统一接管。这一下使陈果夫更坐不住了。因当时在四川各地营业税分局中,有不少分局长是CC系的人,而现在要将营业税合并于直接税,并由高秉坊接管,实际等于是向高交权、交钱。在这种情况下,CC系不得不派员拜会高秉坊,要求高保留他们的六个分局长职务。但高以孔祥熙为后台,却不买账,以接管为名,撤换了CC系六个分局长中的四个,另一个以不合格内调,实际只留任了一个。这下陈果夫更火了,于是便寻机报复。

高秉坊的后台是孔祥熙,孔祥熙毕竟比陈果夫高出一筹,所以当孔在任时,CC系还不敢明目张胆地报复,只是利用"中央政治学校"培养的亲信,打入财政部,等待时机,图谋反击。1944年,CC系利用孔祥熙出访的机会,将早已搜集的高秉坊贪污材料抛出,将其逮捕。不久,孔祥熙也因"黄金案"交卸财政部长。高秉坊的被捕和孔祥熙的下台,固然有其主观原因,但也同CC系的倾轧、排挤有关。

在高案审讯过程中,法院屡次提出陈果夫控制的"中统"的调查材料作证,并根据陈果夫的意见,判高以死刑。法院对当时官场现实,自是揣摩功深,死刑是奉命判了,自有人出来转弯说项。因此,仅止于判,而未言及执行,留有余地,好见风使舵。果然,孔祥熙出来说情了。但高秉坊贪污也是事实,自己出来说话,实难以启齿,也不一定有效,于是便托当时美国驻华大使赫尔利向蒋介石说项,婉言罪只贪污,而判死刑有欠民主法度。蒋介石表面责孔以家事不当告诸外使，内心不敢不从赫尔利的说法。高秉坊则由赫尔利一言，救了他的一命，由死刑改判为无期徒刑。1949年后，高被释放出狱。从高秉坊一案，可以窥视四大家族内部的钩心斗角。

其六，同杜月笙的关系。

孔祥熙为了在国民党的官场上始终处于有利地位，他除了依靠蒋介石，排挤和打击异己外，还喜欢有人为自己捧场、说好话，有时还互相吹捧。

杜月笙

上海帮会头子杜月笙，深知孔祥熙的癖好，经常为其摆好。抗战胜利后，四川发生水灾，四川省参议会议长向传义和何北衡去上海募捐。他们先找上海市长吴国桢商量，吴说："你们来迟了一步，上海刚刚为苏北等几处水灾募过，战后经济尚未恢复，又要捐实在没有办法。"于是他们便去找杜月笙。杜见这是个猎名的好机会，便扮出一副知恩必报的面孔，拍着胸口，慷慨激昂地说："我们在四川吃了多年，今天四川有灾，不帮忙还算什么人！"随即命令手下诸人四处募捐，不久便聚拢了一大笔钱。

杜月笙既然这么慷慨，愿为四川做"好事"，本来他把募得的钱交与向传义等就可以了。但他不这样做，而是兜了一个圈子，借此机会去捧孔祥熙，把好人让给孔祥熙做。他先向孔说明四川来上海募捐，吴国桢不肯帮忙；又说他愿代办，但需请孔出面。做这种既能猎名又无需出力的事，孔祥熙当然乐意应承，于是按杜月笙的安排，出面请吴国桢、向传义、何北衡等人赴家宴。席间，孔祥熙喜形于色地表示："四川是我们的第二故乡，四川有难，一定要尽力相助。"他又指着杜说："这件事我已关照杜月笙去进行，一定要对得起四川同胞。"杜月笙立刻站起来，恭而敬之地表示："既然院长这么关心，月笙一定遵命尽力去办，也希望大家尽力协助我。"在场几个知道内幕的人，见杜月笙拍马功夫如此娴熟，使得孔祥熙眉开眼笑，莫不在背后举起大拇指说："月笙不愧是个大好佬！"

由于杜月笙捧孔一向肯下功夫，因此孔也愿替他捧场。如1947年，杜月笙的儿子杜维屏、杜维新两人在上海丽都花园同一天举行婚礼时，孔祥熙亲自去当证婚人，并当着一千多宾客，夸奖杜月笙是"中国少有的实业家，有远大的见识和克己助人的人生态度"。

孔祥熙不仅只是当众夸奖杜月笙，而且给杜月笙提供军事情报和找钱的机会。如七七事变刚一开始，杜月笙就在上海大声疾呼，要那些还正在过着花天酒地的人不要再那样醉生梦死，上海也有发生战争的可能。不久，八一三战事果然发生，过去说他是危言耸听的人，也佩服得五体投地；杜的门徒和替他捧场的人，更利用这件事把他吹得比未出茅庐便预知天下大势的诸葛亮还要高明，其实是孔祥熙通过途径向杜提供了情报。上海开战后，杜月笙以组织抗敌后援会为名，向工商界摊派和征募了大量物资和现金，为数在千万元左右，全部由他支配。上海撤退后，这笔巨款成了糊涂账，谁也没有向他清理过，大部分进了他的腰包，他成为抗战开始第一个大发国难财的人。又如抗战胜利后，有一次孔知道蒋介石决定要把日本交出的大量棉纱抛出，他便暗地通知杜赶快把手上握有的棉纱抛出去，免得吃亏。杜因此也赚了一大笔钱。

物以类聚，人以群分。孔、杜两家关系上，他们也结成了通家之好。宋蔼龄认杜月笙的姨太太姚玉兰为干女儿。孔祥熙的女儿孔令仪经常出入杜家，为了给杜月笙治气喘病，她特从美国买药赠送。孔祥熙的儿子孔令侃还买了一辆当时最新式的小轿车赠给杜月笙代步。孔家对杜家如此关照，杜月笙当然感恩戴德。杜家长子杜维藩经常对人说："家父一再告诫我们：'孔祥熙先生对于我的恩德，你们永远不可忘记'。"

孔祥熙 全传

Biography of Kong Xiangxi

18
中饱私囊

有人说："蒋家天下陈家党，宋氏兄妹孔家财。"在四大家族中，孔祥熙最会聚敛钱财。

孔祥熙插手工商业，贪骗国家资财，鲸吞美金公债，巧取豪夺，贪赃枉法。

抗日战争时期，孔祥熙与宋蔼龄虽然为国家、民族做了一些有益的事，但同时也利用手中权力，使自家发了横财。孔家的私人财产，虽然很难估计其确切数字，但根据过去流传的"蒋家天下陈家党，宋氏兄妹孔家财"的说法，说明在国民党四大家族中，孔祥熙是最有钱的。

孔祥熙出身财主家庭，祖辈在山西开过票号，实际并未给他留下很多财产。但他喜欢人家说他家里原来是大财主，是山西财阀，以表示他的财产主要来自祖传。实际上其祖传财产对后来成为亿万富翁的孔祥熙来说，只是极小的一部分。孔祥熙本人早年在山西榆次办过一个祥记商行，经销美孚煤油和僧帽牌蜡烛、肥皂之类的洋货，赚了一些钱，但也为数不多。山西人喜欢银子，集到一定数目，就把它铸成1000两一个的大锭，称为"莫奈何"，用以防贼防盗，把银子窖藏起来。传说孔祥熙最初发财后铸了三个大银锭，共约3000两。这就是他最初的资本。这些资本，对于后来腰缠万贯的孔祥熙来说，当然也是微不足道的。

孔祥熙真正发财，是在他从政以后，特别是抗战时期，手握行政、财政、金融大权以后。这时，他空前扩大了过去经营的企业。

孔祥熙投资和经营的企业，包括金融、工业、商业、文化事业等各方面。金融方面，有山西裕华银行。该行开办于1915年，总行设在天津，名义上有资本200万元，实际并未达到这个数字。因孔祥熙的私人资本，本质上是商业资本，所以此行只是孔祥熙的架空机构。当时他开设金融机构的原因，是因为美孚煤油公司给孔记代理推销火油，要一个银行担保，孔在金融界举目无亲，只好虚设银行于天津，将自保祥记公司。孔为了证明此行来头大，说是就原来志诚信票号改组，自山西太谷搬来。其实志诚信早就关门了，与孔毫无关系。

20世纪20年代，孔祥熙宦囊渐丰，但金融方面仍没有足够的资本。他在上海要开一个中国国货银行，还靠动用一笔公家资本才开了出来。设在天津的裕华银行在20年代也仍未发挥多少实际作用。

孔祥熙金融资本的真正扩大是抗战时期。1937年，孔将裕华银行搬到重庆后，该行资本即增为2000万元。孔祥熙还在中央银行为裕华银行开了透支户，到1941年透支额就达3000万元。运用资金上有如此方便，业务便可以发达了。在1941年黄金抛售中，裕华银行是一个忠实顾客。孔祥熙指示只有黄金好买，于是大买黄金，而且利用它的西安分行从事黄金的转运，在西安售出赢利。当时在重庆黄金市场中，实力最大的是西帮和昆帮。有一位记者写道："黄金市场，西帮是大主顾，他们要买就是整砖（400两），资本大，势力厚，买来之后转运西安，到西安以后，又运到沦陷区出售。西帮要买，金价就涨，西帮要放，金价就跌。"这个西帮就是以山西裕华银行为中心。到抗战后期，裕华银行增资达1亿元，孔祥熙亲任董事长，董监职员都是孔家人或孔的门生亲信。抗战胜利后，裕华总行迁至上海。此时孔的财政金融大权渐次被剥夺，此行也渐渐成为孔祥熙的实际金融中心。

工业方面，孔祥熙曾办过一些公司，从中渔利。孔本来对工业是不感兴趣的，从来没有由他个人出钱办过任何工业。但在抗战期间，由于他掌握了四联总处，有信用膨胀之权，便乘机插手工业。他插手工业是从"华西"公司下手的。"华西"公司原是20世纪30年代初，由四川人胡仲实、胡叔潜兄弟创办的。经过几年的经营，到抗战初期，拥有一个技术力量较强的班底，设有华兴机器厂、华联炼钢厂、华泰木厂、华一砖瓦厂、华西汽车修理厂等。因此，华西兴业公司在当时名噪西南，引起各方注视。国民政府西迁后，孔祥熙为了迅速扩大在西南的经济势力，开始把手伸向"华西"。

1938年，"华西"计划将"华联铁钢厂"扩建为日产30吨钢的炼钢厂，因资金不足，派人找孔祥熙要求贷款。孔表示贷款有困难，但可投资合办"华西"。"华西"认为与孔合资办厂，无异于"引狼入室"，将后患无穷。因此只同意与官僚资本建立企业外部的联系，不让其渗入企业内部。其时，四大家族中的宋子文、陈果夫、陈立夫都在抢夺民营工业，孔祥熙深恐"华西"落入他人之手，就嘱其子孔令侃主持的中央信托局给予贷款，暂把"华西"拴住，然后再想办法吞并"华西"。

中央信托局贷给"华西"的款额为60万元，这与实际需要相差很大，"华西"只得先将这笔贷款拿到，分别用于建厂的基建工程，并趁海运畅通之际，在国外订购一部分生产设备和材料。随后，当"华西"要求续借时，孔祥熙有意刁难，以"前账未清，碍难照准"，予以驳回。这时，"华西"在国外订货尚差之款无着，建厂工程也因乏款支付而暂停，陷入进退维谷、骑虎难下的境地。孔祥熙趁此机会，又提他愿出资合办问题。"华西"迫不得已，终于答应孔祥熙投资合办，并将"华西兴业公司"改组为"中国兴业公司"。当时商定公司资本额为法币1200万元，孔祥熙即指示他自己经营的裕华银行、祥记公司等投资，其投资额占资本总额的80%。以后又逐年增多，到1943年，在"中兴"公司资本总额1.2亿元中，孔祥熙投入的股份上升到95%。这样"中兴"公司也就变成了孔祥熙手中的玩物。

"华西"改组为"中兴"后，孔祥熙在人事上也进行了调整改组。他在公司章程中规定：公司各股东每一股（100元）有一表决权；一股东而有十一股以上者，自十一股起，每五股有一表决权；一百股以上者，自一百零一股起，每十股有一表决权。照此规定计算，孔祥熙官股共占9851权，而其他商股共只占2311权，而董事、监察的当选，是以得票的权数多寡决定，这样孔祥熙自然占了绝对优势，可以随心所欲地操纵选举了。最后孔祥熙终于担任了公司董事长，并且一任10年之久，直到国民党政权覆灭始告终结。在这10年之内，孔祥熙在该公司囊括的财产，显然是一个巨大的数字。

商业方面，孔祥熙更是公司林立。他认为做生意是神圣的事，钱财比工业来得更快。1943年重庆银社开献金大会，孔祥熙要求大家为抗战献金。群众见孔只知道唱高调，便故意高呼"请孔副院长拿出钱来"！"一百万"结果孔祥熙笑嘻嘻地说："我哪里有钱，我是一个穷公务员，财政部部长薪水才800块，我捐一点，这是我因为还做一点小小的生意而已！"孔是一向以做生意为副业的，这是实在话。

孔开始经营商业是早年开办的祥记公司，为美孚煤油公司在山西的推销人，批发火油、棉纱、匹头等。另外还办了药材铺，广茂兴就是其中之一。孔祥熙在日本向宋蔼龄求爱时，曾说他有恋爱资本，资本就是他有药材铺子可以赚钱，在上海时，孔夫人、宋子良、陈行、徐堪有七星公司，专事证券、标金、棉纱、面粉投机。后来出事，由杜月笙调停。

抗日战争时期，孔把商业投机主要交给太太、少爷、小姐、门生去做，自己则在背后出谋划策。在重庆成立的商号有祥记、庆记纱号、强华公司、大元公司、恒义公司、升和公司等。祥记公司有汽车30余辆，庆记纱号专做棉纱生意，强华搞运输与贸易，大元搞五金电料，恒义、升和专营洋杂百货，广茂兴则经营参茸药材。这些公司在孔祥熙的保护下，胡作非为，巧取豪夺，自不待说。1945年，在孔祥熙下台之际，曾有人在国民参政会公开检举过祥记公司。

抗战胜利后，孔认为宋子文搞外汇开放，外汇压低，实是千载一时的买办事业黄金时代，其商业资本大规模扩充。其中孔令侃主持的有长江公司、扬子公司，孔令伟主持的有嘉陵公司。这些公司又不同于孔家过去的祥记等公司，而为现代化的大规模的国际贸易公司。

长江企业股份有限公司，于战后成立。董事长为孔令侃，总经理余梅生，副总经理王巽之。孔祥熙用人向不避贪污，王巽之原任财政部国库副署长，苏浙区烟类专卖局长，因贪污被杭州法院侦查，孔却任之为副总经理，并兼厚生公司经理。这个公司的主要业务是做粮食生意。1946年4月，孔祥熙通过王巽之，利用徐堪决定办粮贷10亿元的机会，给长江公司获得6000万元贷款。同时王巽之又以厚生公司名义从浙江贷了1.5亿元。领得贷款后，即至枫泾、芜湖采运，不到一个月，即存粮2000万担。然后根据行情或囤或售，从中牟取暴利。

扬子建业股份有限公司，比长江公司经营范围更广泛，侧重国际贸易，为美商的买办。该公司于1945年冬筹备，1946年1月成立，资本1亿元，实为孔家与杜月笙、范绍增等人合办。1947年7月，公司资本增为10亿元，分为100万股，孔家占25万股，杜月笙7000股，范绍增3000股，其他参与者股份很少，只有孔家占绝对优势。该公司在短短的几年时间里，发挥了无限的神通，攫取了惊人的利润。

文化事业方面，孔祥熙也插过手。如抗战时期，他接办过"四社"，即《时事新报》《大晚报》、英文《大陆报》和"申时通讯社"。"四社"原是研究系的报纸，由张竹平经办，因得罪了蒋介石，为蒋所取缔，且负债累累，无法维持，最后只好让给孔祥熙，由中国国货银行出面承担全部债务，另给张竹平个人5万元，将"四社"全部买进。抗战初期，《时事新报》迁往重庆，《大陆报》及《大晚报》留在上海，"申时通讯社"停办。日本投降后，《时事新报》迁回上海，并恢复了"申时通讯社"，由王正廷担任董事长，实际由孔令侃主持。但因报纸销路不好，这方面没有捞到多少油水。尽管在文化事业上如此，但从孔祥熙所经营的工商企业来看，是聚敛了不少钱财的。

孔祥熙插手工商企业虽然赚了不少钱，但只靠这些，还成不了亿万富翁。他们的私财还有一个重要来源，就是靠营私舞弊、贪赃枉法。孔祥熙在国民党政府中掌握各种大权，贪赃的机会是很多的。这样也就不需要多费脑筋，去经营更多的工商企业了。

孔祥熙营私舞弊是从操纵公债投机开始的。早在抗战以前，他就一面巧立名目，发行各种各样的公债，一面又操纵公债市场，凭借特权，进行投机倒把活动。1936年，孔的部下，财政部次长徐堪、中央银行副总裁陈行、国货银行董事长宋子良等，就组织了一个秘密的投机公司在市场活动，同时由财政部放出整理公债的空气，扬言要发行一种新公债来调换各种旧公债，并且要对旧公债停止付息等。人民本来对国民党发行的公债就不信任，尤其是小户人家一听到这种传言更着了慌，纷纷把手里的公债在市场抛售，使各种旧公债的价格在几天内一落千丈。徐堪、陈行和宋子良却乘机大量吸收。可是时隔不久，他们又利用中央银行的雄厚资金，压倒一切小户，在市场上哄抬，使公债行情又重新暴涨。许多人因此而倾家荡产，甚至自杀，而徐堪、陈行和宋子良却因要了几次投机倒把的把戏，赚了几千万元的暴利。后来，市场上发现了这个秘密公司的内幕，一传十，十传百，全上海都知道有一个"三不公司"。所谓"三不"，是指徐堪"不堪"、陈行"不行"、宋子良"不良"。而"三不"公司的后台是孔祥熙，"三不"公司的暴利，也有很大一部分装进了孔祥熙的腰包。

投机生意虽然可以赚钱，但毕竟要费一番周折，一旦被人民识破，还会引起强烈不满。抗战爆发后，孔祥熙另使高招，干脆利用美国钞票公司、英国德纳罗钞票公司，开足机器，无准备金、无限额地大量印刷钞票，供给国民政府军政费用，造成恶性通货膨胀，而孔家却把国家的金银外汇、侨胞捐款，转入私人腰包。后来孔家一核算，印一张钞票成本要美金几分钱，划不来，因此进口油墨纸张机器，在香港由中华书局、大业印刷公司、大东书局日夜开工印刷大面额钞票。在香港印的钞票，日夜不停地由中国航空公司和欧亚航空公司的飞机空运到重庆和各地还来不及，又成立中央银行运输科和中央信托局运输科，自购卡车，先经由越南海防到广西南宁以及由滇越铁路经昆明转运，还是不能应付需要。过去在国外印的钞票是空白券，下面的签字和号码到重庆加印。1941年在重庆中央信托局内成立印制处，由孔亲信凌宪扬当经理，在重庆枣子岚垭设厂承印票钞、邮票和其他证券。这些钞票不仅成为国民党政权的最大财源，也为孔、宋中饱私囊提供了条件。

在国民政府中，政府与官僚的私人费用实际是难以分清楚的。孔祥熙可以随心所欲地从中央银行拨给自家费用。如1938年10月1日，他曾以财政部部长的身份，令本部拨给"行政院孔院长秘密费国币20万元，请即在国库项下报核。"1939年2月25日，又以财政部长名义拨给"行政院孔院长机密费国币20万元整"，财政部部长孔祥熙拨给行政院院长孔祥熙，不过是在玩弄文字游戏而已，实际是把国家资金变成了私产。

当时国民政府对各机关、企业的费用，表面上也有个预算制度。每次核定各省市预算时，行政院会计处和财政部要举行一系列的预算会议；制定后，各省市预算的追加和移用，必须呈请行政院核准。但只要走通孔的门路，各省主席和各省财政厅长直接上个折呈，经孔一批，预算就可以任意增加，经费就可任意移用。有次甘肃省要追加一笔巨额预算，屡次向行政院请求，未得结果。那时该省的财政厅长是由孔官邸秘书处外放的陈立廷，陈抄近路直接签呈给孔，立获批准。事后，连行政院政务处长蒋廷黻都发牢骚说："孔这样做，还要我们这些人何用？"

孔把中央银行完全看成是他私人的账房，孔公馆的开支，连草纸、肥皂都是银行付账。孔家的汽车供应，全部由银行担任。除孔本人外，宋蔼龄、孔令仪、孔令伟等，各人都有专用车。这些对孔家来说，当然不过是些微不足道的小项目。中央银行从来没有预决算制度，这样，孔才能用之不尽，取之无度。同时中央银行也没有人员编制和定额制度，副局长、副处长可以任意增添，各处的委员特别多，如蒋梦麟的老婆、于右任的儿媳等都是委员。所以中央银行不但是孔的账房，也是孔应酬各方面人事关系安插人员的场所。在国民政府里，也有不怕鬼不信邪的人，他们联名提议要求蒋介石派人检查中央银行的账目。孔知道后大为震怒，对他的秘书说："你查清楚这是谁的主意！他们大概是发疯了，要来查我的账！"后来也就再没人说了。

孔祥熙中饱私囊的另一手段是大量走私。1938年国民政府仓皇由淞沪、南京撤退后，把国内吞吐物资的最大港口上海港丢失，当时唯一能做通道的，只有香港到广州一线了。尽管英国人抱着绥靖政策，受到日本的压力，但香港与广东是唇齿关系,不得不在可能范围内给予国内一些方便。但如果由中国交通部门,公开在香港办理接运手续又不行,因此暂时允许中国一些机构,改头换面,在香港进行半公开的活动。于是,孔家豪门资本与军统特务等正好利用这个机会,在香港设立了军事委员会西南物资接运处和中央信托局运输处,开始了走私活动。

洋洋自得的孔祥熙

西南物资运输处,当时对外称为西南运输公司,总经理是宋子文的二弟宋子良,下设业务处、购料委员会、秘书处、警卫处等机构,警卫处实际是军统局直接控制的派驻香港机构。西南运输公司成立后,机构庞大,业务广泛,运转繁忙。尤其是广州于1938年秋沦陷后,广九、粤汉铁路交通断绝,运输更为困难,虽然香港往桂林同重庆有飞机来往,但旅客往来以及中央银行运钞票的任务,已经是忙不过来,对于大规模物资运输,以及豪门的走私货物,必然要另谋出路。于是只得与越南商谈,开辟一条经过海防、镇南关到桂林的公路,以及海防到昆明的滇越铁路。以后又开辟了缅甸到云南的公路。这些交通命脉,在西南运输处的控制下,孔家虽然也能装运一些私货,但毕竟有些碍手碍脚。于是,孔家决定在中央信托局也成立了一个运输处,以便于更好走私。

中央信托局,原是财政部于1935年明令公布成立的,由孔祥熙兼任理事长。1937年底,中央信托局总局撤迁香港后,孔家大少爷孔令侃以常务理事身份主管一切。为了便于走私,孔令侃在中央信托局设立运输处,派孔家最忠实的管家,原中央银行庶务科主任林世良为处长,买了一大批卡车,打着"二十八年度兵工储料专案"和替中央银行运钞票以及装运特种物资的旗号,拼命地私运孔家需要的一切物资。所谓"三千万元走私案",就发生在这里。

"三千万元走私案",是孔家利用林世良包庇走私,不料被军统查获的一起案件。1942年春,日军进攻缅甸。因滇缅公路是当时国民党统治区对外的唯一海陆交通线,为了统一调度指挥,蒋介石派他的表弟俞飞鹏,以军事委员会运输统制局副主任身份,驻节缅甸仰光。俞到仰光后,规定任何车辆,都要承运西南运输公司的军用物资;没有他的手令,任何车辆不准放行。但头一个不买账的,就是孔家操纵的中央信托局运输处。林世良非但不承运西南运输处的物资,而且包庇走私一批当时价值三千万元的物资,偷偷从滇缅公路运往重庆。后俞飞鹏向蒋介石哭诉,说林世良倚仗孔家势力,假公济私,阻挠军运,致使号令不行,无法统制,才造成巨大损失(指堆放在仰光的大批物资未按时运到重庆,在日军进入缅甸时,被迫自行放火烧毁)。蒋介石不得已,下令逮捕林世良。林当时在昆明太和酒店,天天吃喝玩乐,满不在乎。突然一天下午,来了一队宪兵,拿了蒋介石手命,将他手铐脚镣立即用飞机押往重庆。林仍毫不在乎,认为只是一点儿误会,手里有孔家这张王牌,问题不久就可以解决。当时有人向他示意,把孔家王牌交出,可以免去一死。他表示效忠孔家,并相信孔家势力,一定可以保他平安无事,不愿背叛主人。殊不知这时他的靠山孔令侃已远涉重洋到了美国,孔祥熙受到内外夹击,为了保护自己,只好同意杀人灭口。林世良终于被判处死刑,执行枪决。林世良被处决虽罪有应得,但主谋却逍遥法外,实是有点不公平。

蒋介石下令处决林世良,其实也并非因林帮助孔家走私,不过是因为日军占领仰光时,国民党官员自己放火烧毁了存放物资,要找一个替罪羊而已。蒋介石也是为孔宋中饱私囊、发国难财提供方便的。他让孔家包办"民国二十八年度兵工储料专案"便是一例。

抗日战争开始后,德国因受到日本的压力,蒋介石则因受到英、美方面的压力,双方不便于公开往来,但暗中仍有交往。国民政府的兵工署都是留德学生,全部生产装备以及操作都使用德国技术。为了补充德国武器弹药配件,当时在香港有兵工署驻港办事处。德国供给中国军火武器,中国用土产出口,偿还贷款。因这笔生意不便与宋子文掌握的美国、英国借款相混淆，所以蒋介石把这笔生意交给孔家来做。孔令侃立即在中央信托局内成立了一个兵工储料处，打着奉蒋介石手令直接办理二十八年度兵工储料事宜的招牌，连那些通常要办的手续都免除了。蒋介石本想通过此事，让孔家捞一把，没想到，此事和宋子文又发生了矛盾。

孔令侃在香港活动期间，他的娘舅宋子文也在香港。两人因夺权夺利，矛盾百出，不仅私底下貌合神离，在业务上也剑拔弩张，相持不下。那时美国对中国的棉麦大借款，是由宋子文一手包办的。他通过贸易调整委员会下面的复兴公司、富华公司、中国茶叶公司等，压低价格收购丝、茶、桐油、猪鬃、钨砂等出口物资，抵押债款。上述物资都是国民政府明令公布的统购统销出口物资，原来由宋子文一手垄断，从中取利。孔令侃因没有捞到一点儿出口货源，非常不满。于是就借口蒋介石交办的"二十八年度兵工储料专案"，一定要把猪鬃出口业务大权，划归中央信托局管理。为此，他致电财政部，要其转呈国民政府明令公布全国范围内所有猪鬃收购运销事宜，归中央信托局统一管理。财政部办事人员虽有人觉得此事有些蹊跷，内容有些出入，但上面交办，谁也不敢明说。这样就糊里糊涂地搞出了一个所谓"双包案"。

孔令侃既然决定由信托局收购猪鬃，就命令易货处在桂林、衡阳、柳州、常德、西安、兰州等地成立收货处，并派出不少人员，贴出告示，就地挂牌以官价收购猪鬃。可是复兴公司老早就在各地设置了收货处，他们是根据宋子文对美国棉麦借款偿还办法，也是国民政府明令规定了的。两个收购处都有硬后台，谁也不买谁的账，开始是哄抢，后来把官司打到重庆。宋子文因有一张必须确保美国借款债信的王牌，最后占据上风。

孔家这一招不成，后来干脆配合德国商行，用中国资金，在华东一带日军占领地区，收购各种土产，如桐油、猪鬃、矿砂、当归、大黄等运往德国，一方面折充贷款，另一方面从中渔利。孔家为德国人办事，德国人也关照孔家。1939年9月，希特勒对波兰发动闪电式攻击的前几天，德方商行代表希米特接到本国政府密令，要他们立即撤离香港。希米特感觉可能会出事，把这个意思转达给孔令侃，孔令侃又马上告诉宋蔼龄，她立即指使账房，倾巢出动，把国家外汇挪来，大肆收购美国军火飞机商的股票，又发了一笔横财。可见，孔家财产并非来于正道，而是通过多种卑鄙手段聚敛起来的。

孔祥熙贪赃枉法，还有一件举国皆知，并使自己声名狼藉的事，那便是鲸吞美金公债了。

1942年，抗日战争进入第5个年头，国土日蹙，民生疾苦，军政两费亦交感困难。全国节约建国储蓄劝储委员会（蒋介石兼主席）乃借口提倡节约，吸收游资，不惜竭泽而渔，向西南川、康、滇、黔和西北陕、甘、宁、青、新等省，推销"同盟胜利美金公债"1亿元，每元折合法币20元，总计折合法币20亿元。该项美金公债的券面，分为1元、3元、5元、10元（美元）数种，以当时美国对华贷款5亿元中的五分之一为基金，俟抗战胜利时，向储户兑还美金。初发行时，大肆宣传"公债以美元为基金，本固息厚，稳如泰山；国民踊跃认购，功在国家，利在自己。"实际上仍是压榨抗战人民的血汗，以饱填四大家族的欲壑。

美券发行手续，在形式上是由蒋介石以全国节约建国储蓄劝储委员会主席名义函电各省分会主任委员（省主席兼）、副主任委员（财政厅长兼），转饬各市、县劝储支会主任委员（县长、局长兼）、副主任委员（财政科长兼），遵照规定指标，向各阶层人民摊派认购，照比率折缴国币，上解省劝储分会，向中央银行兑发美券。可是实际上，却由财政部交由中央银行（总行）国库局分发各地银行经售。当时一般人民由于饥寒交迫，大多无力购储；豪绅富贾虽然握有大量游资，又多用来抢购物资，囤积居奇，所以各地完成情况不好。总计全国后方各省，自1942年冬季开始销售，至1943年秋末，实际售出美券的数额，仅达半数，即5000万美元。

坐在吉普车上的孔祥熙

美券在初发行的时候，由于一般人民从未开过这种洋荤，不知道要到哪年哪月才真正兑得美金，即便真正兑得了美金，也不知道怎样使用，故于购得之后，多愿折本脱售，捞回一分算一分。因此，美券黑市，曾由官价20元跌至十几元。后因政府滥发纸币，通货恶性膨胀，法币价值日趋低落，因而美券价值日渐回涨，由十几元，逐渐涨至20多元、30多元。于是对这块肥肉早已垂涎的孔祥熙及其爪牙中央银行国库局局长吕咸，见时机已到，便利用职权，对美券干起了贪污舞弊的勾当。

首先财政部鉴于美券黑市上涨，不利继续出售，突然于1943年10月15日密函国库局，合将该项美券停售，所有尚未售出的5000万美元，悉数由中央银行业务局购进。然后，国库局长吕咸再秉承孔祥熙的意旨，阴谋将该项未售出的余额美券，分期分批，全部侵吞瓜分。他们的具体做法是：国库局一奉到财政部的密函，吕咸立即转令各省中央银行分行迅速将尚未售出的余额

孔祥熙经常摆出一副温文尔雅的神态，其性格却是喜怒无常

美券，如数扫解该局。按照正规手续，该局于收到各地美券后，应立即转交业务局承购，缴存国库。可是，吕咸竟拟一签呈，说"查该项美券销售余额，为数不赀，拟请特准所属职员，按官价购进，符合政府吸收游资原旨，并以调剂同人战时生活"。然后又选定一个最"利市"的日期，送请孔祥熙审批。孔祥熙早已馋涎欲滴，就大笔一挥，批了个"可"字，但不签名，仅盖上一个"中央银行总裁"的官章。吕咸取得合法手续后，第一批购买美券余额350万美元，照官价折合法币7000万元，尽先送归孔祥熙一人独吞。不久，他们又第二批购买美券余额约800万美元，照官价折合法币1.6亿元。

吕咸所拟的签呈，是在1944年1月递送的。根据当时重庆《国民公报》经济栏所载，是月，美券最低价为20日的250元，最高价为16日的273元。以官价每1美元折合法币20元售出，即使价款全部缴入国库，孔祥熙、吕咸等所获暴利之多，已足骇人听闻。以1944年1月最低价250元计算，其公式为：（250-20）×1150万＝26.45亿元。即孔祥熙等人以官价购买1150万元美券，通过黑市一转手，就可得利26亿余元法币。如以当时全国4亿人口摊算，平均每人头上即被剥削法币达6.5元；若以当时大后方2亿人口摊算，摊到每人身上的则为13元。再就美券本身而论，他们第一、第二批贪污额即达1150万美元，等于四川一省的实际储额，或者三个云南的实际储额。可是，他们还不满足，得一望二眼观三，仍在大打如意算盘，妄想把相当于九个省份美券实际储额约5000万美元，分期分批，全部鲸吞干净，真是胆大包天，令人发指！

横财使人致富，夜草可助马肥。孔祥熙如此贪赃枉法，巧取豪夺，难怪他能成为"中国的头号富翁"，宋蔼龄能成为"中国的钱袋"！

孔祥熙 全传
Biography of Kong Xiangxi

19
孔宋家庭

孔祥熙衣食住行十分讲究。对部属喜怒无常，经常骂部属"滚蛋"。

宋蔼龄对蒋介石只称"介兄"，不叫什么"总裁""委员长"。

孔家有四个孩子。长女孔令仪、长子孔令侃、次女孔令伟（孔二小姐），最小的儿子孔令杰，各有其不同的性格。

孔祥熙的一生贪得无厌，拼命抓钱。金钱虽然万能，有钱使得鬼推磨，但它毕竟对谁都是"生不带来，死不带去"。孔祥熙明白这个人生哲理，所以他也贪图眼前的享受。

孔祥熙和宋蔼龄是"狡兔三窟"。孔在任工商部部长时，就在南京高门楼20号兴建了一座中西合璧的住宅。内有两间卧室，平时只他一人住在里面，宋蔼龄长住在上海，偶尔来京一趟，也只一夜就回上海。还有两间会客室和两间办公室，陈列油画镜框，还悬挂着时人谭延闿和于右任写的对联。一条甬道直通大门，两边各有一排厢房，警卫人员住在里边。厅前厅后都是花园，绿树成荫。

孔在上海有两幢楼房，那是宋蔼龄长住的地方。室内布置得更加富丽堂皇，既备有各种新式家具，也有古香古色的装饰。房前屋后，奇花异草、一派生机。尤其引人注目的是：饭厅门口摆着一张画着一头狮子的大屏风，狮子站在一块隆起的石头上，昂着头，张着嘴，显然是在有力地吼叫。右角上有一段题词："睡狮已醒。赠给为唤醒中国商业之狮做出最大贡献的孔祥熙。"这是上海展览馆的董事们送给他的。

此外，孔家在北京、广州、香港、太谷也有住房。他们可以根据一年四季天气的变化，到各地居住。

蒋介石南京政府建立后，当时的所谓党国要人，大多政治在南京，经济在上海；幕前在南京，幕后在上海；办公在南京，玩乐在上海。每逢周末，京沪道上冠盖如云。孔祥熙也不例外。宋蔼龄多数时间住在上海，规定孔每周末下午5时坐火车，9时回到上海住宅。宋蔼龄一般不去迎接，偶尔遇有机会，便去接孔径赴约定地点。依例，星期天夜车赶回南京。

孔祥熙有晚起晚睡习惯，一般上午10点起床，下午2点去财政部办公。其他兼职例行的公事，都集中到财政部来办。大驾一到，财政部次长、中央银行副总裁等，都围拢来请示汇报，习以为常。下班时间没有一定，有时7点多钟回家吃饭，休息到9点，又去办公，到半夜才回家。

孔祥熙对吃很讲究，通常早晨起

上海永嘉路孔祥熙寓所

来喝一碗蛋白燕窝汤，并备有各式高级点心，轮换着吃。不论在南京还是在上海，早餐都单独吃。中餐则一家人合在一起，最少6菜2汤，生熟冷热具备。宋蔼龄及其儿女们喜欢吃无锡大米饭，孔本人则爱吃山西老家的拉面，再加两个山西煎饼。孔家共有3个厨师，一个做上海菜、一个做西餐、一个山西人专门制作家乡菜给孔祥熙吃。山西人喜欢吃醋，孔也有此嗜好。他在南京办公事时，每天下午3点家里派人送去乳汁莲子汤一碗；夜间回到家里，吃人参鸡汤一碗和自制山西煎饼一盘。

孔祥熙讲究卫生，经常每两天沐浴一次，都在午饭前，有专人服侍擦背修脚。有时到汤山温泉，也有蒋介石约会一起去的，约每周一次，那里设有专房,设备讲究,一般人是不能进去的。孔家有医药顾问,专给他看病的是上海保隆医院的一位著名医生,每月由中央银行支薪金数百元。孔在南京身体稍有不适,即电请这位医生专程来治疗,孔体态臃肿,血压较高,所以平时不饮酒,但喜欢吸烟,只是当着宋蔼龄的面不吸,因宋一直反对孔吸烟。

孔祥熙有他的"烟经"。在家里吸的是飞机送来的进口高级卷烟,但在外面开会时则不抽洋烟。手下拍马屁的人深谙此道,便拿一个中国香烟听,里面装三五牌。孔祥熙一面开会,一面抽烟,还要批评别人喜欢抽外国香烟,说自己抽的国产香烟,并不比外国烟差。不知情者听信他真抽国产烟,知情者只好相视而笑。后来,孔的部下盛升颐利用特殊势力,在重庆开一家华福烟草公司,干脆把三五牌拆开回车,用三五牌烟丝制成华福牌给他吸,更使他振振有词了。

孔祥熙具有博士学位,却不大看书,卧室里没有书架。他喜欢看中外报纸,《中央日报》每天必读,《新闻报》的商业行情也是必读的,每天上午要看一两个小时。平时写信和演讲的稿子都是秘书幕僚执笔,他除签名外,平常不用毛笔,都用钢笔写字。他常用英文说话,一家人都会英文,就连管家、厨师、女佣等也都学会说几句英文。

孔祥熙有时还喜欢发表一些不三不四的演说,在新闻记者眼中,不失为一位幽默的新闻人物。1943年2月14日,广东建设研究会第一届年会,在重庆国民党中央文化运动委员会礼堂召开,特恭请孔祥熙莅临训话。孔昂然登上主席台,操山西口音训话,其训话首段,即为说明他自己与广东的关系。他说:"第一,我自己所开设的铺子,店号头一个字,总是'广'字;第二,我在广东经营过许多企业;第三,自己的家眷是广东人;第四,还在广东地方做过官。因此,如果广东同乡会允许的话,我也可以毅然决然加入广东籍……"讲到这里,台下掌声与哄笑声并起。

同年11月13日,重庆中英文化协会、国民外交协会等12个文化团体,欢送中国访英团王云五、胡霖、杭立武等出国,在国民党中央党部举行茶会。席

上海多伦路孔祥熙的孔公馆

间,由吴铁城、甘乃光、邵力子等先后致辞。孔祥熙于茶会进行半个小时后始到,被邀发言。他说:"古人云,睦邻由道,礼尚往来。诸位这次为答谢去年英国议员访华团而赴英答访,意义异常重大。我曾前后访英五次,可以称为访英老前辈,其中三次,系代表政府,两次系私人考察实业,最后一次是参加英王加冕典礼。礼毕后,曾应威林顿爵士之邀,出席欢宴。是日,参加宴会者,有英国国会议员18人,均属于中国问题小组。席间威林顿爵士起立致辞,谓以后英国政府如有不利中国之政策实行,彼等当据理力争,我当时致答词,盛赞威氏之善意,并谓中国人与英国人,实有血统关系。众皆愕然,我说这个不必惊奇,因为在马来亚、香港生长之华侨,都称为British Subject。"(英国臣民)孔氏致辞毕,在座的人都报以啼笑皆非的脸色。但孔神态自若,不为所动。

孔祥熙早年进的是教会学校,信仰的是基督教,夫妻都是基督教徒,做礼拜成为习惯。但孔身居高位后,做礼拜的次数减少了。宋蔼龄每周必做,只是每天吃饭时免除了祷告谢饭的仪式。

民国时期的有钱人家,盛行麻将牌,孔、宋却不怎么喜欢。宋蔼龄爱玩扑克，孔对扑克兴趣也不大。孔只喜欢聊天，往往与僚属或来宾一聊就是几小时。

孔祥熙对待部属是非常任性、喜怒无常、捉摸不定的。他喜欢用"滚蛋"二字来责骂部属。他作实业部部长时，一次因对秘书做事不满，叫其"滚蛋"。这个秘书是湖南人，性格刚强，当时默默退下，第二天是星期六，他知道孔氏必赴上海度周末，自己也乘特快晚车，在星期天大清早赶到上海孔寓。孔尚未起床，见有客来，披衣而出，问秘书有何要事？这位秘书说："昨天你在部里骂我'滚蛋'，为尊重国家体制和纪纲，我没有作声。今天特来私人住宅，骂你孔祥熙这个老'混蛋'，老子不干了！"骂完便扬长而去。事后，孔对这位秘书虽有慰留之意，但秘书以"我与部长同为国家命官，不容侮辱人格"为由，再未在孔身边工作。

后来在重庆，孔也在官邸秘书处对陈立廷、陈炳章两位得力秘书大发脾气，最后用严肃的语气对他们说："从今天起，你们两人免职了。"两人以为真是免职了。事情发生在春节前几天，不久春节来临，两位秘书循例到范庄向孔拜年。孔若无其事地跟他们叙家常、谈工作。他们很尴尬地说："院长不是把我们免职了吗？我们是来向你告别的。"孔祥熙反问他们说："这话你们听谁说的？"一场风波就这样莫名其妙地平息了。

因为孔祥熙喜怒无常，捉摸不定，所以凡是对他有所求的人，到范庄求见时，都要先探听一下"气候"，如果听说院长情绪欠佳，脸色沉板，便掉头离去，改日再来。

开始，孔身边的人认为喜怒无常是孔先生的性格，日子久了，逐渐发现这里面有个规律：孔的喜怒变化往往是蒋介石对他亲疏褒贬的反应。有次范庄一部分房屋和对面的舫庐（官邸秘书处一部分）被日寇飞机炸毁，次日孔在范庄召开会议，情绪很不好，对与会的各部门首脑，吹毛求疵，特别是对赈济委员会许世英，尽情指责。正在这时，蒋介石前来慰问，孔马上笑逐颜开，喜形于色，前往迎接。等蒋离开后，继续开会，这时孔一改此前怒气冲天的态度，和许世英又说又笑，东拉西扯，直至中午散会。

在抗日战争后期，国内有些报纸，不时有对孔祥熙冷嘲热讽的文字，官邸秘书也时常接到匿名信，把孔骂得体无完肤，甚至有杀之而后快的激烈言词，对此，孔祥熙虽有满腔怒火，但在外表上仍不动感情。有人说孔祥熙"气度"大，实际上孔祥熙仍暗藏报复之心，只不过是未有机会而已。

宋蔼龄虽然没有国民政府的官衔，也没有什么企业的职务，但她仰仗孔、宋家门的声势，加上自己雄厚的财力和善变的手腕，可以做出许多弄权干政的事来。

在四大家族内部发生摩擦时，宋蔼龄总喜欢以大姐姐的身份出来说话。还在抗战前宋子文担任财政部部长时，宋子文曾密电张学良，内容是宋、张商量扩充财务部税警团事。密电为何应钦手下的译电员截译出来，何把密电转给蒋介石，蒋大怒。当时政学系正在图谋财政大权，苦无机会，此时得知蒋介石决心撤换宋子文，继承人选尚未确定，便积极活动。这件事被陈果夫、陈立夫也知道了，二陈为防止政学系把持财务部，即给蒋介石写了一信，要宋蔼龄转呈蒋介石。

宋蔼龄持信到南京去见蒋介石。宋以内亲关系去见蒋，可以不办会客手续。无事不登三宝殿，蒋介石知道宋蔼龄是为此事而来，因而一见面，蒋即发怒，说宋子文搞武力。宋蔼龄等蒋话毕，即开始进言："子文究竟是自己人，我想事情实在不实在，要防一着，人家离间计要留神。我看叫子文下来也很好，但换哪一个要慎重一点，万一不听你的话，军费发生问题，后悔也来不及了。"蒋介石听完宋蔼龄一席话，态度变了，气也消了不少，就问："庸之为什么不来？"宋蔼龄趁势说："明天来。他来了，你可问问他的意向。"后来谈的结果，蒋介石真叫孔祥熙做了财政部部长。

宋蔼龄干政，从另一件事上也可反映出来。1943年春，《战地钟声》记者海明威夫妇与宋蔼龄联系，要到中国来考察我国战时生活，收集写作材料。宋从香港打电报给孔祥熙派人去港接引，并陪往前线芦包等地视察。孔把这个任务交给了秘书夏晋熊。夏到香港之后，在等候海明威的过程中，常到浅水湾孔家看宋蔼龄，宋对夏说，她很想见到英国《泰晤士报》驻远东记者麦克唐纳，并要夏代她联系。当夏表示此事有些难处时，宋说："你可以利用海明威夫妇到中国的消息作引子，去把这事告诉麦克唐纳，说海明威是作为我的客人到中国的，接着就可问他是否愿意跟我见面谈谈。"夏晋熊照宋蔼龄的意思，找到了麦克唐纳，使麦在香港会见宋蔼龄。宋在同麦的交谈中，大肆吹嘘孔祥熙主持中国战时财政工作的功绩，要求在各报上宣扬孔祥熙。宋蔼龄的本意原来如此，是为了制造舆论，维持孔祥熙在抗战后期摇摇欲坠的地位，她好继续做"中国的第二夫人"。

在生活方面，宋蔼龄也名堂颇多。她同孔祥熙一样，时令颠倒，以昼作夜，每天10点以后才起床，一天最热闹的黄金时刻是晚上。在上海时，有几对夫妇是她的好朋友，几乎每天晚上来，或者轮番来，这里等于是俱乐部。清末官僚资本家盛宣怀的儿子盛升颐夫妇是常客，盛升颐的妻子魏某虽半老徐娘，但风韵犹存，妩媚动人，善于辞令，她是宋氏的挚友，也是她的智囊，为之出谋定计操纵市场，配合得非常出色。此外，还有税务局长樊光夫妇、中央银行副总裁陈行夫妇等，也经常来。他们大多在这里吃饭，有时打电话叫冠生园送来一桌广东菜，吃过了即摊开扑克牌，赌兴极浓，直到深夜一点左右吃过点心，各自散去。有时不打扑克，便在家开舞会，尽情始散。

在宋家三姐妹中，宋蔼龄外表一般。可她爱打扮，平时穿的料子和皮鞋以及化妆品都是舶来品，式样也是最流行的时髦服装，走起路来郁香扑鼻，俨如是一位贵妇人。她非常讲卫生，每天早点后沐浴，要用英国女皇用的洗澡香粉。这种香粉是法国产的名贵品，上海只有一家洋行出售。据说，洗过澡扑一点在身上，非常爽气，散发异香，连苍蝇蚊子都自行远避。

宋氏的衣服穿不了几次就换新的，袜子、皮鞋换得更勤。她退下来的衣服实在太多，身边女佣觉得弃之可惜，就分发给花园里的女工，但女工不好穿这位贵妇人的衣服，穿上也不像，后来就拿到寄售商店去卖。卖的几个小钱，宋蔼龄是不要的，因为一来有伤体面，二来她有的是钱。

孔与宋蔼龄两人性格不属于同一类型。宋泼辣锋利，连对蒋介石也只称"介兄"，不叫什么"总裁""委员长"，对孔祥熙更不在话下。所以孔在家里有点怕她，由她说了算。家里的规章是她定的，孔不得违犯。孔在同外国人做生意时，也有过一些轻佻的行为。有个叫荣定蕙的女人受洋商利用，浓妆艳服和孔混在一起。此事不知怎么被宋蔼龄知道了，责令孔老实交代。孔祥熙倒也听话，以后单身住在南京，未闻有过外遇。

孔、宋的子女，都怕母亲，不怕父亲。一个外国记者曾描述过在孔家饭桌上看到的这样一个场面：在饭后吃水果时，必须遵守一条家规。盘子里高高堆着苹果、梨、橘子等应时水果，顺着桌子传过去。为了避免大家挑好的吃，孔夫人规定，每个孩子都只能拿最上面一个，不管那个是大是小。这天，最上面的水果有一个坏点，盘子先传到大卫（即孔令侃）面前，大卫在母亲面前不敢挑选，只好说，我今天不想吃水果。盘子又传到罗莎蒙德（即孔令仪）面前，罗莎蒙德照家里的规定，拿了那个有坏点的梨，没有说一句抱怨话。果盘传下去，传了几转后，又摆到桌子中间，上面有一个没有坏点的好梨，大卫看了看说，我还是吃点水果吧。他平静地伸手拿了这个梨，开始削皮。其他孩子大声叫起来，说不公平、不公平，大卫骗人。大卫说，这是吃水果的策略。从这件细小的事情可以看出，宋蔼龄对孩子们是定有家规的。但是她的家规只能制服幼小的孩子。近朱者赤，近墨者黑。孔、宋孩子懂事后，都仿效其父母，干出了"举世震惊"的事业。

孔祥熙与宋蔼龄有四个孩子，长女孔令仪，长子孔令侃，次女孔令伟，最小的儿子为孔令杰。

孔令侃是在国民政府权势顶峰与豪门巨富温床上成长起来的，从小就有强烈的权势欲与金钱欲。20世纪30年代中期在上海圣约翰大学读书时，不过十七八岁，其父孔祥熙就让他担任了交通银行代表官股的董事，并让他将财政部及中央银行在上海的一部分公文带到学校里去批阅，使他还未出校门就已跻

自左至右依次为孔令杰、孔令伟、宋美龄、孔令侃。宋美龄格外疼爱她的侄儿、侄女

身官场。这无疑是将国家大事当儿戏。1936年，孔令侃从圣约翰大学毕业后，到南京财政部做"特务秘书"。这是孔祥熙别出心裁新创立的一个官职，在国民政府大小机关编制中，从来没有这样的怪名称。可就是这个"特务秘书"，能替部长当家做主，在财政部两位次长以下，谁都不敢不买他的账。

抗日战争爆发后，宋子文乘孔祥熙在欧美访问之机，在上海成立"四行联合办事处"，与孔系争夺财政金融大权。孔令侃闻讯，立即赶到上海建立"财政部办事处"，与其舅父争权斗法。不久，上海沦陷，孔令侃随中央信托局撤到香港，被孔祥熙指定为中信局常务理事，代行理事长（孔祥熙兼）职权，主持中信局工作。在此期间，他一方面打着公干招牌，为国民党从国外抢运已订军火，续订飞机械弹，另一方面又利用香港自由港的有利条件，大做进出口交易，倒买倒卖，大发国难财。

随着财富和权力的增长，孔令侃越发骄横跋扈。他小小年纪，对当时中国财政金融界头面人物，往往直呼其名，甚至当面训斥。就是对他舅父宋子文，他也不买账，曾为争购猪鬃事，两人闹得不可开交。孔令侃在与宋子文公文来往时，总是称宋为"TV"（宋子文的英文缩写），直呼其名。更为荒谬的是，孔令侃指名要讨宋子文妻子张乐怡的小妹为妻，公开说："娘舅归娘舅，讨了他的小姨子,我就是他的连襟,与他平起平坐了。"此事搞得孔、宋两家族哭笑不得。

与宋子文连襟未成功,孔令侃就与比他大10多岁的盛升颐的妻子魏某(即前面所说,经常到孔家同宋蔼龄打牌的那个半老徐娘)秘密姘居,成为轰动一时的丑闻。不久,孔令侃在由香港乘船去美国,途经马尼拉时,在船上与这个外号叫"白兰花"的女人正式结婚。他从马尼拉打电话告诉宋蔼龄,宋以魏比孔令侃大10多岁为由,不赞同其婚事,要他立即取消婚约。但孔令侃置之不理。

1939年秋,孔令侃在香港设立秘密电台,被港英当局查获。在日本的压力下,港英当局将其驱逐出境,孔令侃离香港后,到美国哈佛大学"读书"。为了骗到一张哈佛大学经济硕士文凭,孔令侃将香港中央信托局的一个职员,广东汕头人吴方智调到美国,替用孔令侃的名字,在哈佛大学缴费注册,上课专心听讲,记笔记,跑图书馆,用功勤奋,两年后终于完成了学业,弄到了一张硕士文凭,可名字写的都是孔令侃。

1943年蒋夫人宋美龄到美国访问,孔令侃被召去担任其姨母的秘书长。在此期间,整天陪着宋美龄与美国军政界、财政经济界的名人巨头会见接洽。这样就为他后来直接勾结美国大资产阶级创造了条件。

抗日战争胜利前夕,执掌国民政府财政金融大权多年的孔祥熙因劣迹昭著,秽声四播,被蒋介石解除了职务。孔祥熙被赶出国民政府,孔令侃从政当官的路也暂时被堵塞了。他决心另辟蹊径,独自创办公司,成为大财阀,走经济干政的道路。于是,他在抗战胜利不久,即开始创办扬子公司。

扬子公司由孔令侃独资经营,公司总部设在上海四川路嘉陵大楼内,在纽约、伦敦等世界各地设有分公司。公司的业务主要是经营对美、英、德等西方国家的进出口贸易。在孔令侃一手操纵下,扬子公司凭借其强硬的后台、复杂的关系和雄厚的资金,在上海乃至中国与世界的经济舞台上,翻云覆雨,八面威风,发挥了无限的神通,攫取了惊人的巨额利润。

首先是利用特权，勾结官方，控制与操纵进出口贸易市场。抗战胜利后，美、英等国加强了对中国的贸易，各种货物源源运到中国。国民党官僚集团为了从中大捞一把，发布对汽车等重要商品的进口限额分配制度。对于普通商行，每季度进口汽车限额为7辆，远远不能满足需要，因而使得中国市场上进口汽车价格大涨。而孔令侃的扬子公司，凭借手中特权，可以无限额地进口汽车。每辆进口成本约合1800美元，转眼之间到中国市场上却以5000美元的高价出售，每辆进口车净赚3000多美元。扬子公司仅此一项，就发了大财。

其次是通过各种办法，联络讨好于英、美、德等西方国家的工商财团，借以保证或垄断进口货源。抗战胜利后，国民政府有一批纳粹德国战俘，孔令侃知道后如获至宝，将其中的一些由扬子公司包起来，优礼有加，或聘请为扬子公司的高级管理人员，或通过他们与德国财团挂钩，从而达到控制德货的对华贸易。孔令侃还聘请美、英军官到扬子公司任职，通过这些人与海外各财团及要人建立联系。由于孔令侃善拉各种关系，扬子公司从美、英、德等国进口的货物源源不绝。

再就是巧取豪夺，套取巨额官价外汇。当时外汇由政府银行统一管理经营，官价外汇由政府银行发放，每一美元牌价约合法币1.2万元，但常人难以搞到。黑市外汇价格惊人，每一美元涨到4万元法币以上。孔令侃与扬子公司是不会吃亏去搞黑市外汇的。他要搞外汇都是官价外汇，这样才有巨利可图。孔令侃以法币套购官价外汇自有妙法：一是通过孔祥熙或宋美龄，一举手就可购到几百万、几千万；二是贿赂中国银行外汇部的负责人，如1947年夏，他一次就送了两辆崭新的进口高级轿车给外汇部主任。此后，扬子公司从银行领取官价外汇就畅通无阻了。

孔令侃还有一个办法，就是在走私进口物资时，逃避海关关税。一般来说，走私都是偷偷摸摸的事，但对豪门出身的孔令侃及其扬子公司来说，走私是堂堂皇皇的。1947年秋，孔令侃以蒋夫人宋美龄的名义，从海外运回近百箱走私货物，报关时声称是宋美龄的行李，要海关免验放行。就凭一句话，海关即大开绿灯，扬子公司派卡车装了6次才拉完。孔令侃除用蒋夫人名义外，还常用"励志社""国防部""财政部"等众多名目的证明，达到海关免验放行。有一次，孔令侃勾结中央航空公司，用飞机从菲律宾装回一机舱的货物，飞机于半夜12点在上海着陆，那批私货同飞机一起进了飞机库，后由中央航空公司派车将货物直接送到孔令侃家中。

1948年秋，国民政府实行所谓"币制改革"。收回法币，发行金圆券后，物价进一步飞涨，一般资本家都争先恐后地尽量收购、囤积物资，扬子公司尤其如此。蒋介石迫不得已，令淞沪警备司令兼上海市警察局局长宣铁吾，在上海实行经济检查，宣称"平抑物价，不准囤积居奇"。宣铁吾接蒋介石命令后，开始派人调查，得悉在上海囤积物资的都是一些"大亨"，难以下手。于是宣铁吾就向蒋介石请辞警备司令及兼职。蒋未批准宣的辞职请求，加派其子蒋经国为管制经济特派员，来到上海应付。

蒋经国到上海后，曾雷厉风行地实行经济检查，调查登记物资，硬抑物价，想打几个"老虎"。杜月笙小儿子杜维屏囤积了6000万元以上的物资，蒋经国想从这里开刀。结果，反被杜月笙将了一军。杜月笙说，我小儿子是囤积了物资，违反国家规定，是我管教不好，我叫他把物资登记交出，而且把他交给蒋先生依法惩办。不过我有个要求，就是请蒋经国先生到扬子公司的仓库去检查检查。扬子公司囤积的东西，尽人皆知是上海首屈一指的。今天我们亲友的物资登记封存，交给国家处理，也希望蒋经国先生一视同仁，把扬子公司所囤积的物资同样予以查封处理。这样才能服人心。杜月笙的这番话，是当着蒋经国的面，在上海巨商大会上说的。蒋经国只好答应一定派人去扬子公司检查。

会后，蒋经国嘱咐有关人员去检查扬子公司的仓库，囤积的东西果然不少，有棉花、纱、布、日用百货、粮食等共2万多吨。检查后即行封仓，向蒋经国请示处理。

扬子公司总经理孔令侃听说封了他的仓，即于当天飞往南京，找夫人（宋美龄)向总统(蒋介石)说话。这一招果然有效,蒋介石即找宣铁吾去南京,把宣骂了一顿:"派人查抄扬子公司,是要造反了!"蒋介石本来已知道此事是蒋经国搞的,但如果对宋美龄说是蒋经国派人搞的,恐引起孔家与宋美龄对蒋经国的不满,所以只好把责任推到宣铁吾身上。宣铁吾知道蒋介石的苦衷,只好一声不吭。宣到上海,把这一情况告诉蒋经国,劝他不要搞了。蒋经国听了宣的劝告,遂停止了检查,不久回南京去了。

蒋经国一走,原来查封的物资,自然也就启封了。不久,国民党统治集团在人民解放战争的炮声中,开始撤出上海,扬子公司的物资,大部分运到香港,一部分运到台湾。

孔令伟是孔祥熙与宋蔼龄的二女儿,人们称其为孔二小姐。孔二小姐从小很有个性,13岁就学会了开车、打枪。她那放荡不羁的行动,喜怒无常的性格,令人惊叹!

孔令伟十五六岁时,一天在南京开汽车兜风,违犯交通规则,被警察说了几句,她一怒之下,开枪便把警察打死。所以当时南京流行这样一句话:"你不要神气,小心出门碰上孔二小姐!"可见她为人心狠手毒,从小就达到了惊人的程度。

孔令伟虽然长得眉清目秀,却一直不穿女子服装。有时西装革履,头戴礼帽;有时穿绸长衫,手摇纸扇;有时则穿黄色军装,剪着男人般的短发。不认识她的人,难以辨其雌雄,看不出是何等人物。更令人难以置信的是,她还效法旧社会的男人"讨小纳妾"。

抗战时期,孔令伟住在重庆。她仗着孔祥熙的地位与权势,为所欲为。有次空袭报警,她吓得着了慌,亲自驾车向新开市(孔的乡间官邸)驶去。时值夜间,灯火管制,车辆不能开灯,必须缓慢行驶,而她却开足速度,向前疾驶。路上交通警举手拦路,要她放慢速度,她破口大骂:"去你妈的蛋!"踏足油门向警察身上冲去,把这个警察撞个半死。又一次范庄一个年轻卫士把手枪遗失了,副官报告这位"二小姐",她不相信,认定手枪是那个卫士卖给人家了。她自设"公堂"，当夜亲自审问。卫士不承认是卖了，她就命令把卫士吊起来抽打，整整搞了一夜。卫士被打得皮开肉绽，但手枪仍无下落。

南温泉为重庆风景区，国民政府在重庆时划为禁地。孔令伟却经常带着她的爱犬到这里溜达。一天，交通部湘鄂电政特派员朱一成也到南温泉，与孔二小姐相遇。朱不知孔二小姐身份，在拍照时随意把她的爱犬摄入镜头。这本来是件不值一提的小事，但孔令伟怒朱无理，不待理喻，便叫跟随的喽啰大打出手。朱说："我是爱犬，并非照人，底片洗出可以为证。"孔令伟仍不放过，直至朱瘫倒在地才罢手。朱受伤后，忍痛走回交通部，向该部头目张嘉璈诉以事发经过。张对朱作一番安慰后，答应由交通部出资为其疗伤。朱不答应，露伤去见孔祥熙。孔知事不妙，答应派飞机送朱至香港治疗，费用由财政部负责。朱仍不甘心，非赴美国治疗不可。于是由中央银行拨外汇美金2万元给朱，朱终赴美治疗。

孔令伟随意伤人，有时也会碰钉子。如有一次在重庆中央公园，不知为什么事，和一个互不相识的花花公子吵起来。孔二小姐拿出以往的威风，掏出手枪来吓唬说："我一枪崩了你。"谁知对方是龙三公子（云南军阀龙云的儿子），他也有手枪。于是双方拔枪对射。城门失火，殃及池鱼，虽然都未打中对方，却伤了游人。事后经人调处才算了事。

不仅孔二小姐为非作歹，孔家奴仆也仗势欺人。有个副官的徒弟，在孔家当小车司机，有次去重庆南岸，因做衣服跟裁缝争吵，出手打人，被对方揍了几下，回来向副官哭诉。副官在孔令伟的支持下，带了一帮人去砸裁缝的铺子。"道路不平旁人踩"，此事引起裁缝铺店四邻的公愤，便三五成群地对打起来，十几人受伤，一个茶房头的眼睛被打瞎。此事本来全由孔家惹起，孔令伟却大发雷霆，打电话给警察局把铺子封闭，还捕逮了所谓肇事人。

孔二小姐虽素来女扮男装，但毕竟为女性，到了一定年龄，自然有人关心起她的婚事来了。CC头子陈立夫准备把孔二小姐介绍给胡宗南作"太太"。胡在去黄埔之前，曾娶过一个农村妇女，后因飞黄腾达，官儿越当越大，糟糠之妻早已抛到九霄云外。抗战时期，胡驻西安，每隔数月，便以"医牙"为名，到成都华西大学医学院去找他的"安琪儿"小住几天。陈立夫认为，如能把孔二小姐介绍给胡作"太太"，胡与四大家族便发生了血统关系，胡的势力就能更可靠地为四大家族效忠。然而这桩婚事并不顺利，胡先向戴笠了解，据说孔二小姐生活散漫，品行不端，已大不惬意；当孔二小姐亲自到西安"相亲"时，胡心生一计，不正面相见，后化装至孔寓邸看了一下，见孔令伟举止粗蠢，不男不女，更为失望。但他不好得罪陈立夫与孔祥熙，只得借故推说军务紧张，暂不娶妻室。这桩婚事就这么吹了。

"相府千金"无人娶，孔二小姐却也不在乎。她把婚事搁置起来，向母亲宋蔼龄学习，做起"弄权干政"的事来了。孔令伟经常到孔祥熙官邸秘书处干预公事。秘书陈延祚等也百般趋奉她，许多送来的公文，先请她过目。中央银行人事处长潘益民、财政部人事司长高晓楼，还经常同孔令伟商谈有关人事的任用、调迁。公文先呈阅，后呈阅，还是暂压一压，她可以左右一切。甚至孔祥熙在批公文时，她也在旁边指手画脚，参与意见，孔祥熙听之任之，有时竟受她的影响。外边了解孔家情况的人，要求孔祥熙办事，就先想办法通过孔令伟这一关，这样事情就好办得多。抗战前夕，中国银行南京分行经理李润生，把自己在南京的住宅作价卖给银行。抗战胜利后，李为了把这所房屋重新占为己有，并恢复其南京分行经理原职，他所活动的对象就是孔令伟。

孔令伟不仅参与孔祥熙的公事，就是蒋介石的公事，她也能翻弄。有一次何应钦的一份重要报告，被她拿去看后没有归还原处，何应钦几次催询，蒋介石不知究竟，追查侍从室公文收发，确实早已交到蒋处，查来查去是孔令伟看后随手扔开的，蒋介石也无可奈何。有一次在重庆储奇门江边汽车轮渡码头，蒋介石的车队已经来电话通知要过江了，孔令伟也开来一辆汽车，要抢先过江。宪兵拦阻制止，她非但不听，而且撒野大闹，打了指挥交通宪兵一个耳光。这时正好蒋介石坐车赶到，蒋不得不用官腔训斥她一顿。但孔令伟对蒋介石的训斥若无其事。因她不仅是孔、宋的女儿，而且是宋美龄的干女儿；既然是宋美龄的干女儿，也就是蒋介石的干女儿。她平时经常出入蒋介石的私宅，了解蒋介石的为人，虽然有时也训斥她，但那是说给外人听的。"打是爱，骂是疼"，她知道蒋介石实际上是宠她的。

孔二小姐不仅是蒋介石的宠儿，而且是至圣先师孔子的七十六世孙女。孔子的"后裔"不能不学无术，在现代起码应该弄个大学文凭。于是，孔祥熙与宋蔼龄关心起这位"千金小姐"的学业与文凭来了。1942年，上海圣约翰大学的一个美国教授武道到了重庆，孔祥熙即派宋蔼龄去见他，要他为孔令伟弄一张圣约翰的毕业文凭。这个美国人异想天开，要她就近在重庆找一些老师，算作是圣约翰大学的教授，专教她的女儿，读满一定学分后，就算毕业。宋蔼龄照着这个建议，就在孔祥熙的部下，挑选几个有博士衔的留学生为孔令伟教课。每次上课说是一小时，实际上教了十几分钟，就陪孔二小姐聊天游玩。这样混了一年，孔令伟的圣约翰大学文凭就到手了。

孔令伟得了"大学文凭"，更加趾高气扬了，逢人便说："我是圣约翰大学毕业生孔二小姐。"一人得道，鸡犬升天。在孔家，不仅横行不法的孔令侃扶摇直上，就是胡作非为的孔二小姐也可出人头地。1945年宋美龄访美时，用这位圣约翰大学"毕业生"做秘书，让她同美国高级官员接触。虽然宋美龄对其印象"良好"，但可难住了美国政府礼宾司人员，因为孔二小姐身着西装，男不男，女不女，不知对她作何安置。

孔令仪是孔祥熙与宋蔼龄的大女儿，1915年出生于山西太谷。在孔家四公子中，孔令仪算是比较安分的一个，只是生活奢华，在婚姻问题上给孔祥熙与宋蔼龄出了不少难题。

孔令仪含苞待放时，曾有人代卫立煌做过续弦的媒，孔令仪没有同意。抗战前夕，孔祥熙在勾结韩复榘部军长孙桐萱的过程中，由李毓万出面，将孔令仪介绍给孙桐萱之弟孙桐岗，也惹起孔令仪的反感，并在上海闹了一场风波：为了报复撮合人李毓万，她印了一些结婚喜帖，在上海中央银行及财政部统税局等机关散发，喜帖上印着"李毓万之长女李淑媛和孙桐岗于×月×日在××

路李宅举行结婚典礼,敬请光临!"当时李毓万之女尚未成年,弄得尽人啼笑皆非。

孔家总想为这个大女儿找一个门当户对、有财有势的女婿,可找来找去,她都不同意。最后她自己找了一个圣约翰大学毕业生陈纪恩。陈的父亲是上海某舞场的音乐指挥,孔祥熙与宋蔼龄认为陈纪恩出身低微,不予同意。孔祥熙对孔令仪说,陈纪恩家里不是名门望族,没有名气,门不当,户不对,我们这种世家结这么一门亲,要被人家耻笑的。孔令仪反驳说,钱、势、地位,我们家里都有,你可以马上替他解决。他同我家结了亲,自然也成了名门望族。你们认为缺少的,实在不稀奇。可是他人生得漂亮,性情温柔,我认为这是最需要、最满意的。不管你们同意不同意,我反正嫁定了。孔令仪虽然执拗,可说得也有道理,比起其弟孔令侃死皮赖脸娶一个半老徐娘来,她看上陈纪恩要符合情理得多。孔祥熙最后只得同意,并给了陈纪恩一个中央银行业务局副局长的名义,拿了官员护照,派去美国公干,让他俩到美国结婚去了。

1943年,宋蔼龄替孔令仪补办嫁妆,要财政部直接税署署长高秉坊的老婆主持的财政部妇女工作队日夜加工,精心绣制了八大箱嫁妆,包了一架飞机,连同玩物珍宝,准备送往美国。可是天公不作美,飞机在重庆珊瑚坝机场起飞不久,即失事全部焚毁。此事发生后,全国舆论哗然,纷纷指责。但孔、宋置之不理,而且我行我素,接着又为孔令仪加工赶制了6大箱嫁妆送往美国。前后耗资情况,长

孔祥熙、宋蔼龄夫妇与长女孔令仪合影

沙《大公报》在"谈孔小姐飞美结婚"一文中作了统计：（1）孔小姐乘机飞美之消耗（暂以损失的一架飞机计算），可以救济两千名以上的河南饥民，使他们有饭吃，有衣穿，更可以设备一些维持生活的简单工具；把孔小姐婚礼的一切开支和原先损坏的八大箱嫁衣一并计算起来，那么1万个饥民可以破涕为笑了。（2）把孔小姐结婚所耗和因赶制嫁衣工作的财政部妇工队的工夫去制造前线战士所缺乏的服装，大约中国两师人的军衣不发生问题；去制兵站医院伤兵的衣服，那么50个兵站医院的伤兵每人有一套新衣可穿。（3）依这笔款子开办一所设备颇完全的大学，那么在决定了校长之后，只聘教授，出通告招生就行了。《大公报》上的这个统计，并未夸大其词，是有根据的。这样一大笔耗资，可是不用孔、宋掏腰包，都由孔的手下人代他出在公家账上。孔令仪有这种贪赃父母，自然就可尽情享受了。

孔令杰是孔祥熙与宋蔼龄的小儿子，1925年5月30日出生在上海。孔、宋对其娇生惯养，视如掌上明珠。这位小少爷机遇欠佳，等他长大成人时，孔祥熙已经下台，他为非作歹的机会少了，所以不像孔令侃劣迹斑斑。但他的奢侈，并不在其兄之下。

孔令杰娶美国前电影明星德布拉·派吉特为妻。20世纪60年代初举家迁居休斯敦后，他在休斯敦西南区建了一座办公大楼兼住宅，经营石油，过着石油富豪的生活。他拥有四架私人飞机，一辆卡迪拉克装甲车，还雇有一队武装卫士，俨然是一个小小的独立王国的国王。

他不惜以1800万美元的代价，在美国得克萨斯州建立了一座躲避核子大战的防空避难所。这个地下防空避难所，据说比希特勒当年在柏林国会大厦底层的私人地下室还要大，特殊设备还要繁多。避难所上下两层共3.8万平方英尺，内有三套供电系统，三套灭火系统，五百多个床位，几十间双人卧室和男女卫生间，一个诊室，一个文娱室，一个餐厅和孔令杰的私人寓所。预计在核战争爆发时，能容纳数千人。

按照孔令杰的主意，在地下防空避难所上面造了一个人工湖。他认为，遭核弹袭击时，湖水有阻止中子穿透的作用。在塔式炮楼大门上装着钢甲，据说这是为了防止坦克来袭。这样的防空大院，就连美国富翁也闻之咋舌！孔令杰能拿出1800万美元来建造这样一个怪物，一方面说明他不愧为亿万富翁，另一方面也说明他还真有点"危机意识"。

20
日暮途穷

孔家"飞机洋狗"丑闻被披露，舆论大哗，国人震惊。

罗斯福向蒋介石提议，更换孔祥熙的财政部长职务。

监察院院长于右任提出对孔祥熙的弹劾案。

孔祥熙匆匆离开上海，飞往美国。最后葬身异国。

孔祥熙被称为"中国的头号富翁"。外国记者估计："他和宋蔼龄共拥有近十亿美元的财产"。其私人财产到底有多少，至今仍是一个谜。

孔祥熙一家，为非作歹，巧取豪夺，鲸吞人民的财富，激起社会各界越来越强烈的不满和反对。

在重庆，人们流行这样四句话："孔祥熙不祥，徐堪不堪，陈行不行，子良不良。"

在上海，《大美晚报》登载了1939年8月6日香港电："上周平准会停止援助法币前，渝某重要部长夫人电沪某外籍经纪人，嘱购入英金四万镑之巨额外汇。"这里所说的"某重要部长夫人"，就是宋蔼龄。

由于国民党政府滥发纸币，弄得财政混乱，物价暴涨，蒋、宋、孔、陈这四大家族发财，全国人民遭殃。1938年3月上旬，法币还能够维持1元为英币1先令2便士半的汇价。从3月中旬起，即跌为8便士有零。1939年7月又跌为4便士有零。1940年5月又跌为3便士，从此国民党政府无法再维持法币的汇价，也就不再维持了。外汇跌价，必然引起投机倒把。

1940年前后任重庆大学商学院院长的马寅初多次在重庆发表演讲。他严正抨击国民党政权的战时经济政策，痛斥孔、宋贪污，要求开征"临时财产税"，重征发国难财者的财产来充实抗日经费，并要求从孔祥熙、宋子文开始。他还在黄炎培办的中华职业学校作公开演讲，不仅指骂孔宋贪污、发国难财，还骂蒋介石"不是民族英雄，而是家族英雄"。

1940年7月，马寅初说："有几位大官，乘国家之危急，挟政治上之势力，勾结一家或几家大银行，大做其生意，大买其外汇。其做生意之时以统制贸易为名，以大发其财为实。故所谓统制者，是一种公私不分之统制，至于这几位大官大买其外汇之事实，中外人士知之甚稔。"马寅初说的"几位大官"，就是指的蒋、宋、孔、陈。

令孔祥熙难堪的事情还在后面。

1941年12月7日，日本偷袭珍珠港，并在东南亚、中部及南部太平洋地区发动了广泛的攻击，太平洋战争正式爆发。

此时，正住在香港的一位《大公报》负责人紧急向国民党政府求救，蒋介石遂电告香港当局，派飞机将《大公报》的这位负责人送回国内。12月9日，《大公报》派人到重庆珊瑚坝机场守候迎接。谁知当由港飞渝的最后一班飞机降落后，并没有将那位报社负责人接回，而是运来大批箱笼、几条洋狗和几位老妈，由穿着男式西装的孔二小姐接运而去。《大公报》的编辑、记者们听此消息，十分气愤。

12月22日，《大公报》发表了一篇题为《拥护修明政治案》的社评，这个社评提出了一个十分尖锐而敏感的问题：

"最要紧的一点，就是肃官箴，儆官邪。譬如最近太平洋战事爆发，逃难的飞机竟装来了箱笼、老妈与洋狗，而多少应该内渡的人尚危悬海外。善于持盈保泰者，本应该敛锋谦退，现竟这样不识大体。又如某部长在重庆已有几处住宅，最近竟用六十五万元公款买了一所公馆。"

这篇并不长的社评，一下子捅出了两件丑闻，使蒋介石十分恼火。

文中所指的"某部长"是指当时的外交部长郭泰祺。慑于舆论的压力，蒋介石只得在国民党的五届九中全会上，提议将郭泰祺撤职，而以宋子文继任外交部长。

而飞机洋狗事件，事涉孔家，无异于触及蒋介石的神经。《大公报》揭露此事后,社会各界议论纷纷,为平息事态,遮掩劣迹,根据蒋介石的指示,交通部出面致函《大公报》要求更正。

信文说:"本年12月22日贵报社评拥护修明政治案文内,涉及此次香港来渝逃难飞机装载箱笼、老妈、洋狗,致多少应内渡之人尚危悬海外等语,当以此事为社会视听所系,经饬中国航空公司彻查具报,据称……是日香港与九龙间交通断绝,电话亦因轰炸不通,其未来公司接洽之乘客,无法通知。……在起飞前,时已拂晓,因敌机来侦之故,不能再待,唯飞机尚有余位,故本公司留港人员因此亦有搭机回渝,并在站之中央银行公物尽量装载填空,随即起飞,决无私人携带大宗箱笼、老妈之事,亦无到站不能搭机之乘客。至美机师两人,因有空位,顺便将洋狗四只,计三十公斤,携带到渝,确有其事等情。查所称各节,确属实在情形,贵报所述殊与事实不符,除美机师携带洋狗一事,殊属不合,已由本部严予申儆外,相应函请查照,即予更正,以正视听,是所至盼。"函末还盖上一鲜红的大印。

《大公报》将这封信,标上"交通部来函"的标题,在12月30日的报末全文发表。

真是欲盖弥彰!看到这样公开行骗的官样文章,各界群众怒不可遏。在遵义的浙江大学和在昆明的联合大学的爱国学生,先后组织了大规模的游行示威,向国民党政府抗议飞机洋狗事件。

多行不义必自毙!从飞机洋狗事件被揭露起,孔祥熙的政治地位开始摇摇欲坠了。

在飞机洋狗事件之后,《大公报》还发表了一篇《晁错与马谡》的社评,援引汉景帝杀晁错而败七国之兵,诸葛亮斩马谡以正军法的史例,然后说:

"述说以上两段历史有什么意思呢?这说明:当国难当头,除权相以解除反对者的精神武装,戮败将以服军民之心,是大英断,是甚必要。"

这里说的"除权相",就是要求罢免孔祥熙,"戮败将"是主张杀何应钦等。这类文章在从前是要受到蒋介石的追究的,但是这回却视而不见,不闻不问了。

有人说，由于《大公报》乘"飞机洋狗事件"，发了几篇文章，把"攻击的矛头明确地指向孔祥熙"，"把孔及其家族骂了一通"，揭开了正面反孔的序幕。事实也确是如此。

在抗日战争后期，国民党高层内部矛盾加剧，蒋介石逐渐失去对孔祥熙的信任，四大家族开始分化。

1943年，发生了一件至今鲜为人知的事情，加重了蒋介石对孔祥熙的猜忌之心。

在1943年的最后几个月，在战争期间晋升为指挥职务的一些年轻将军断定，要挽救中国，就必须立即推翻蒋介石及其核心人物。这些年轻的将军同在华东训练国民党军队的美国陆军一位准将商量，请求美国给予支持。美国官方在表面上没有答应，而美国战略服务局的一些官员对这个密谋却颇感兴趣。

在美国人的帮助下，那些年轻的将军准备进行政变，预定在蒋介石离开重庆参加开罗会议期间，即"西安事变"的纪念日动手。

不知通过什么途径，戴笠得到了政变的风声，急忙报告给蒋介石。不料，阴差阳错，蒋介石竟同时相信自己的家族成员也参与了政变的阴谋。经蒋介石批准，戴笠逮捕了600多名军官，并处决了16名年轻将军。这件事的突然发生，使蒋介石对孔祥熙的疑心日重。

这段时间，蒋、宋、孔家族内矛盾日益加深，几乎到了白热化的程度。

宋子文原来同蒋介石就有些矛盾。1943年12月，在一次家族会议上，宋子文对蒋介石提出了尖锐的批评。开始，蒋介石让宋子文谈谈如何处理经济问题的看法。宋子文回答说，对国内经济不能进行有效管理的一个原因，是机构太多，每个机构又没有解决问题的权力。宋子文要求蒋介石允许他单独成立一个机构，以便领导和监督其他所有机构。蒋介石不同意这么做。他说，成立这个机构，不符合宪法。宋子文不服气地反唇相讥说："宪法也可以修改嘛，你不是什么时候想修改宪法就修改宪法，比如在你决定当'总统'的时候，就是

南京国民政府

这样。"

宋子文的话,使蒋介石勃然大怒。他抓起一个茶杯,朝宋子文的头上狠狠地扔去。这样一来,蒋介石同宋子文之间又增加了几分忌恨。

蒋介石同宋美龄的关系,在一般人看来是没有什么大矛盾的。蒋介石也多次在公开场合说他们生活幸福美满。

其实,1944年,重庆街头巷尾都在谈论蒋介石婚变的消息。有人说蒋介石已使陈洁如再度怀孕,预产期是1944年春天。也有人说,蒋夫人肯定已同丈夫分居,她将在美国长期居住下去。

蒋介石同陈洁如旧情复发,宋美龄气得发抖。蒋介石同宋子文、宋美龄的关系弄得这样僵,自然影响到孔祥熙同蒋介石的关系。

有一位同国民党统治集团上层人物联系密切的美国官员在1944年4月的一份备忘录中说:

"目前,最明显的事实是,财政部部长孔祥熙博士受到几乎所有派别的攻击。同他一道成为众矢之的的有他的妻子和小姨子蒋夫人。"

他还说："孔夫人在国内政治斗争中似乎变得不那么活跃，夏天可能去国外度长假。"

这个预测真的成了事实。

1944年6月，宋美龄"按照医生的建议"，离开中国前往巴西。宋蔼龄带着孔令杰夫妇同蒋夫人一道旅行，从而证实了关于宋蔼龄被迫退出一场权力斗争的谣传。

在瓜纳巴拉湾中心巴西政府供要人们玩乐的小岛布罗科约岛上，这两位中国的贵妇人在一座诺曼底式的大厦里作客。她们在那里隐居两个月之久。宋美龄就医，宋蔼龄同巴西铁腕人物热图利奥·瓦加斯周旋，转移资金。

在富饶的工业城市圣保罗，宋蔼龄购买了一些财产。宋蔼龄开始将孔祥熙同她的一些财产，分散在南美各地。其中包括在加拉加斯、布宜诺斯艾利斯和圣保罗银行的巨额存款。他们拥有的财产涉及面很广，有石油、采矿、航运和其他运输业的股票。

既然孔祥熙在中国政治舞台上的地位岌岌可危，宋蔼龄与宋美龄的巴西之行以及宋蔼龄的所作所为，就不难理解了。巴西之行，表明孔宋家族的资金已开始转移。

孔祥熙政声狼藉，由内到外，越来越臭，美国的官员们也毫不留情地对孔祥熙公开发难。

1944年罗斯福私人代表居里来重庆，和国民党政府商谈问题。居里来中国时间很短，却看到许多国民党政府的贪污腐败的情况。他对负责照料其生活的国民党官员说："中国要人的子女有170多人，在战争期间，逃避兵役，在美国过着寓公生活。"其中点出了孔祥熙的子女和其手下红人徐堪的儿子。

在这之后，孔祥熙连连受到美国政府官员的指责。

有一段时间，美国政府想物色一位中国人担任燕京大学的校长。美国驻华大使司徒雷登派人去试探孔祥熙的口气，看孔是否愿意就任校长之职。

孔祥熙听此消息，满脸悦色，他说："做大学校长将来可以桃李满天下，何况燕京与美国人关系密切，战后中国的建设必然要仰仗美国人。"

司徒雷登即打电报向美国政府请示。不久，美国政府来电，明确表示拒绝由孔任校长，认为孔祥熙政治色彩太浓，而且名声不好。

或许孔祥熙此时并不知道，他早在美国朝野声名狼藉了。美国情报局向美国民众提供材料说，孔祥熙曾经动用了两亿美元的美国贷款，在1942年向上海的商人购买货物，卖出这些货物的是杜月笙和宋氏家族同日本人共同拥有或者控制的企业。美国财政部长摩根索在美国政府内部对孔祥熙大肆攻讦。

出于美国的自身利益和一些复杂的政治因素，美国总统罗斯福通过宋子文向蒋介石转达提议，要求更换何应钦的军政部长和孔祥熙的财政部长。听此消息，孔祥熙几乎昏死过去。

孔祥熙这时真正感受到了内外交困，走投无路的滋味！

抗日战争后期，几位爱国人士将孔祥熙鲸吞美金公债的全部材料搜集起来，提供给国民参政员，并写出提案，准备请国民参政会讨论通过，送请国民政府严办。

孔祥熙得此消息，坐卧不安，预感大难即将来临。

国民参政会主席团成员王世杰急忙出面解围。王世杰劝说参政员："此案提出恐被人借为口实，攻击政府，影响抗战前途，使仇者快亲者痛。同时案情性质尚属嫌疑，若政府调查事实有所出入，恐怕对提案人、联署人（大会规定，提案须有5人以上参政员联署才能成立）以及大会信誉，都会有损。为此，拟请自动撤销，另行设法处理。"

可参政员们根本不理他那一套。参政员们说："证据确凿，请不必代为顾虑。"坚持要在参政会上提出。

王世杰慌了，向侍从室报告。蒋介石的国策顾问陈布雷知道孔祥熙贪污肯定是事实，参政员们绝不会无事生非。于是，他向蒋介石报告："蒋先生，参政员提案，庸之先生鲸吞美金公债。此事言之确凿，恐对庸之先生大大不利。"

此时，监察院长于右任也提出了对孔祥熙的弹劾案。

蒋介石听到陈布雷的报告，叹了一口气说："这事很糟糕，庸之只好辞职，所吞美券只好分期吐出，一列入提案，对友邦将造成极坏影响，对我们抗战将不予继续支持。布雷先生，我看你是不是以新闻界前辈身份给参政员说一说这种利害关系，就将提案改为书面检举，送给我办好了。"

经蒋介石这么一说，陈布雷只好去访问参政员陈赓雅。陈布雷一开口就表示自己不是以侍从室二处主任身份来访，是以老报人身份来随便谈谈。

陈布雷对陈赓雅说："这提案资料的搜集，可谓煞费苦心，准备在大会提出讨论，当然也有价值。不过，有个投鼠忌器的问题。"

陈赓雅问："敢问布雷先生，何以见得会投鼠忌器？"

陈布雷说："就怕经大会一讨论，公诸社会，美、英、苏等友邦更会认为我们是一个贪污舞弊的国家，对抗战不继续予以支持，那么，后果之大，将不堪设想。"

偏偏陈赓雅对这番话不大相信。陈布雷只得继续说："此前不久，政府决定黄金加价，被财政部高秉坊泄露，掀起轩然大波，友邦朝野人士，啧有烦言。现在不幸又另有一空前大舞弊案发生，必然会引起友邦的更大失望与不满，为抗战招致'失道寡助'的后果，想来也不是大家所愿望的。"

陈赓雅知道陈布雷是来为孔祥熙充当"说客"的，也明白这番话绝不是他个人的意见，便问道："陈先生，那么尊意以为如何办？难道眼看此等人大发国难财？"

"我想可以将议案改为书面检举，由主席团负责人亲手交蒋主席查办，蒋主席是会严办的，这样既可达到在办目的，也可以照顾到影响。"

可是，参政员们还是不肯罢休，有的说："不列议案也好，找另一个方式，戳他一下。"

于是，在1945年2月召开的国民参政会上，提出了一个"质询案"，这立即轰动了大会。

但是有关"质询案"的原稿立即被蒋介石的侍从室拿去,说是"蒋介石要提前看"。这样,大会秘书处便无从补印文件,大会也无法再进行讨论了。加上,新闻舆论进行封锁,孔祥熙贪污的案情始终未能公开,社会上便无法了解其内幕。

但是,孔祥熙所贪污的美券,数字实在巨大得惊人,而且白纸黑字,铁证如山,有的是抄件,有的是相片,无法销毁和抵赖。蒋介石起初阴谋袒护包庇,但因不断有人追问,实在拖不下去了,只得在形式上委派俞鸿钧等人进行查办。

据后来孔祥熙等人供认吐出款额多寡中,可以大概了解他们分肥的比例是:孔祥熙最多,占七成,吕咸二成半,其余的经办人,仅得微乎其微的半成。孔祥熙等贪污犯表示"分期吐出"赃款。然而,究竟截至何时,吐出了多少,等等,都只有"天晓得"了。

星转月移,时过境迁!到了1945年上半年,孔祥熙的丑闻已不断暴露,他在旧中国的政治舞台上再也混不下去了。

昔日,上海西爱咸斯路孔祥熙公馆,豪华壮观,热闹非凡,党政要员、社会名流,莫不以成为孔宅的常客为荣耀。现在,孔宅门可罗雀,冷冷清清。

在内外交困的境况下,孔祥熙于1945年5月"辞去"了行政院副院长;7月,"辞去"了中央银行总裁;10月,又"辞去"中国农民银行董事长等职。

在1945年5月召开的国民党第六次全国代表大会上,尽管孔祥熙施展了他惯用的收买拉拢的办法,但选举结果令他目瞪口呆,孔祥熙等四人落选。后来,蒋介石命人强行将孔祥熙等四人加了上去。

这样,孔祥熙只剩下了中国银行董事长、国府委员和国民党中央执行委员(任期至1950年3月),这也都是有名无实的头衔。

孔祥熙下台后,开始进行流亡美国的准备。

1946年夏天,发生了一件十分微妙的事。

四川的尹昌衡、刘存厚、田颂尧等60余人,"自动联名",呈请蒋介石,

"竭诚欢迎"孔祥熙"主持川政"。呈文说：

"据吾川民意测验之结果，咸渴望主席简派中枢大员庸公出而主持川政，以慰川民。以孔氏致力革命，劳绩素著，而于抗战八年奔走各方尤不遗余力，为众目所视，全国妇孺莫不俱知。今欲使蜀之交通便利，农业进步，工矿发达，拯民于水火，而置诸衽席之上，舍孔氏其谁？夫求经济社交之才，亦如求将。古语云：'千军易得，一将难求。'良非虚语。诚以中国之贫，举世皆知，何况于蜀。然集腋成裘，亦一易事。众志成城，本为善策。过去种种投资，俱有名无实，鲜克有终。在地方政府为紧要措施，不得不挖彼注此，剜肉医疮，应付急务，以致失却信仰。故非有大经济才具能力，素著信仰之大员，以主川政，始克以安定川人之信仰，而重振其建设，川政方能有为。故蜀民之望孔氏，若大旱之望云霓，对孔氏之信心，实无出其右者。斯乃当前吾国之急务，伏祈垂鉴，俾中外俱安，破古人：'天下未乱蜀先乱，天下已治蜀后治'之成例，则蜀人幸甚，中国幸甚！"

这份并不太长的呈文，显然有着旧中国官场上明争暗斗的丰富内容。蒋介

在美国的孔祥熙和少数国民党高官保持着密切关系

石的真实意图如何，是否有调"孔"离京之意？四川军阀们有何打算，难道真是诚心交权与人？这都是谜。

孔祥熙得知要他赴四川的消息后，感到蒋介石同四川军阀久有矛盾，四川军阀内部也派系分立，欢迎他主川政，"恐另有排斥他人之意"。他还感到，当时的政治环境，十分复杂，明争暗斗，波涛汹涌。因此，他向蒋介石表示，"不愿再膺负任何政治职责"。

1946年下半年，孔祥熙夫妇对上海进行了最后一次短暂的访问，目的是清理他们的财产，把能够带走的东西尽量转移到香港和国外。

1947年春，孔祥熙夫妇以主持燕京大学毕业典礼的名义赴北平。尽管20多年来，孔祥熙一直担任燕京大学的名誉校长，但这次却不同以往了，他不再是国民党行政院副院长和财政部部长了，在北平的国民党军政要员们，显然对孔祥熙冷淡多了。

孔祥熙同北平昔日的亲朋好友一一告别，乘飞机回到太谷老家。旧景重逢，感受万千，今昔对比，潸然泪下。

离开山西，孔祥熙夫妇到青岛住了两天，同正驻在青岛的美国太平洋舰队司令柯克海军上将进行了会晤。显而易见，这是一次有关孔祥熙一家在美国居住问题的会晤。他们已没有必要谈论"中华民国"的内政外交了。

一切准备就绪。1947年秋天，孔祥熙以"忽接家人自美来电，谓夫人染患恶病，情况严重"为由，匆匆忙忙地离开上海，飞往美国。

孔祥熙最终被赶下了政治舞台，并被赶出了中国。

这一年，他68岁。

从1947年秋天起，孔祥熙和宋蔼龄一直在美国的里弗代尔过流亡生活，后来还搬到纽约长岛洛长斯特谷菲克斯巷的一幢新房子里。

孔祥熙还在纽约郊区买下一栋华丽的住宅，计价美金160多万元。同时还在纽约最繁华的百老汇路一家高级旅馆，长期租了一个房间，每天150美元。

孔祥熙在美国除陪伴宋蔼龄治病外，隔日至纽约照看他的中国银行。

1950年，台湾蒋介石的"总统府"，聘孔祥熙为"资政"。

但是，美国并不是一块安定的"绿洲"，并不是孔祥熙所期望的那样太平无事。

随着第二次世界大战的结束和蒋介石政权的分崩离析，回顾许多往事在华盛顿成了十分时髦的事情。孔祥熙的一些丑闻，像木头中的蛀虫被鸟喙啄出来一样，一件又一件地被抖搂出来。这些丑闻传遍华盛顿，成为人人屏息凝神，指手画脚的谈话材料。

美国总统杜鲁门似乎也十分注意中国的政局，他一直在向他的助手们坦率地谈论南京国民党政府的"贪官和坏蛋"。他对其助手们说："今天肯定有十亿美元的美国贷款在纽约，列入中国人的银行户头。"

但是，时隔不久，杜鲁门的助手就告诉他，这个估计太保守了。美国银行界人士说，宋家和孔家确实有20亿美元存在曼哈顿。

杜鲁门立即命令美国联邦调查局秘密调查孔家和宋家在美国的财产。

美国联邦调查局首先仔细察看了关于宋家的战时档案。他们发现，宋子文"开始担任公职时财产比较有限，到1943年1月，积累了7000多万美元"，宋子文在纽约大通国民银行或花旗银行拥有7000万美元，宋蔼龄在其中一家银行拥有8000万美元，宋美龄在这两家银行或其中一家银行存了1.5亿美元。

接着，美国联邦调查局发现了一些有价值的材料。他们认为，孔祥熙在美国的流动资产有很大一部分是在纽约孔祥熙的中国银行里，宋子文的流动资产有很大一部分是在他旧金山的广东银行里。由于孔宋家族直接控制这两家银行，要这两家银行或者其中一家提供详细的材料，都是毫无可能的。

联邦调查局的人员还发现，孔祥熙等人另外还有几笔巨款存在西雅图和波士顿的银行里。孔宋家族的许多成员（包括宋美龄）拥有从东海岸到西海岸的城市里的许多公寓大楼和办公大楼。

联邦调查局人员还企图对孔祥熙的住宅——里弗代尔独立大道4904号实施

监视。由于这是一个极其偏僻的地方,一幢幢楼房隐藏在树丛之中,彼此相隔很远,因此,他们的监视实际上没有发挥作用。

在美国西海岸,联邦调查人员发现,孔宋家族的人企图把大量的黄金从中国空运到洛杉矶郊区范奈斯的一个偏僻的私人飞机场。

难道对如此广泛的调查,孔祥熙都一无所知吗?其实,孔祥熙一家对联邦调查局的活动,虽然不可能全都明了,但时常也有不愉快的事情发生,也不能不引起孔祥熙的觉察。但是,一方面,孔祥熙做贼心虚,根本不敢同美国当局交涉,另一方面,孔祥熙因寄人篱下,也只有忍气吞声。

1951年,孔祥熙的丑闻再一次在美国公众面前曝光。

这一年3月,美国纽约《镜报》编辑布朗发表一篇文章,说孔祥熙与宋子文两人在美国所有的私人财产,达8.5亿美元之巨。这个数字立即引起了美国朝野人士的兴趣。布朗还带以嘲弄的口吻说:"美国多数民众及国会议员,认为必须协助国民政府防守台湾,以免落入共产党手中,不过在此危急存亡之秋,中国人首应先行自救。何以素称爱国而富有如孔宋者,尚袖手旁观,坐视不救呢?"

这位记者进一步说:"请孔宋两氏自动捐出三亿美元,先纾台湾之急。"

不久,一位美国广播评论家,在纽约广播电台介绍世界首富时,又把孔祥熙列为其中之一。

住在里弗代尔的孔祥熙和宋霭龄,住在纽约曼哈顿公园大街一幢豪华公寓的宋子文和他的老婆张乐怡,他们不会不看报纸,也不会不听广播,但是对美国记者们的嘲弄挖苦,他们始终不敢吭一声。

记者们语言尖刻,穷追不舍。孔祥熙度日如年,束手无策。

后来,孔祥熙终于找到了他的一位老朋友,一个同蒋介石集团进行"文化交流"的协会副主席。这位"副主席"给他出点子说:"是否同意美国财政部公布其在美财产数目?"心有灵犀一点通,孔祥熙当然明白"公布"之中的奥妙。他马上表示说:"此事攸关中美邦交,中华民国利益与个人名誉,本人表示赞成。"

通过这位"副主席"和孔祥熙的幕后活动，美国参议院外交委员会及美国财政部公布了一个类似"证明"的材料，说什么全部华侨连同中国各银行在内，所有在美国银行的存款，也不过美金5000万元，其中最大的存户，也只有100多万美金。还说，这些存户里，大部分是侨居美国经营商业的华侨，而且是久居美国的人。这使事件变得更加扑朔迷离，真伪难辨。

孔祥熙流亡美国期间，很不愿意同记者们接触，当那个类似"证明"的材料公布后，孔祥熙破例接见了记者。

记者问："先生的财产数目，外人虽不得而知，但据推测，必有相当的积蓄，则为中外人士所熟知，你对这一点有何意见？"

孔祥熙答："我家祖辈父辈，历来经营票号、商号，家产总算是富有的，不过这几十年来，由于通货膨胀，战乱频仍，祖产大部分都损失了。本人投资于国内各工商事业的资本，这次大陆沦陷，也整个荡然无存。民国以来的内战和大陆的沦陷，孔家损失惨重，目下生活所需，不过是剩下的一点积蓄而已。"

孔祥熙的私人财产到底有多少？美国记者斯特林·西格雷夫说："他和蔼龄一共拥有将近十亿美元的财产，其中大部分已经运出中国国境。"

美国的杜鲁门总统也得到一定数量的具体材料，尽管这些材料只是孔宋家族的只鳞片爪，然而已经令这位总统极为气愤了。他说："他们全都是贼，他妈的，没有一个不是贼……他们从我们送给蒋的38亿美元中偷了7.5亿美元。他们偷了这笔钱，把它投资在圣保罗的房地产中，有些就投资在纽约这里……"

在流亡美国期间，孔祥熙也参加了少量的社会活动。

1950年，尼克松竞选参议员。孔祥熙派他的小儿子孔令杰到洛杉矶向这位参议员捐款，并给予鼓励。他还说服加利福尼亚州的大批华人选民帮助选举尼克松。由于孔祥熙的这些活动，孔家和尼克松家建立了联系，尼克松夫妇有许多年经常到里弗代尔孔祥熙的寓邸访问。

孔祥熙身居异国,对台湾国民党统治集团的情况不会一无所知,他应该知道国民党的"元老"们遭贬逐的事实:宋子文于1950年初逃往美国,而当时台湾的部分军政要员则称要把他开除国民党的核心集团;陈果夫、陈立夫也逐渐失去了控制台湾秘密警察的权力;何应钦在台湾开始挂了一个名义上的战略顾问委员会主任委员的头衔,后来成了所谓"道德重整会"的"专家";阎锡山的"行政院长"之职也被陈诚夺去,失去了往日的威风,住在台北附近的某山上,专心写什么"反共"理论文章;白崇禧和薛岳则更惨,遭到蒋介石、蒋经国的怀疑,蒋经国派人去检查,翻箱倒柜,连地板都拉开彻底搜查了一番。

但是,孔祥熙仍然梦想重返政坛。

1954年,蒋介石在台湾召开第二届所谓"国大",孔祥熙竟异想天开地想参加竞选"副总统"。孔祥熙特派曾任台湾省主席的魏道明从美国到台北窥察行情。陈诚和蒋经国看穿了魏来台的用意,便命一家报纸发表文章,大骂豪门,并影射魏是豪门走狗,似乎要与魏算其任台湾省主席的旧账。这样一来,孔祥熙自知参加竞选无望,即令魏停止活动。魏在台湾住了很长一段时间,最后通过宋美龄,好不容易才被允许离台返美。

孔祥熙重返政坛的梦想像肥皂泡一样,彻底破灭了。

做不了官,孔祥熙便想树立一个"慈善家"的形象。

1959年,孔祥熙来到奥柏林大学,参加奥柏林山西纪念协会五周年的活动。他在大学里设立了一项奖学金。在这里,一位记者向他问及他在美国有"五亿以上美元"财产的谣传。孔祥熙听后,噙着眼泪,摇了摇头,显出一副摸不着头脑的神态。他又把几年前的谎话重复了一遍,说什么,随着国民党政权的垮台,他失去了他的全部投资,现在靠微小的储蓄生活,等等。

可能是在异国漂泊太久之缘故,1962年孔祥熙返回台湾,决定留居台湾,度过残余之年。可是,台湾当局对他并不重视,除了安给他一个"国民党中央评议委员会评议委员"的虚职外,就不再理睬他了。

1966年2月28日，孔祥熙借口赴美治病，离开了台湾。

3月1日，台湾的《中央日报》登载了这样一条消息：

孔祥熙飞美作健康检查

〔中央社台北二十八日电〕三年前回国定居的前行政院长孔祥熙博士，今天下午二时二十分由他的长女孔令仪陪同，搭乘西北航空公司班机赴美，接受短期的健康检查及医疗。

87岁的孔祥熙博士，在台湾居住了三年四个月，他在美国接受医疗后，仍将返回台湾。

今天下午前往机场送行的包括蒋经国、徐柏园、陈庆瑜、蒋纬国及财经界旧属等人。

孔祥熙飞离台湾，也离开了他经营多年的金融界。他终于辞去中国银行董事职务，同宋蔼龄一道搬进了长岛洛卡斯特谷菲克斯巷的一幢新房子。

孔祥熙在美国接受了各种治疗，但是，他已不可能再"返回台湾"了。

1967年7月22日，孔祥熙感到身体极不舒服，家人们急忙把他送往纽约的医院诊治。虽然医生们采取了许多现代化的先进治疗手段，孔祥熙终因病入膏肓，于8月16日死于纽约医院。这一年，他88岁。

孔祥熙死后，《纽约时报》本想把他当作一位政界人物作一番评价，但是最后只说：

孔先生是一位有争议的人物。他以前的一位下属最近说：他是一个很难相处的人。他喜欢闲谈，但是他从来不愿意发出明确的指示。至于他的能力，他像所有山西银行家一样，是一位精明的办事员，但是，他不是一位有政治家风度的理财家。

蒋介石写了一个《孔庸之先生事略》的祭文，把孔祥熙吹捧了一番。

孔祥熙的葬礼是在纽约第五街马布尔联合教堂举行的。宋美龄带着一个五人护旗队和蒋纬国从台湾乘飞机前来。参加葬礼的还有同孔祥熙素有交往的中外人士几百人。宋子文虽然就住在美国，但没有参加葬礼，在最后那几年，孔、宋之间钩心斗角，关系很不好。

葬礼完毕后，孔被安葬在纽约市北郊哈兹代尔的斐思克立夫墓园。

孔祥熙死后，宋蔼龄活了6年。她虽然孤寡一人，但一直未回台湾。她从1949年以来一直生病，1973年10月19日在纽约哥伦比亚长老医院死去，这年她85岁。

《纽约时报》对这位不寻常女人的死亡没有什么兴趣，只是在一篇普通讣告中简短地提到她的事情。

一位外国记者说，这个世界上的一个比较令人感兴趣的、掠夺成性的居民就这样在一片缄默的气氛中辞世了。这是一位在金融上取得巨大成就的妇女，她的财富之多仅次于她的弟弟宋子文，她也许是世界上有过的靠自己的精明手段敛财的最有钱的妇女，是介绍宋美龄和蒋介石结婚的媒人，是宋家神话的创造者，是使"宋家王朝"掌权的真正设计师。这些评论或多或少地反映了宋蔼龄一生的若干特点。

司马迁的《史记》有一警句：

"得人者兴，失人者崩。"

孙中山先生更有至理名言：

"世界潮流浩浩荡荡，顺之者昌，逆之者亡。"

孔祥熙一生的兴衰沉浮，再次证明了这一历史规律。

富可敌国的孔祥熙

主要参考文献

山西省地方志编纂委员会编：《山西大事纪（1840—1950）》，山西人民出版社1985年版。

王厚卿主编：《中国军事思想论纲》，国防大学出版社2000年版。

阎肃：《孔祥熙生平》，《山西大学学报》1988年第1期。

张宪文：《抗日战争时期的正面战场》，河南人民出版社1987年版。

肖效钦：《中国国民党党史》，安徽人民出版社1989年版。

陶文钊等：《抗日战争时期中国对外关系》，中共党史出版社1995年版。

孟天祯：《从政前之孔庸之先生》，（台）《传记文学》第20卷。

［美］罗比·尤恩森：《宋氏三姐妹》，世界知识出版社1984年版。

尚明轩、唐宝林：《宋庆龄述论》，载《近代史研究》1989年第6期。

［美］埃米莉·哈恩：《宋氏家族——父女·婚姻·家庭》，新华出版社1985年版。

《宋美龄侧写》，华文出版社1989年版。

孔德懋：《孔府内宅轶事》，天津人民出版社1982年版。

孔祥熙：《在就任财政部部长兼职十周年纪念会上的讲话》1943年11月1日。

何人斯：《记功成身退的孔祥熙》，（台）传记文学第21卷。

孔祥熙：《对铭贤师生的演说》1907年。

吴克明：《孔祥熙与铭贤学校》，全国政协编《文史资料选辑》第43辑。

孔祥熙：《铭贤学校二十一周年纪念刊序》，1929年7月。

《民立报》1912年9月21日。

谭光：《我所知道的孔祥熙》，《文史资料选辑》第25辑。

龙流编辑：《宋美龄传》，农村读物出版社1988年版。

《孙中山全集》第2卷，中华书局1982年版。

黄警顽：《南洋华侨革命墨迹》，上海文华美术图书公司1933年影印版。

山西省政协文史资料研究委员会编：《阎锡山统治山西史实》，山西人民出版社1984年版。

郭荣生：《孔祥熙先生年谱》，台湾商务印书馆1975年。

李毓万：《孔庸之先生在北方》，（台）《传记文学》第30卷。

《民国人物传》第一卷，中华书局1978年出版。

刘绍唐：《民国大事日志》第1册，台湾传记文学出版社1982年版。

孔祥熙：《在中国国民党党史编纂委员会第一次会议上的发言》，1936年2月5日。

冯玉祥：《我的生活》，黑龙江人民出版社1981年版。

《中华民国国父实录》第六册。

汪精卫：《武汉分共之经过》，（台）《革命文献》第16辑。

蒋介石：《在国民政府建都南京阅兵典礼训话》，1927年4月18日，见《蒋胡最近言论集》1927年7月版。

《徐州特别会议记录》（1927年6月20—21日），见中国第二历史档案馆藏吴稚晖全宗档案。

［美］帕克斯·M.小科布尔：《江浙财阀与国民政府》，南开大学出版社1987年版。

斯特林·西格雷夫：《宋家王朝》，星光书店1985年版。

徐苏：《蒋宋大家族》，辽宁人民出版社1988年版。

何应钦致蒋光鼐，1932年2月13日，南京国民政府军事机关档案，中国第二历史档案馆藏。

许念晖：《蒋介石建立空军的黑幕》，《文史资料选辑》第7辑，中国文史出版社出版。

《中国银行周报》1932年。

《中国评论周报》1932—1934年。

《申报》1933年。

《全国银行年鉴》1937年。

（台）李毓万：《为国尽瘁之孔祥熙先生》，载（台）《传记文学》第32卷。

上海《新闻报》1935年。

国民政府经济部档案，中国第二历史档案馆藏。

《中国近代金融史》，中国金融出版社1985年版。

《历史档案》1982年第1期。

《法币、金圆券与黄金风潮》，文史资料出版社1985年版。

张郁兰：《中国银行业发展史》，人民出版社1957年版。

宋美龄：《西安事变回忆录》。

《西安事变资料》第一辑，人民出版社1981年版。

《中国国民党中央常务委员会暨政治委员会会议记录》，（台）《中华民国重要史料初编》第五编。

《端纳与西安事变》，《团结报》1988年4月30日。

《孔祥熙代院长致阎锡山主任电》（1936年12月15日），转自（台）《中华民国重要史料初编·第五编》。

《西安事变——英国外交档案选译》，中国革命博物馆《党史研究资料》1988年第2期。

王松：《试评孔祥熙处理西安事变的方针》，中国革命博物馆《党史研究资料》1989年第9期。

解放军政治学院：《中共党史参考资料》1980年版。

李云汉：《西安事变始末之研究》，近代中国出版社1982年版。

《宋子文委员在上海对记者之谈话》1936年12月14日，南京《中央日报》1936年12月15日。

刘鼎：《谈西安事变》，西北大学历史系编《西安事变资料选辑》第305页。

陈鸣钟：《孔祥熙在西安事变期间的活动》，《民国春秋》1988年第2期。

《申报》1937年4—6月合订本。

《顾维钧回忆录》，第2分册，中华书局出版。

程天放：《孔庸之应邀访德》，（台）《传记文学》第6卷。

吴东之主编：《中国外交史·中华民国时期》，河南人民出版社1990年版。

时事问题研究会：《九一八以来国内政治形势的演变》，抗战书店1940年版。

国民政府行政院档案，中国第二历史档案馆藏。

韩渝辉：《略论抗战时期国民党政府在经济上的战略调整》，见《重庆社会科学》1987年第5期。

财政部年鉴编纂处编印：《财政年鉴》（续编）第十一篇，1945年版。

中央银行经济研究处编辑《十年来中国金融史略》，1943年版。

毛磊、刘继曾、袁继成、杨存厚：《武汉抗战史要》，湖北人民出版社1985年版。

孔祥熙：《财政部部长孔祥熙任内政绩交待比较叙言》1944年11月26日。

史全生主编：《中华民国经济史》，江苏人民出版社1989年版。

董长芝：《国民党政府在抗战期间举借外债考评》，《辽宁师范大学学报》1987年第6期。

《中国国民党历次会议宣言决议议案汇编》第2册。

蒋介石：《孔院长庸之兄先生六秩寿序》1939年9月11日。

《孔夫人讲词》，《新华日报》1940年4月19日。

史良：《我所走过的道路》，《人民中国》1963年7月。

周天度：《抗日战争时期的史良》载《近代史研究》1989年第3期。

《新华日报》1940年4月。

杨耀健：《宋氏姊妹在重庆》，人民日报出版社1985年版。

辛慕斩、司马春秋等编著：《宋美龄写真》，档案出版社1988年3月版。

路易·艾黎：《"工合"运动记述》见《文史资料选辑》第71辑。

（台）《孔庸之（祥熙）先生演讲集》（二）文海出版社印行。

《蒋"总统"秘录》第11册，第13册。

《孔祥熙其人其事》，中国文史出版社1987年版。

[美]巴巴拉·塔奇曼：《史迪威与美国在华经验》，商务印书馆1984年版。

《中美关系资料汇编》第一辑，世界知识出版社1964年版。

梁敬敦：《史迪威事件》，商务印书馆1973年版。

袁明、[美]哈里·哈丁主编：《中美关系史上沉重的一页》，北京大学出版社1989年3月版。

《中国近代工业史资料》，第3辑，生活·读书·新知三联书店1964年版。

《国民政府财政部密函渝库字第3177号》。

《国民政府财政部密函渝库字第6814号》。

梅臻韶著：《海上闻人杜月笙》，河南人民出版社1987年版。

《消息半周刊》第2期，1946年。

重庆《大公报》1941年12月。

《中央银行史话》，中国文史出版社1982年版。

王泰栋：《陈布雷外史》，中国文史出版社1987年版。

[美]《镜报》1951年3月。

[美]《纽约时报》1967年8月。

《孔祥熙有出山说》，重庆《大众晚报》，1948年1月31日。

《孔祥熙胡说》，重庆《大众晚报》，1948年2月28日。

《中国国民党第一、二次党代表大会会议史料》（上），江苏古籍出版社

1986年版。

　　蒋介石：《孔庸之先生事略》，1967年8月22日。

　　田秋平：孔祥熙私家银行本票，太原新闻网2003年12月30日。

后　记

孔祥熙是中国近现代史上的著名人物。孔祥熙及其家族的兴衰沉浮，从一个侧面反映了民国时期的政治、经济、外交状况。

早在20世纪80年代，我就开始了对中国近现代经济史和孔祥熙等人的研究。三十多年过去了，中国现代史的研究有了许多新进展。在一些朋友的鼓励下，我开始搜集国内外有关孔祥熙的历史资料和图片，着手撰写《孔祥熙全传》。本着尊重历史、实事求是的思想，力求真实地反映孔祥熙的一生及孔宋家族的有关情况。在本书写作中，蒋仕民、饶方虎两位同仁给予了我热情帮助，参加了部分章节的写作。对他们为本书所付出的辛勤劳动，特表示诚挚的谢意。

本书的选题和出版，始终得到团结出版社的大力支持。在此谨致谢意。

由于作者理论水平和知识水平的限制，书中粗疏不当甚至错误之处在所难免，恳盼同仁和读者不吝指教。

作者
2017年7月